2017-2018年中国工业和信息化发展系列蓝皮书

The Blue Book on the Investment in
Emerging Industries in China (2017-2018)

2017-2018年
中国新兴产业投资
蓝皮书

中国电子信息产业发展研究院 编著

主 编／宋显珠

副主编／孙会峰

人民出版社

责任编辑：邵永忠
封面设计：黄桂月
责任校对：吕　飞

图书在版编目（CIP）数据

2017-2018年中国新兴产业投资蓝皮书／中国电子信息产业发展研究院
　　编著；宋显珠 主编.—北京：人民出版社，2018.9
ISBN 978-7-01-019903-0

Ⅰ.①2…　Ⅱ.①中…　②宋…　Ⅲ.①新兴产业—投资—研究报告—中国—
　　2017-2018　Ⅳ.①F279.244.4

中国版本图书馆 CIP 数据核字（2018）第 229506 号

2017-2018 年中国新兴产业投资蓝皮书
2017-2018 NIAN ZHONGGUO XINXING CHANYE TOUZI LANPISHU
中国电子信息产业发展研究院 编著
宋显珠 主编

人 民 出 版 社 出版发行
（100706　北京市东城区隆福寺街99号）

北京市燕鑫印刷有限公司印刷　新华书店经销

2018 年 9 月第 1 版　2018 年 9 月北京第 1 次印刷
开本：710 毫米×1000 毫米 1/16　印张：24
字数：385 千字　印数：0,001—2,000

ISBN 978-7-01-019903-0　定价：95.00 元

邮购地址　100706　北京市东城区隆福寺街99号
人民东方图书销售中心　电话（010）65250042　65289539

前　言

当前，孕育兴起的新一轮科技革命和产业变革，正在加速重构全球分工体系和竞争格局，世界经济加速向以网络信息技术产业为重要内容的经济活动转变。信息流引领技术流、资金流、人才流，信息资源日益成为重要的生产要素和社会财富，以数字经济为代表的新经济初露头角。企业围绕数字竞争力的战略布局全面升级，塑造企业长期发展新优势的竞争更为激烈。

新兴产业代表新一轮科技革命和产业变革的方向，是培育发展新动能、获取未来竞争新优势的关键领域。近年来，中国实施创新驱动发展战略，推动产业向中高端迈进，战略性新兴产业增加值实现两位数以上增长。在供给侧结构性改革的持续推进下，中国经济正从高速增长阶段转向高质量发展阶段，创新动力正在加速显现，新产业、新技术、新业态和新模式不断涌现。人工智能、虚拟现实、大数据、云计算、机器人、移动互联网、物联网、区块链、智能网联汽车等新兴产业迅速成长，共享经济、移动支付等新业态、新模式蓬勃发展，旅游、文化、养老、健康、体育等"幸福产业"快速发展，投资新动能正在逐步形成。

如何把握未来新兴产业的演进趋势、创新模式、投资机遇，赛迪顾问托凭独特的政府资源、丰富的数据积累、专业的研究实力，编撰了《2017—2018 年中国新兴产业投资蓝皮书》。本书从推动产业结构优化升级、促进新动能加快成长出发，聚焦人工智能、虚拟现实、数字经济、区块链、大数据、云计算、移动互联网、共享经济、网络安全、工业软件、智能硬件、3D 打印、工业物联网、产业互联网、智能网联汽车、机器人、无人机、绿色制造、水处理、生物医药、养老、健康管理等新兴产业，系统剖析 2017 年中国新兴产业的发展环境、产业链结构、布局地图、规模增长及演进趋势，评选出最具投资价值的企业百强榜单，并对产业投资的新风向进行了展望。希望为业界朋友应对产业新变化、新挑战提供决策支撑。

目　　录

一、人工智能（AI）

定义：人工智能产业是指群体、团队、个人针对人工智能本身基础理论、技术、系统、平台以及基于人工智能技术的相关产品和服务的研发、生产、销售等一系列经济活动的集合。

（一）赛迪重大研判

1. 2020 年人工智能核心产业规模将超过 1600 亿元，硬件类产品规模依旧占据较大比重

2. 人工智能专用芯片将在智能驾驶、安防、家居等领域快速普及，成为重要发展机遇

3. 开源化将成为人工智能操作系统争夺的主战场

4. 六大科技巨头加速全球化并购，打造 AI 生态闭环

5. 中国人工智能应用将在服务机器人领域迎来突破

（二）产业发展环境

顶层设计与技术应用双轨并进，人工智能产业进入新的发展高潮。

1. 新一代人工智能规划出台，聚焦前沿理论、行业应用试点、法律法规

● 2017 年 7 月，国务院印发《新一代人工智能发展规划》。

● 党的十九大报告明确要"推动互联网、大数据、人工智能和实体经济深度融合"。

● 北京、上海、安徽等地率先出台专项人工智能产业规划。

2. 应用算法平台纷纷涌现，推动 AI＋应用深度部署

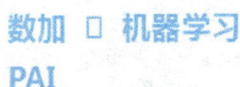

● 百度和腾讯开源深度学习平台，其余多为云平台、语音或图像等垂直应用平台。

3. 新型计算芯片逐渐成为行业热点，具备世界级竞争力

● 涌现出寒武纪科技、深鉴科技、地平线机器人等创新企业。

● 基于语音识别、计算机视觉的应用型芯片不断落地，为智能家居、无人驾驶领域提供充足计算能力。

（三）产业链全景图

人工智能产业的发展可以分为技术平台层、应用产业层和保障层。

- 技术平台层：侧重核心技术的研发和基础支撑平台的搭建
- 应用产业层：更注重产业生态的构建和应用发展
- 保障层：注重法律、法规、伦理、安全和标准的建立

人工智能产业链

数据来源：赛迪顾问，2017年12月。

未来突破点：

·基础设施：人工智能专用芯片的快速普及，多源传感器信息一体化集成。

·计算框架：与脑科学进一步融合，探索强人工智能领域，从专才到通才。

·产品应用：聚焦服务机器人，解决前端信息处理，在C端市场快速爆发。

（四）产业规模预测

1.2020年人工智能核心产业规模将超过1600亿元

2017年中国人工智能核心产业规模超过700亿元，随着国家规划的出台，各地人工智能相关建设将逐步启动，预计到2020年，中国人工智能核心产业规模将超过1600亿元，增长率达到26.2%。

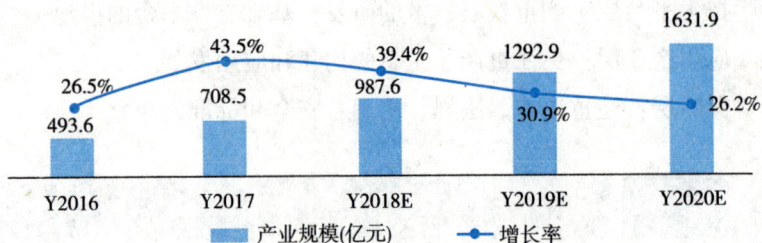

2016—2020 年中国人工智能核心产业规模与增长

数据来源：赛迪顾问，2017 年 12 月。

2. 硬件类产品占比超过 50%，智能驾驶类产品比重最大

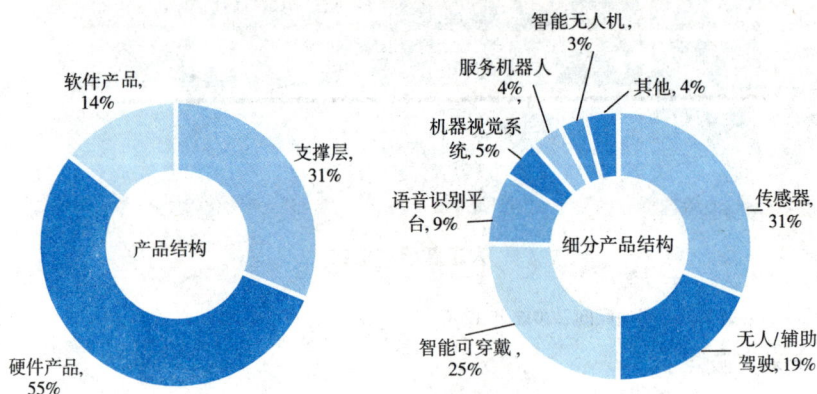

2017 年中国人工智能产品结构

数据来源：赛迪顾问，2017 年 12 月。

人工智能产业结构中，硬件产品占比达到 55%，软件产品较为丰富，但产值较小。传感器、辅助驾驶（ADAS）和智能可穿戴设备占比最高。

（五）产业演进趋势

1. 科技巨头加速全球化并购，打造 AI 生态闭环

近三年的收购企业，涉及全球 10 个国家。在六大科技巨头中，以 Google 和 Apple 最为积极，在最近三年内各自并购了 12 家 AI 企业。美国的 AI 创业氛围最为浓厚，六家巨头并购的大多是位于美国的 AI 企业。

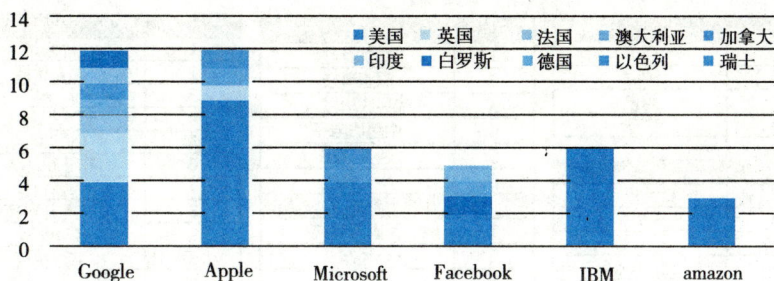

美国六大科技巨头全球收购 AI 企业分布

数据来源：赛迪顾问，2017 年 12 月。

2. 开源化将成为中国人工智能操作系统争夺的主战场

近两年来，巨头公司纷纷开始开源化自身核心产品。各家人工智能公司都在积极招募机器学习人才，继百度 PaddlePaddle 开源之后，腾讯也开源 Angel 计算平台。随着开源框架的生态体系逐渐完善，未来将只存在一至两种主导框架，最终形成通用的 AI 操作系统平台。

3. 中国人工智能应用将在服务机器人领域迎来突破

从中国人工智能市场结构上看，服务机器人市场规模达到 60 亿元，占比 29.4%，服务机器人基于日常生活中的广泛需求，有着广阔的市场空间。相比于智能工业机器人，服务机器人在本体制造上技术门槛相对较低。融合了人机交互、图像识别等多种功能的服务机器人将成为未来中国人工智能市场中最快实现普及的领域。

（六）投资价值百强

中国人工智能百强榜通过建立评判指标体系，从企业估值/市值、营收状况、专利数量、产品竞争力、企业潜力、领导层能力等多个维度进行定量与定性结合的评比。经过专家打分，对中国主流的 AI 企业分为 10 个领域进行排名对比。包含 3 类重点技术产品领域、6 类重点应用领域，以及 AI 综合性企业榜单。

排名	AI综合性企业
1	百度
2	阿里
3	腾讯
4	京东
5	搜狗
	语音识别与自然语言处理类
1	科大讯飞
2	云知声
3	思必驰
4	出门问问
5	智臻智能
6	今日头条
7	图灵机器人
8	纳象立方
9	普强信息
10	玻森数据
11	智齿科技
12	紫冬锐意
13	三角兽科技
	计算机视觉类
1	旷视科技
2	海康威视
3	商汤科技
4	格灵深瞳
5	云从科技
6	触景无限
7	依图科技
8	阅面科技
9	码隆科技
10	深网视界
11	多维视通
12	凌感科技
13	速感科技
14	诺亦腾科技
15	汉王科技
16	图普科技

智能芯片类	
1	寒武纪科技
2	深鉴科技
3	地平线机器人
4	中星微电子
5	西井科技
6	华米科技
教育类	
1	英语流利说
2	一起作业
3	学霸君
4	iPin
5	作业帮
医疗类	
1	卫宁健康
2	华大基因
3	翼展科技
4	碳云智能
5	柏惠维康
6	Deep Care
7	森亿智能
8	医渡云
9	锐达影像
10	多美小壹
11	雅森科技
12	思派网络
交通类	
1	四维图新
2	高德地图
3	超图软件
4	凯立德科技
5	滴滴出行
6	千方科技
7	千视通
8	明景科技

服务机器人类	
1	优必选
2	康力优蓝
3	科沃斯
4	新松机器人
5	小机器人
6	布丁机器人
7	人智科技
8	小鱼儿科技
9	Gowild
10	北冥星眸
11	极思维智能科技
12	萝卜科技
13	Rokid
14	妙手机器人
智能驾驶类	
1	驭势科技
2	蔚来科技
3	长安汽车
4	奇瑞汽车
5	北汽
6	比亚迪
7	上汽
8	图森互联
9	Minieye
10	纵目科技
11	Momenta
12	MaxiEye
13	天隼图像
14	北醒光子
15	极目智能
金融类	
1	蚂蚁金服
2	益盟股份
3	鹏元征信
4	腾讯征信
5	量化派
6	数联铭品

2017年中国人工智能产业投资价值百强

数据来源：赛迪顾问，2017年12月。

（七）产业投资风向

1. 从产业投资回报率分析，计算机视觉领域具备投资价值

图像识别的技术成熟度低于自然语言处理，为新兴企业以软件技术为突破带来机遇，在软件图像识别领域，尤其以旷视科技和商汤科技两家为代表，通过招揽顶尖研发人员在短时间内迅速脱颖而出。在市场空间层面，新一轮智慧城市的建设、智能安防、智能驾驶等领域的快速发展都将刺激计算机视觉分析类产品的需求。

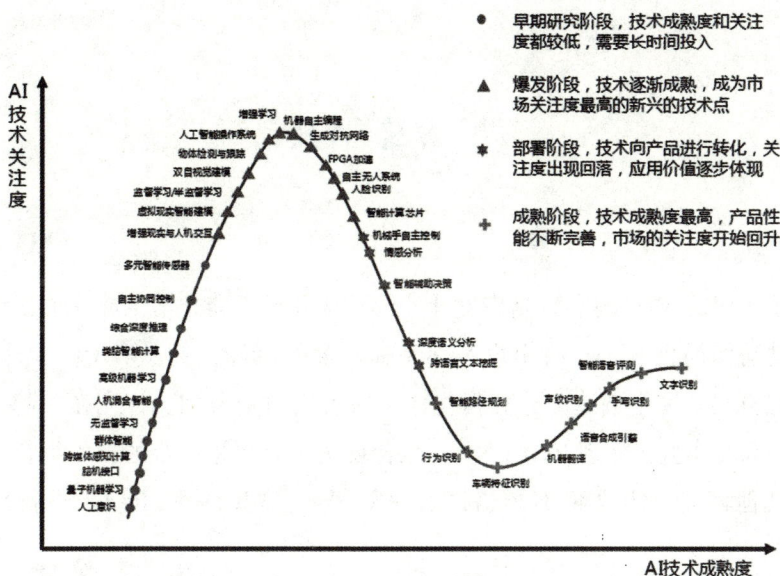

- 早期研究阶段，技术成熟度和关注度都较低，需要长时间投入
- 爆发阶段，技术逐渐成熟，成为市场关注度最高的新兴的技术点
- 部署阶段，技术向产品进行转化，关注度出现回落，应用价值逐步体现
- 成熟阶段，技术成熟度最高，产品性能不断完善，市场的关注度开始回升

人工智能技术演进路线

数据来源：赛迪顾问，2017 年 12 月。

2. 从应用和技术自主度分析，服务机器人和智能无人设备具备投资价值

对于服务机器人和智能无人设备领域，中国在软件集成方面已经具备国际领先水平，通过攻克相对较低的硬件研发门槛，将能实现快速市场普及。随着人们生活水平的提高和全球人口老龄化的到来，提供教育、医疗、娱乐等专业化服务的智能机器人也开始备受关注。受到这些刚性需求的驱动，服务机器人和智能无人设备将成为投资新蓝海。

7

二、VR/AR

定义：VR（虚拟现实）指借助计算机系统及传感器技术生成一个三维环境，通过动作捕捉装备，给用户一种身临其境的沉浸式体验。AR（增强现实）指在真实环境中创造部分虚拟物体，二者实时地叠加、补充在一起，让虚拟世界和现实世界实现互动。MR（混合现实）是更进一步的技术组合，发展慢于其他两者。本文将不严格区分 AR、VR、MR，用 VR/AR 进行统一表述。

（一）赛迪重大研判

1. VR/AR 产业逐渐回归理性，2020 年中国产业规模将超过 900 亿元
2. 国内 VR/AR 产业链各环节都得到快速发展，尤以硬件环节领先
3. AR 具有更大的应用潜力，将会迎来比 VR 更好的发展
4. 虚拟触觉、眼球追踪、光场显示等技术将迎来更大发展

（二）产业发展环境

1. 相关政策出台为 VR／AR 创造良好的发展环境

2017 年国家对虚拟现实产业的战略定位进一步强化，国家相继出台的《国民经济和社会发展第十三个五年规划纲要》《"十三五"国家科技创新规划》《"十三五"国家信息化规划》《"十三五"国家战略性新兴产业发展规划》等都明确把虚拟现实作为发展重点。

2. 地方政府重视 VR／AR 产业发展，产业基地遍地开花

VR 不再是企业主们的自我狂欢。越来越多的地方政府、园区认识到 VR／AR 的未来潜力，发布各类政策予以支持，例如福建省福州市出台《关于促进 VR 产业加快发展的十条措施》。福建福州、江西南昌、青岛崂山、武汉光谷、湖南长沙、浙江嘉兴等地在当地政府的支持下纷纷成立 VR 产业基地，打造"VR 之都"。VR／AR 在社会多主体的支持下将迎来更好的发展。

3. VR／AR 投资环境更加趋于理性，产业发展更加健康

随着 2016 年 5 月证监会叫停上市公司对 VR 领域的跨界定增，国内投资界对 VR／AR 的投资更趋于理性和慎重。相比之前资本对 VR／AR 的盲目追捧和狂热，现在的投资环境将更有利于产业的健康发展，只有真正拥有核心技术或创新产品的企业才能在这波风浪中生存，投资环境的变化将助于行业的洗牌，利于产业的长期健康发展。

（三）产业链全景图

虚拟现实产业链包括硬件、软件、应用和服务。其中，硬件中的传感器是人机交互的核心，芯片是保证 VR／AR 运算能力和流畅度的核心；软件层连接硬件商与内容提供商，国内技术水平较低。相对于 VR 硬件的一次性收费，以 VR／AR 内容服务为核心的盈利模式更具空间。

虚拟现实的应用需求可分为企业级和消费级两种，即 2B 和 2C。2C 应用是最贴近市场的应用，也是最容易推动市场火爆发展的驱动力；而 2B 应用则需要靠企业、政府等多方面市场主体共同推动。目前游戏、视频、教育、房地产市场应用相对成熟。

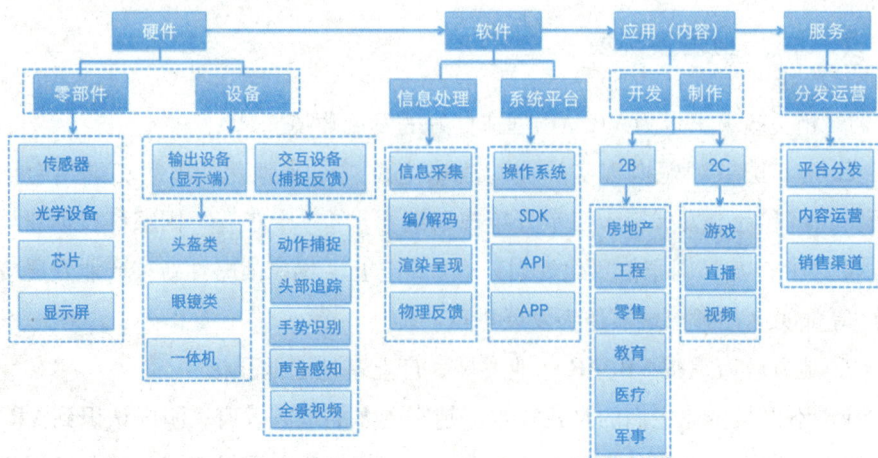

VR/AR 产业链

数据来源：赛迪顾问，2017 年 12 月。

（四）产业规模预测

1. 2020 年 VR/AR 产业规模将超过 900 亿元

2017 年经历了投资寒潮的 VR 产业，依然保持高速增长态势，产业总规模预计将达 160.5 亿元。但随着行业问题的增多和监管的不断加强，发展逐渐回归理性，预计 2020 年中国 VR/AR 产业规模将超过 900 亿元。

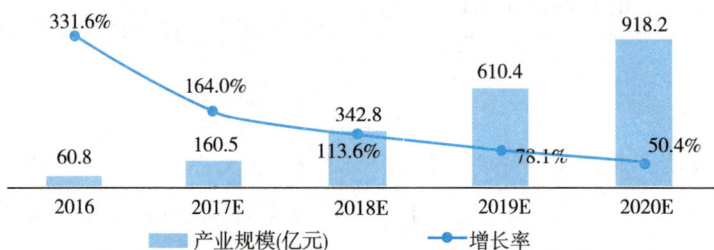

2016—2020 年中国 VR/AR 产业规模与增长

数据来源：赛迪顾问，2017 年 12 月。

2. 国内 VR/AR 产业链各环节都得到迅速发展，尤以硬件环节领先

VR/AR 硬件产品中，移动类产品占比最高，多以眼镜形态为主，尤其是移动类 AR 发展迅速。

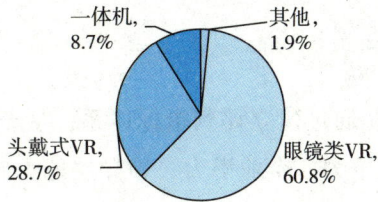

2017 年中国 VR/AR 硬件产品结构

数据来源：赛迪顾问，2017 年 12 月。

（五）产业演进趋势

1. 消费级应用加速爆发，教育等企业级应用将市场潜力大

VR/AR 的行业应用迅速展开，消费市场将加快爆发，文化内容将日益繁荣，尤其是视频和游戏。由于国内 VR/AR 市场主流设备仍以移动端 VR 眼镜为主，VR/AR 视频内容的开发数量要远多于 VR/AR 游戏内容。国内 VR/AR 平台上已有约 2700 款视频和 800 款游戏，同时国内 VR/AR 线下体验馆数量增长迅速，已超过 5000 家。但随着企业级市场的应用推广，在教育、医疗等领域，已小有成就。

2. AR 将比 VR 迎来更好的发展

随着各大巨头对 AR 方面的布局，标杆级的 AR 产品有望近期出现。尤其是苹果发布的增强现实组件 ARKit，该应用适用于 iPhone 和 iPad 平台，力求帮助 iPhone 成为全球最大的 AR 平台。增强现实消费级产品和应用的快速发展使得 AR 技术已经部分实现商业化，AR 眼镜的出货量将迅速增长，AR 明星级应用有望登上舞台。

3. 虚拟触觉、眼球追踪、光场显示等技术将迎来更大发展

虚拟触觉技术是通过触摸、按压、牵扯等动作操作虚拟物体时，人们不仅能够看到虚拟物体的形变，还能亲身感受到虚拟物体的逼真触感，触觉不仅仅是震动，还会包括更加复杂的温度、味觉、全身的触觉等。眼球追踪在 VR/AR 体验、玩家互动、校准等环节中发挥着关键的作用，是 VR/AR 发展的必备条件。光场显示则是真正解决晕眩感问题的技术手段。

11

（六）投资价值百强

中国 VR/AR 百强榜通过建立评判指标体系，从企业估值/市值、营收状况、专利数量、产品竞争力、企业潜力、领导层能力等多个维度进行定量与定性结合的评比。经过专家评分，对于中国主流的 VR/AR 企业分为 6 个领域进行排名对比。

排名	硬件类	排名	内容研发	28	星宇时空网络	排名	核心零部件
1	HTC	1	兰亭数字	29	绚景科技	1	京东方
2	歌尔股份	2	爱奇艺	30	火狐互动娱乐	2	凌美芯
3	暴风魔镜	3	合一视频	31	中科创达软件	3	中兴微电子
4	大朋VR	4	焰火工坊	32	武汉创景可视技术	排名	拍摄类/体感设备
5	小宅VR	5	极维客	33	天马微电子	1	Insta360
6	蚁视	6	幻羽科技	34	圣威特科技	2	幻眼
7	3Glasses	7	清显科技	35	虚拟无限网络	3	KAT
8	Vrstep	8	网龙网络	36	麦极客图像技术	4	兹曼科技
9	VR BOX	9	三目猴科技	37	雷蛇	5	完美幻境
10	七鑫易维	10	阿里巴巴	38	幻视网络	6	微动
11	Vrstep	11	京东	39	幻维科技	7	疯景科技
12	成都虚拟世界科技	12	百度	40	北京身临其境	8	亮风台
13	爱客科技	13	腾讯	41	秀宝软件	排名	传媒
14	uSens凌感科技	14	暴风科技	42	无忧我房	1	新华网VR/AR频道
15	Pico小鸟看看	15	极乐王国	43	赞那度	2	赛迪顾问
16	第二空间	16	爱太空科技	44	东方艾迪普数码科技	3	VR届
17	星轮	17	麦课在线	45	捷成世纪科技	4	87870
18	深圳游视（UCVR）	18	微视酷科技	46	强氧科技	5	魔多VR
19	嗨镜	19	光线传媒	47	万联国通通信技术	6	YiViAn
20	南京睿悦信息技术	20	七维视觉	48	新奥特	7	VR186
21	EMAX	21	网易游戏	排名	交互类	8	VR玩家网
22	偶米科技	22	美房云客	1	诺易腾	9	雪炭STGMR
23	极睿	23	虚视界科技	2	七鑫易维	10	其他
24	华为	24	中视典科技	3	神秘谷数字科技		
25	海信	25	埃尔塔	4	凌宇智控科技		
26	酷开网络	26	锐扬科技	5	青研科技		
		27	硅谷数模				

2017 年中国 VR/AR 投资价值百强

数据来源：赛迪顾问，2017 年 12 月。

（七）产业投资风向

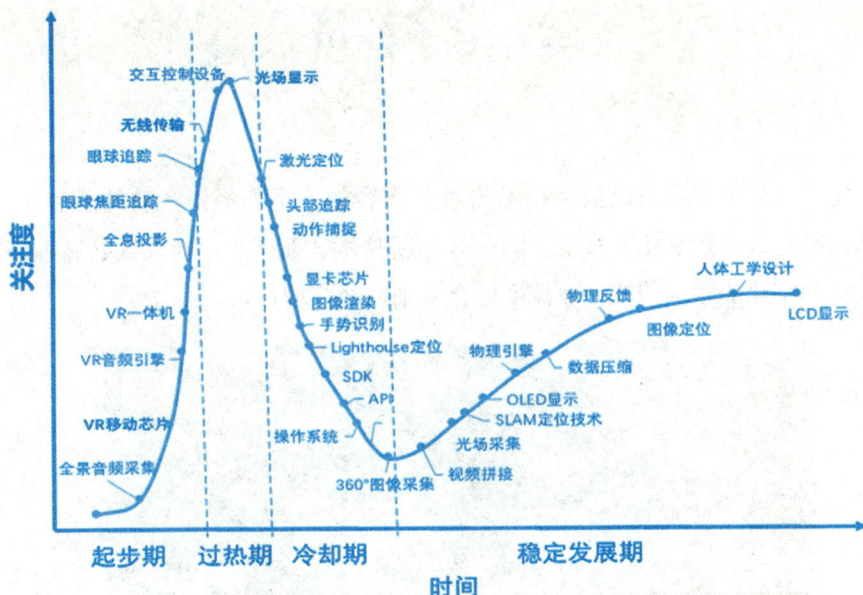

VR/AR 技术演进路线

数据来源：赛迪顾问，2017 年 12 月。

1. VR/AR 产业投资重点由硬件向内容演进

从国内资本的关注度和活跃度分析可知，VR/AR 产业投资的重点已从 2015 年的硬件逐步集中到内容端。输出型硬件市场已有足够的参与者，更多 VR 小硬件公司已经开始转型做内容分发平台、内容原创生产、内容投资合作等更接近变现的环节。输入端公司较少，对技术要求较高。

VR/AR 应用和内容提供商开始受到资本青睐，但目前尚未出现爆款级应用产品，随着未来爆款应用出现，应用将带动硬件落地与发展，整个 VR/AR 行业也会迎来新一轮爆发。

2. 追踪、光学等 VR 关键核心技术的企业资本关注度仍较高

从 VR/AR 技术资本热度来看，资本偏爱除了从硬件到应用的转变，不变的则是对核心技术的青睐。尤其是一些关键性技术节点公司，如屏幕、传感器、追踪、视频流处理、视频拼接、声音处理、引擎、交互、全景视频、VR App 开发等，国内在这部分的深耕细作较少，资本流入困难。

三、数字经济

定义：数字经济是以数字技术为重要内容的一系列经济活动的总和，这些活动既包含了数字化要素催生的一系列新技术、新产品、新模式、新业态，也包括数字化要素与传统产业深度融合带来的经济增长。

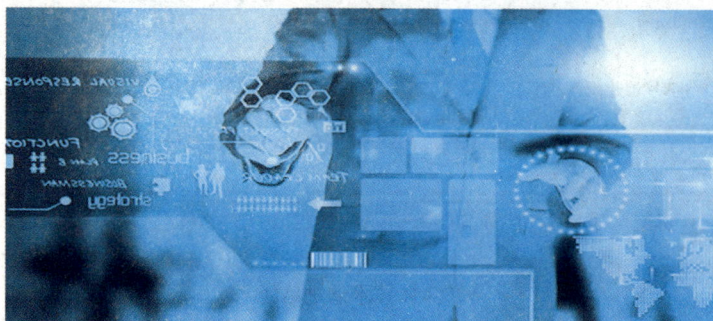

（一）赛迪重大研判

1. 2017 年中国数字经济规模持续增长，规模有望突破 26 万亿元
2. 受技术进步和市场需求驱动，生产、生活、消费等环节数据价值凸显，资源型数字经济迎来重大机遇
3. 人口红利转换为消费红利，服务型数字经济将持续保持增长
4. 数字技术在工业领域应用深入推进，融合型数字经济风口已来
5. 去中心化与再中心化并重，新巨头之争开始

（二）产业发展环境

1. 数字经济被写入政府工作报告，成为贯彻落实新发展理念、建设现代化经济体系的重要着力点

2017 年，政府工作报告中明确提出要"推动'互联网＋'深入发展、促

进数字经济加快成长，让企业广泛受益、群众普遍受惠"；同时，党的十九大报告中提出要加快建设创新型国家，建设"数字中国"，发展数字经济等新兴产业。未来数字经济将迎来重大发展机遇期。

2. 数字经济已经进入新的裂变式发展阶段，经济增长的驱动力由要素驱动转变为创新驱动

不同于工业经济时代的传统要素驱动，数字经济时代，包括技术、模式、管理等在内的创新成为经济发展的核心动力。数字经济发展的主线就是围绕重大技术创新和突破展开的，我国消费互联网的发展与赶超主要得益于商业模式的创新，管理创新是企业和组织机构要实现创新发展的必然要求。

3. 数据作为新的生产要素，相比传统的生产要素，其积累方式、规模形态也发生了根本性的改变

数据必须建立在实时在线、共享交互、加工处理的基础上，才能成为生产要素。数据要素更多地来自于生产、生活过程，数据要素的加工处理过程，具备极强的自生产、自扩张性，数据要素最终转化为生产力的方式是人工智能。

4. 步入数字经济时代，经济社会的发展方式由线性转变为指数级增长

网络连接终端形态和数量方面纷繁多样，数据积累速度和数据要素资源的价值急剧增长，数据和信息链接的方式、网络急速扩张，传播渠道和效率极大提升，同时，借助开源平台和开放式合作，产业链内部与产业链之间形成的生态体系的建设呈现自生长和自完善的特征。

（三）产业链全景图

数字经济产业链由基础型数字经济、技术型数字经济、资源型数字经济，融合型数字经济和服务型数字经济构成。其中，基础型数字经济和资源型数字经济主要指物理基础设施和数据资源利用，是数字技术实现的物理载体和信息载体，是数字经济的基础；技术型数字经济是数字经济发展和升级的主线，是数字经济发展的核心驱动力；融合型数字经济和服务型数字经济重点体现在数字技术在生产和生活领域的各类应用。基础型数字经济主要指物理基础设施和数据资源利用，是数字技术实现的物理载体和信息载体，是数字经济的基础。

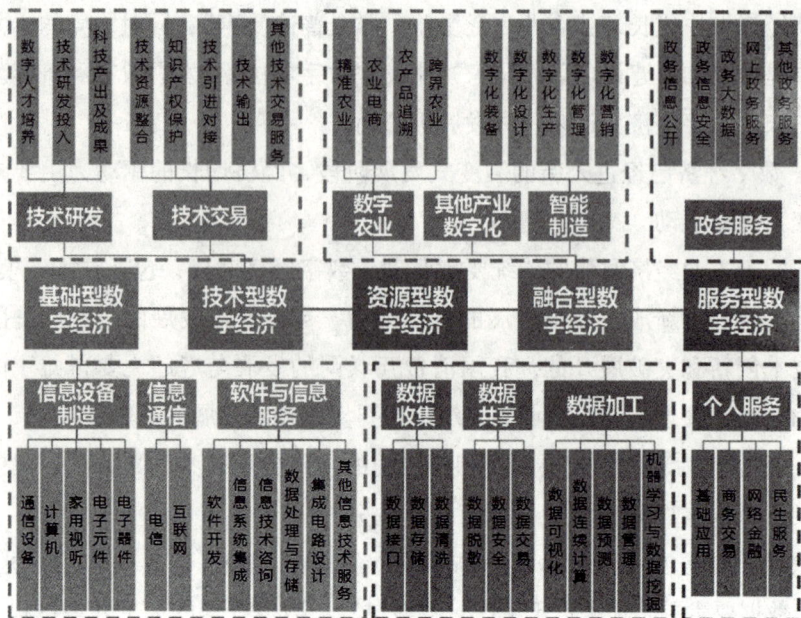

数字经济产业链

数据来源：赛迪顾问，2017 年 12 月。

（四）产业规模预测

1. 我国数字经济保持高速增长，规模持续增长

中国数字经济受宏观政策环境、技术进步与升级、数字应用普及渗透等众多利好因素影响，预计 2017 年整体规模将达到 26.8 万亿元，数字经济在 GDP 中的比重将进一步提升。

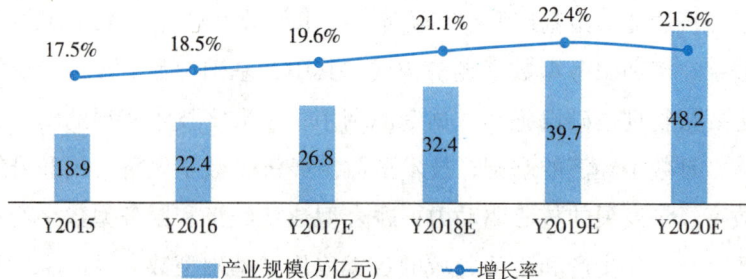

2015—2020 年中国数字经济规模与增长

数据来源：赛迪顾问，2017 年 12 月。

2. 融合型数字经济比重持续提升，基础型数字经济增长放缓

基础型经济对数字经济的整体拉动作用放缓，规模上趋于平稳。随着"中国制造2025"和"互联网＋"的深入推进，数字技术在传统工业领域的融合应用持续深化，融合型数字经济仍将是数字经济发展最大的驱动力，规模和占比持续增加。

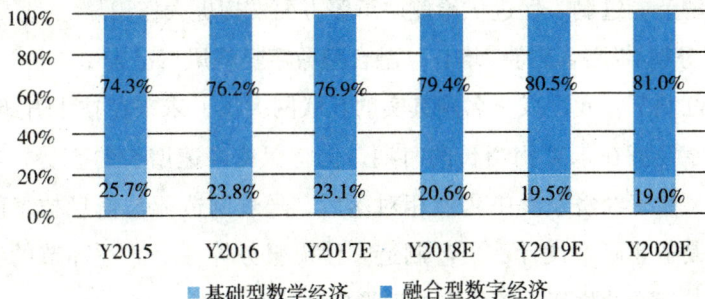

2015—2020年中国数字经济结构

数据来源：赛迪顾问，2017年12月。

（五）产业演进趋势

1. 数字经济内涵外延不断拓展，各国竞争加剧

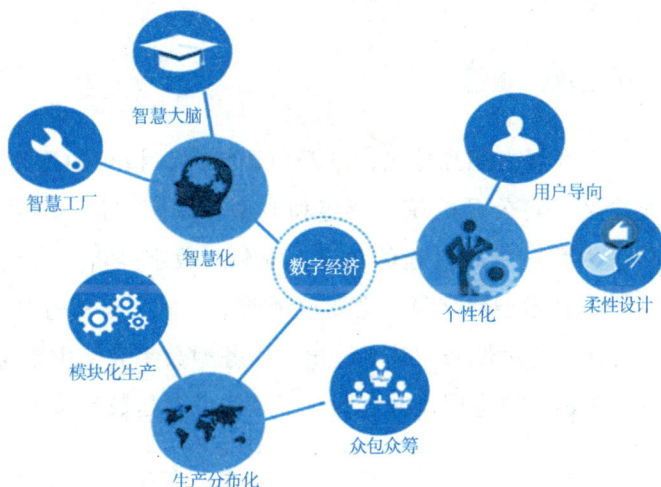

各国数字经济领域的竞争是融合了基础设施、技术标准、成果转化、智能应用、网络协同等多环节、多领域的综合创新实力的竞争。未来随着对数

字经济的技术、产品、业态、模式的认知的深化，数字经济的内涵和外延也将进一步拓展。

2. 数据价值凸显，资源型数字经济迎来重大机遇

生产、生活、消费等环节数据争夺日趋白热化，数据将在贯穿产品、库存、交易、流通等方面实现海量积累，并在提高闲置设备、空间、人员的利用率，化解产能过剩、促进供给侧改革等方面发挥更大作用。

3. 服务型数字经济持续增长，融合型数字经济风口已来

人口红利下，我国成为名副其实的互联网大国，未来在技术升级驱动下，服务型数字经济在未来相当长的时期，仍将保持高速增长的态势。当前，我国在融合型数字经济发展中仍然相对落后，随着制造业与信息技术的加速融合，覆盖制造业研发设计、生产制造、营销服务等各个流程环节的工业互联网和智能制造产业生态系统正在快速形成。

4. 去中心化与再中心化并重，新巨头之争刚刚开始

工业时代，在各个产业领域，都形成了由大企业主导行业标准、垄断行业利润的"中心化"竞争格局。数字经济时代，随着各行业跨界融合加剧，新的需求、产品、服务、业态层出不穷，势必会对原有的"中心化"的平台、服务、产品造成冲击，逐步形成新的产业生态，出现一批综合性和专业性的平台型企业，打造"再中心化"的新巨头。

（六）综合指数 20 强

结合数字经济发展内涵和特点，对五型数字经济指数的评价共包括 33 项指标，数据全部来自公开的统计年鉴和典型互联网应用。其中基础型数字经济主要体现为数字基础设施的建设，资源型数字经济主要包括数据资源的集聚和应用，技术型数字经济主要包括前沿技术、颠覆性技术的投入，以及围绕技术转移、转化带来的技术输出，服务型数字经济主要包括互联网在消费和政务服务领域的应用，融合型数字经济主要是数字技术在工业领域的应用。

序号	地区	综合指数	基础型数字经济指数	资源型数字经济指数	技术型数字经济指数	融合型数字经济指数	服务型数字经济指数
1	广东	79.63	80.37	84.00	96.77	56.83	84.81
2	江苏	66.34	65.05	47.87	87.55	72.93	55.74
3	浙江	60.48	50.90	51.51	81.67	61.28	56.57
4	山东	53.65	43.02	27.16	81.45	49.60	62.81
5	北京	52.05	67.45	38.87	73.86	45.26	35.91
6	上海	47.87	58.18	28.59	74.84	45.83	31.37
7	福建	44.22	41.53	20.07	72.66	51.12	32.45
8	四川	40.62	25.87	40.52	72.95	27.16	40.24
9	湖北	40.06	23.60	29.23	73.84	38.31	35.56
10	湖南	37.56	19.09	24.93	74.97	44.46	23.99
11	安徽	37.49	17.38	23.63	69.29	46.38	29.12
12	河南	36.71	22.32	25.62	69.68	28.11	38.38
13	天津	35.37	30.13	5.88	74.50	46.22	16.45
14	河北	35.26	24.75	22.37	66.88	23.88	38.80
15	辽宁	33.32	35.35	21.68	62.63	15.82	32.91
16	陕西	31.70	24.88	13.73	70.86	22.96	26.26
17	重庆	31.66	21.95	20.05	66.89	26.26	24.13
18	贵州	29.91	14.48	25.73	59.46	35.62	15.50
19	江西	28.20	15.60	19.67	67.50	23.56	16.78
20	吉林	26.88	17.58	15.65	62.44	24.30	15.50

2017 年中国数字经济综合指数 20 强

数据来源：赛迪顾问，2017 年 12 月。

（七）产业投资风向

1. 数据资源价值凸显，围绕数据的交易和挖掘将成为新的价值高地

数据作为新型的生产要素，其价值已经在消费互联网中崭露头角。随着市场数据的汇集和政务数据的进一步开放、共享，数据在各个领域的应用将逐步深化。人工智能作为数据价值实现的最终途径，在各个互联网巨头加大投入和布局的同时，围绕各应用场景和细分领域的数据交互、深度挖掘和智能应用，将涌现一批创新型高成长企业。

2. 受技术升级与场景细分的影响，服务型数字经济仍将保持高速增长

进入移动互联网时代，电子商务、O2O、共享经济等领域不断细分，衣、食、住、行等各个消费领域，都涌现了一批独角兽企业，万亿级的消费互联网市场被激活，人口红利转换为消费红利。当前，以人工智能、大数据、机器人、智能硬件、云服务、区块链、5G、量子计算等为代表的新兴技术正加快在各产业领域的转化和应用，互联网应用市场持续细分，新技术、新产品、新模式在各个场景下的应用，将带动消费服务市场的持续升级和繁荣。

3. 供给侧改革和产业转型升级背景下，融合型数字经济风口已经到来

在"中国制造2025"和"互联网＋"战略驱动下，数字技术与传统工业的跨界应用进一步深化，覆盖制造业研发设计、生产制造、营销服务等各环节的智能制造生态系统加速形成，未来在工业互联网、工业云服务、智能传感网、供应链协同、定制化生产等方面，将出现大量创新的技术、产品、服务和解决方案，这些将成为促进数字经济创新发展的核心力量。

四、大数据

定义：大数据产业指以数据生产、采集、存储、加工、分析、服务为主的相关经济活动，包括数据资源建设、大数据软硬件产品的开发、销售和租赁活动，以及相关信息技术服务。

（一）赛迪重大研判

1. 2017 年大数据市场规模延续增长，将达到 224.4 亿元

2. 神经计算、深度学习、语义计算以及人工智能等结合智能计算的大数据分析成为热点

3. 数据价值加速释放，大数据应用需求不断扩大

4. 2020 年中国大数据市场规模将超过 550 亿元，行业进入应用实施期

（二）产业发展环境

1. 大数据相关政策密集出台，行业应用是重点

近年来，国家部委和各地方政府陆续出台大量针对大数据产业发展的政策和建议，重点强调行业应用。国家发改委、工信部、国家林业局、农业部，

以及各级省市政府都相继推出了促进大数据产业发展的意见和方案，产业发展环境持续优化。各地方政府如贵州省、浙江省和福建省，也在规划文本的基础上，大力推出相关的促进条例、实施计划和新区建设计划，拓展大数据应用案例的落地发展。

2. 政府加大数据产业的管理和服务力度，人才培养步入高速发展的通道

从管理力度看，截至 2017 年 6 月，多个省、市相继成立了大数据管理和服务机构，统筹决策领导作用显著。从人才培养看，2016 年 2 月 16 日，教育部发布的《2015 年度普通高等学校本科专业备案和审批结果》中就首次增加了"数据科学与大数据技术专业"，设计了相对完善的大数据课程体系。截至 2017 年 8 月，我国已有 35 所高校获批该专业，人才培养步入高速发展道路。2016 年 2 月教育部公布了首批设立该专业的 3 所学校，2017 年 3 月新加高校 32 所。

3. 大数据的积累和应用条件日益成熟

随着移动智能终端数量、IoT 设备数量的快速增长，传统工业领域大数据项目落地，以及各企事业单位信息系统数据的沉淀，经济社会可供采集和分析的数据量日益放大，为大数据分析奠定了基础。此外，单个硬件的计算和存储效率持续升高，为大规模计算的实施创造可能。

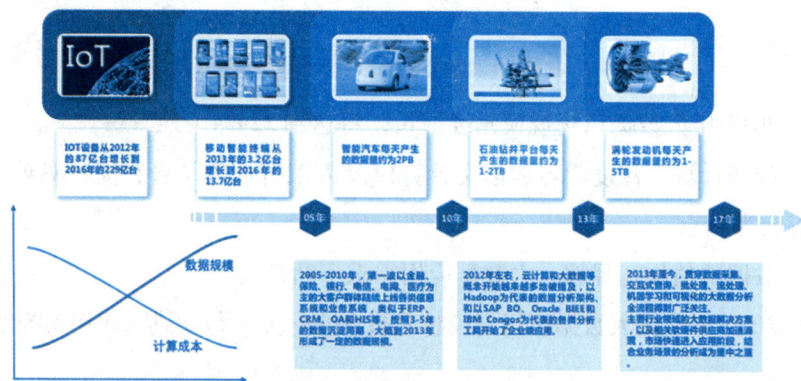

（三）产业链全景图

数据服务、基础支撑和融合应用相互交融，协力构建了完整的大数据产业链。

● 基础支撑层是整个大数据产业的引擎与核心，它涵盖了网络、存储和计算等硬件基础设施，资源管理平台，以及各类与数据采集、预处理、分析和展示相关的方法和工具。从数据流动的角度来看，除去硬件设施和资源管理平台，大数据架构可以理解为：前端的数据采集、中端的流处理、批处理、即时查询和数据挖掘等服务，以及末端的数据可视化服务。

● 在基础支撑层之上，融合应用层包含了与政务、工业、农业、金融、交通和电信等行业紧密相关的应用软件和整体解决方案。

● 数据服务层，则是围绕各类应用和市场需求，提供辅助性的服务，包括数据交易、数据资产管理、数据采集加工分析、数据安全等。

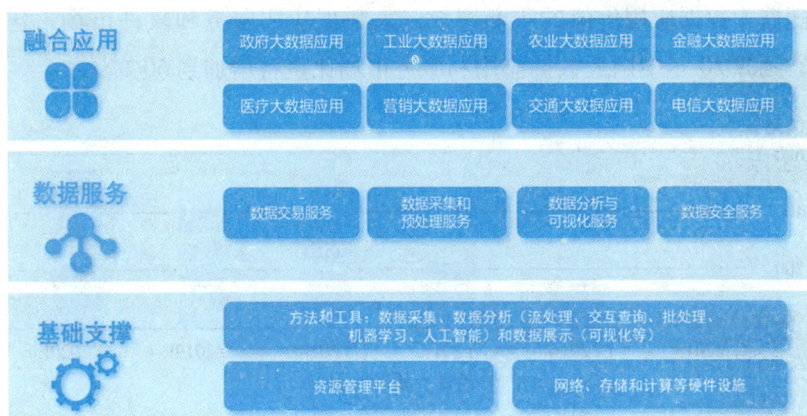

大数据产业链

数据来源：赛迪顾问，2017 年 12 月。

（四）市场规模预测

1. 到 2020 年中国大数据市场规模将超过 550 亿元

2017 年，中国大数据市场规模将达到 224.4 亿元，同比增长 33.8%。随着大数据行业应用的不断推广，大数据相关政策的贯彻落实、法规环境的不断完善，2017—2020 年中国大数据市场将以 34.56% 的高速增长，到 2020 年中国大数据市场的规模将超过 550 亿元。

2015—2020 年中国大数据市场规模与增长

数据来源：赛迪顾问，2017 年 12 月。

2. 行业应用市场比重不断增加

随着大数据应用价值的不断释放，大数据应用服务和软件市场占比不断增加，到 2020 年中国大数据应用和服务市场比重将增加到 60%。

2015—2020 年中国大数据市场结构

数据来源：赛迪顾问，2017 年 12 月。

（五）产业演进趋势

1. 结合智能计算的大数据分析成为热点

2017 年人工智能的研究和应用又掀起新高潮，特别是 AlphaGo 后 AlphaGo zero、人工智能绘画机器人、人工智能钢琴机器人等出现不断冲击着和突破人类对 AI 的认知和推进的预期。这一方面得益于计算机硬件性能的突破，另一方面则依靠以云计算、大数据为代表的计算技术的快速发展，使得信息处理速度和质量大为提高，能够快速、并行处理海量数据。在此背景下，神经计算、深度学习、语义计算以及人工智能其他相关技术必将成为热点。

2. 数据价值加速释放，大数据应用需求不断扩大

据赛迪顾问调研，在运用大数据技术的企业中，其中22.7%的企业认为数据对提升企业运用效率起到重要作用，21.1%企业认为大数据对企业起到了辅导决策的作用，19.8%的企业认为大数据对企业降低成本起到重要作用。未来随着数据技术提升和有效数据的不断开发和增加，大数据价值将加速释放。

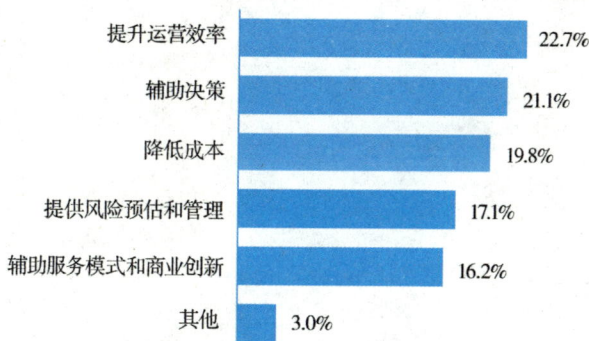

提升运营效率	22.7%
辅助决策	21.1%
降低成本	19.8%
提供风险预估和管理	17.1%
辅助服务模式和商业创新	16.2%
其他	3.0%

2017 年中国大数据产品和服务应用效果

数据来源：赛迪顾问，2017 年 12 月。

2016—2017 年，伴随着国家部委有关大数据行业应用政策的出台，国内的金融、政务、电信、物流等行业中大数据行业应用的价值不断凸显。未来几年，伴随着行业应用价值的凸显，中国大数据应用的应用需求将不断扩大。

（六）投资价值百强

中国大数据投资价值百强榜通过建立评判指标体系，从企业估值/市值、营收状况、创新投入、专利数量、产品竞争力、企业潜力、领导层能力等多个维度进行定量与定性结合的评比。经过专家打分，评选出中国最具投资价值的前 100 强企业为（排名不分先后）：

基础服务层						行业应用解决方案				
综合	1	阿里云		26	安天	51	美林数据	76	高德
	2	腾讯		27	明朝万达	52	昆仑数据	77	四维图新
	3	京东		28	亿赛通	53	东方国信	78	海捷科技
	4	百度		29	瀚思科技	54	滴滴出行	79	阿古电务
	5	华为		30	观数科技	55	百分点	80	中诚信征信
	6	浪潮		31	上海观安	56	智慧星光	81	中国航信
	7	中兴通讯		32	盛邦安全	57	广联达	82	Talking Data
	8	中科曙光		33	美亚柏科	58	熙康	83	科技谷
	9	华胜天成		34	永洪科技	59	东华	84	华房数据
	10	神州数码	BI	35	帆软	60	时云医疗科技	85	高科数聚
数据可视化	11	Tableau		36	人大金仓	61	万达信息	86	明匠智能
	12	国云数据		37	铁锹科技	62	医渡云	87	思特奇
	13	海云数据		38	华量软件	63	神州泰岳	88	集奥聚合
	14	数字冰雹		39	海康威视	64	久其软件	89	北大千方科技
	15	优选软件	数据采集、存储与管理	40	普元信息	65	网智天元	90	野山坡
	16	勤智数码		41	翱旗创业	66	Talking Data	91	海捷科技
数据交易	17	数据堂		42	星环信息	67	神州融	92	艾德思奇
	18	国信优易		43	红象云腾	68	用友	93	百分点
	19	聚合数据		44	国双科技	69	云房数据	94	神州融
	20	优易数据		45	智拓通达	70	偶数科技	95	百融金服
	21	京东万象		46	北京阿尔泰科技	71	四方伟业	96	因特睿软件
数据安全	22	蓝盾股份		47	宝德	72	上海合合	97	荣之联
	23	启明星辰		48	乐思软件	73	数联铭品	98	华宇软件
	24	360		49	铂金智慧	74	神州通用	99	中科金财
	25	绿盟科技		50	深圳凯立德	75	南讯软件	100	华院数云

2017 年中国大数据产业投资价值百强

数据来源：赛迪顾问，2017 年 12 月。

（七）产业投资风向

1. 从行业应用维度看，金融、医疗等应用将成为热点领域

从行业维度看，金融行业作为国内信息化和数据积累较好的行业，随着大数据应用效果的不断释放，其继续受到投资领域关注；医疗等受医疗示范区等政策影响，值得继续关注；交通、电信等行业也会伴随数据平台的不断

增加和数据积累的加大，备受应用企业和投资者的关注。

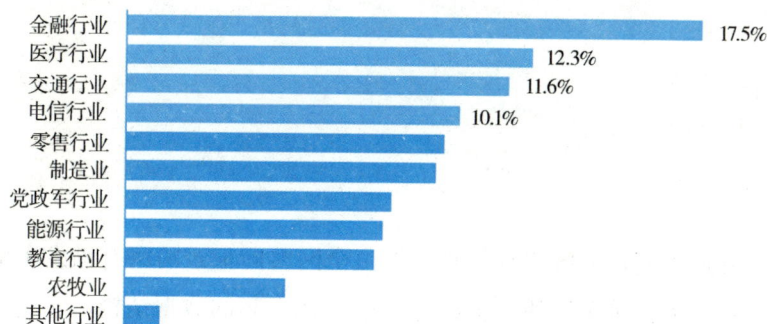

2018 年中国大数据需求迫切的行业领域

数据来源：赛迪顾问，2017 年 12 月。

2. 从数据技术维度看，典型行业的场景化解决方案将成为热点领域

从产业链维度分析，伴随着场景化解决方案的效果不断凸显，大数据企业应用的接受程度增加，场景化解决方案项目值得投资者高度关注；随着大数据进入应用时代，大数据应用软件相关企业继续受到追捧，投资热度不减；此外，随着大数据行业发展，数据安全事件逐步增加，安全问题备受关注，信息安全项目和企业将成为一个新的风口，值得关注。

2018 年中国大数据产业链最具潜力的环节

数据来源：赛迪顾问，2017 年 12 月。

五、区块链

定义：赛迪顾问认为区块链就是一份由全网共同记录的所有已发生交易公开账本，是一种把单个区块以链的方式组合在一起的数据结构，它适合存储简单的、有先后关系的、能在系统内验证的数据，用密码学保证了数据的不可篡改和不可伪造。

（一）赛迪重大研判

1. 全球区块链发展仍不成熟，但市场规模飞速增长，预计到 2018 年达到 41.4 亿美元
2. 国内政策进程加快，中国区块链市场未来几年进入高速发展期
3. 区块链市场结构从"以私有链为主，联盟链为辅"转变为"私有链和联盟链并存"
4. 金融和数据领域应用率先爆发且投资价值较高
5. 金融科技公司将成为投资人的首选

（二）产业发展环境

1. 世界各国不断重视，国际标准化进程开启

世界各国不断重视

- 区块链应用价值获得认同，政策规划纷纷出台。各国政府认识到区块链技术的巨大应用前景，开始从国家发展层面考虑区块链的发展道路，"区块链"成为全球各大监管机构、金融机构及商业机构争相研究讨论的对象。
- 随着各国积极推动区块链技术和应用发展，区块链开始在各国迅速普及和发展，这造就了区块链产业良好的发展势头和环境，同时也带动中国区块链市场的快速扩张。

国际标准化进程开启

- 国际组织启动标准化工作，标准化进展顺利。2016年以来，随着区块链技术和应用的发展，区块链标准化已经引起国际上的广泛关注和重视。国际标准化组织等启动区块链标准化相关工作，各大区块链联盟也纷纷加速推进区块链标准的制定进程。
- 2016年9月，ISO成立专注于区块链领域的标准技术委员会ISO/TC307，中国成为全权成员，标准的加快制定进一步推动中国区块链市场稳步发展。

2. 国内政策进程加快，行业发展迎来新契机

区块链由于其所具有的高性能、高安全性、高速接入、高效运营等核心优势引起各界关注。在区块链迅速发展的背景下，中国顺应全球化需求，紧跟国际步伐，积极推动国内区块链的相关领域研究、标准化制定以及产业化发展。

● 目前，国内区块链政策趋于明晰化，2016年12月国务院发布的《"十三五"国家信息规划》首次提到支持区块链技术发展，两次提及"区块链"关键词。

● 国内行业技术标准文件主要有2016年10月工信部发布的《中国区块链技术和应用发展白皮书》以及2017年5月16日工信部发布的《区块链参考架构》。

● 2017年2月，央行推动的基于区块链的数字票据交易平台测试成功。国内区块链标准和技术不断完善，应用场景也由金融支付拓展到其他服务领域。

（三）产业链全景图

区块链产业链主要包括基础网络层、中间协议层以及应用服务层。基础网络层由数据层、网络层组成，实现数据加密和传输的机制。中间协议层由共识层、激励层、合约层组成，主要涵盖各种网络算法。应用服务层作为区块链产业链中最重要的环节，包括各种应用场景和案例。

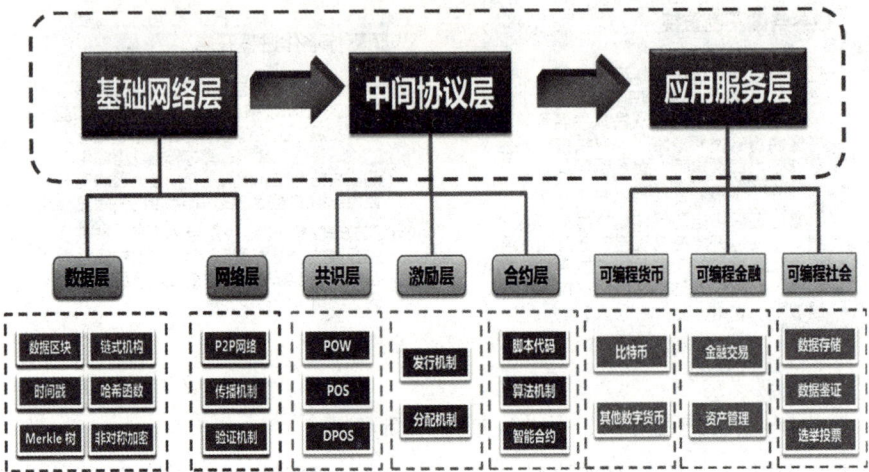

区块链产业链

数据来源：赛迪顾问，2017 年 12 月。

未来突破点：

√ 基础技术：解决高耗能、大数据存储和处理，提高处理效率。

√ 应用层面：以金融行业为基础，实现大量非金融行业百花齐放的应用场景。

√ 监管方面：加强对区块链技术的认识和预期，形成国家监管制度和法律体系。

（四）市场规模预测

1. 未来中国区块链市场迅速扩张

2015 年中国区块链市场规模几乎为零，但是未来几年，随着国内资本对于区块链技术的投资力度不断加大，区块链在国内的商业模式逐步成熟，中国的区块链市场将进入高速发展阶段，预计到 2018 年，中国区块链市场规模将达到 0.81 亿元，到 2020 年将达到 5.12 亿元，2016—2020 年复合增长率达到 115.6%。

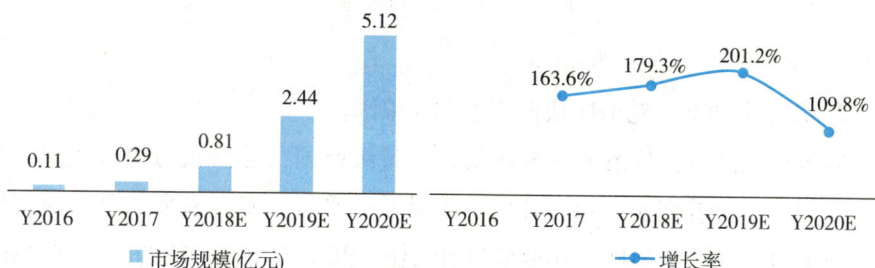

2016—2020 年中国区块链市场规模预测

数据来源：赛迪顾问，2017 年 12 月。

2. 私有链和联盟链共存

预计到 2018 年，私有链市场规模将占整体区块链市场规模的 65.1%，联盟链则占 32.8%；而到 2020 年，私有链市场规模将占整体区块链市场规模的 51.1%，联盟链则占 46.2%。形成私有链和联盟链共存的市场结构。

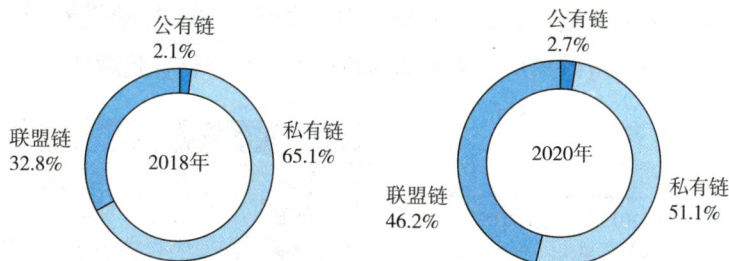

2018 年和 2020 年中国区块链市场结构预测

数据来源：赛迪顾问，2017 年 12 月。

（五）产业演进趋势

1. 区块链行业应用加速推进，从数字货币向非金融领域渗透扩散

区块链作为一种通用底层技术，从数字货币加速渗透至其他领域，和各行各业创新融合。未来区块链的应用将由两个阵营推动。一方面，IT 阵营从信息共享着手，以低成本建立信用为核心，逐步覆盖数字资产等领域。另一方面，加密货币阵营从货币出发，逐渐向资产端管理、存证领域推进，并向

31

征信和一般信息共享类应用扩散。

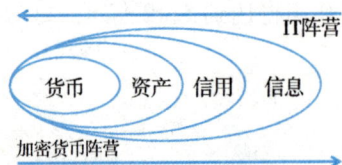

2. 开始出现新一轮的区块链创业创新浪潮

随着区块链潜在价值的不断挖掘，重量级跨国行业巨头纷纷以成立研究小组、投资区块链创业公司、开发区块链基础平台、研究未来的潜在应用场景等方式进军区块链领域，其示范与引领作用开始带动新一轮的区块链创业、创新浪潮。预计未来几年中国区块链企业的数量将会快速增加，对于区块链的投融资金额和次数将会大幅提升。

3. 区块链竞争日趋激烈，专利争夺成为竞争重要领域

随着参与主体的增多，区块链的竞争将越来越激烈，竞争是全方位的，包括技术、模式、专利等多个维度。目前区块链专利主要分布在北美洲的美国、欧洲的英国、亚洲的中国和韩国，尤其是中国的专家申请数量处于全球领先的地位。未来，企业将在区块链专利上加强布局，区块链专利申请数量出现爆发式增长。可以预见，未来的区块链专利争夺将日趋激烈。

国家	专利累计申请数量（个）
中国	550
美国	284
韩国	192

2014—2016年全球区块链专利申请量 **截至2017年各国区块链申请专利总数**

数据来源：赛迪顾问，2017年12月。

（六）投资价值80强

中国区块链产业投资价值80强通过建立评判指标体系，从企业注册资金、融资情况、专利数量、产品竞争力、企业潜力等多个维度进行定量和定性进行评比，对中国主流的区块链企业划分为四个领域进行对比。

金融科技		数字资产		其他应用	
1	中国万向控股有限公司	1	北京果仁宝科技有限公司	1	贵阳爱立示信息科技有限公司
2	杭州蚂蚁金服信息技术有限公司	2	oklink	2	块链信息(深圳)有限公司
3	北京京东金融科技控股有限公司	3	北京网录科技有限公司	3	ASCH
4	北京云知科技有限公司	4	区块宝	4	北京金洋洋文化传媒有限公司
5	四川省区块未来科技有限责任公司	5	北京比邻共赢信息科技有限公司	5	苏州弈趣网络科技有限公司
6	雷盈企业管理(上海)有限公司	6	浙江安存正信科技有限公司	6	ChainCloud
7	深圳银链科技有限公司	7	瑞资(北京)科技有限公司	7	嘉楠耘智信息科技有限公司
8	上海阔悦网络科技有限公司	8	北京太一云科技有限公司	8	深圳嘿桃科技有限公司
9	南京可柔网络科技有限公司	9	链行	9	赛智(区块链)北京技术有限公司
10	杭州复杂美科技股份有限公司	10	杭州云象网络技术有限公司	10	北京魔链科技有限公司
11	深圳大可分享科技有限公司	11	北京库神信息科技有限公司	11	江西善圆区块链有限公司
12	北京信和云科技有限公司	12	公信宝	12	远光软件股份有限公司
13	联动优势科技有限公司	13	上海昊涌网络科技有限公司	13	西安纸贵互联网科技有限公司
14	杭州趣链科技有限公司	14	布比(北京)网络技术有限公司	14	北京库神信息科技有限公司
15	深圳市智链科技有限公司		**虚拟货币**	15	北京博图纵横科技有限责任公司
16	区块达客	1	北京比特大陆科技有限公司	16	巴比特
17	朝夕区块链	2	北京火币天下网络技术有限公司	17	Qtum
18	上海仲托网络科技有限公司	3	比银集团	18	VeChain
19	元宝金汇(北京)科技有限公司	4	币网	19	成都以太云网络科技有限公司
20	矩阵金融	5	深圳市硬比特信息科技有限公司	20	Cryptape
21	分布科技	6	比特天空网	21	能源区块链实验室
22	北京灵钛信息科技有限公司	7	Fundonomy	22	物链(北京)科技有限公司
23	路云区链科技有限公司	8	BITKIO	23	北京魔镜科技有限公司
24	Demo	9	北京云币科技有限公司	24	广东格格积分运营系统有限公司
25	众安科技	10	北京必然如此网络技术有限公司	25	众享比特
		11	牛比特	26	亿书
		12	比太钱包		
		13	瓦力必达科技		
		14	BTCC		
		15	中国比特币		

2017 年中国区块链产业投资价值 80 强

数据来源：赛迪顾问，2017 年 12 月。

（七）产业投资风向

1. 从区块链未来发展方向分析，具备区块链应用场景的公司会成为投资重点

随着技术和开发软件的普及，区块链底层技术将不再是门槛，然而在应用方面，区块链的垂直应用都将百花齐放，在帮助交易各方提高效率降低成本过程中获取创造价值的部分收入。目前区块链的应用种类和领域相对较少，但是未来存在着更加广阔的想象和发展空间。

2. 从投资价值分析，从事金融科技和资产管理的公司成为投资重点

　　金融交易、资产管理可能是国内最先爆发并且投资价值较高的两个领域。仿照国外路径，数字资产登记和数据完整安全性保证或会成为区块链在我国最易落地和最先爆发的应用场景。金融应用方面，最可能在例如区域资本市场、机构间交易市场、交易所固收等场景获得突破。区块链在银行间转账、理财业务的底层技术提供方面也存在较大应用潜力和市场空间。

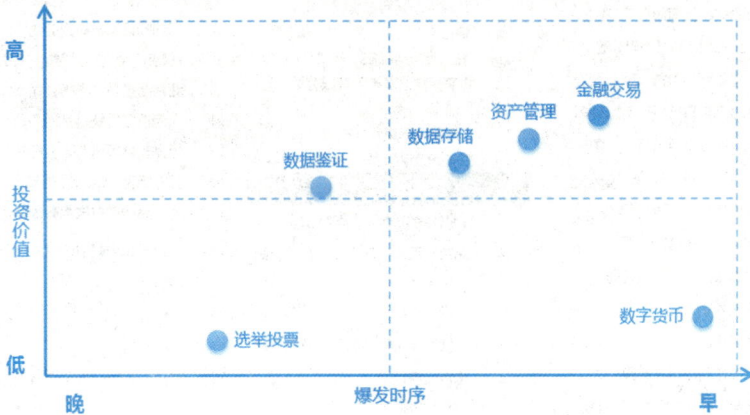

区块链应用领域投资价值分析

数据来源：赛迪顾问，2017 年 12 月。

六、FINTECH

定义：FinTech 是 Financial Technology 的缩写，中文可翻译为"金融科技"，但 FinTech 不是一个技术名词，是一个产业概念，是指一个将金融与新一代信息技术通过创新进行融合的新兴产业。

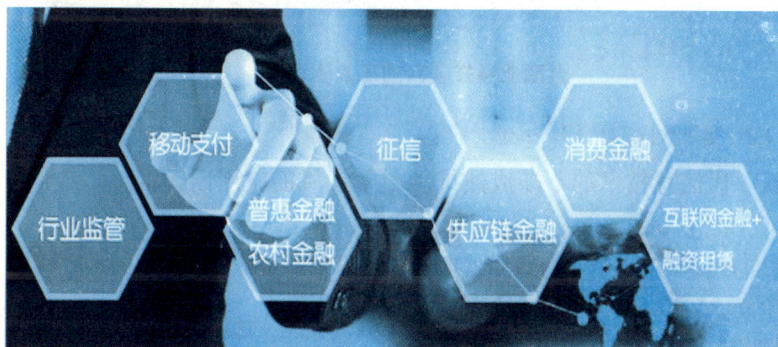

（一）赛迪重大研判

1. 2020 年中国 FINTECH 产业规模将接近 2.5 万亿元
2. 2020 年支付板块的占比依然最大，融资和投资为第二梯队
3. 更规范、更个性、更普惠、更专业、更专注是五大演进趋势
4. 从市场需求角度分析，网络融资和保险销售具备投资价值
5. 从技术壁垒和长期投资角度分析，智能投资辅助和金融搜索引擎具备投资价值

（二）产业发展环境

1. 金融业在创新变革和科技应用上一直领先，助推 FINTECH 发展

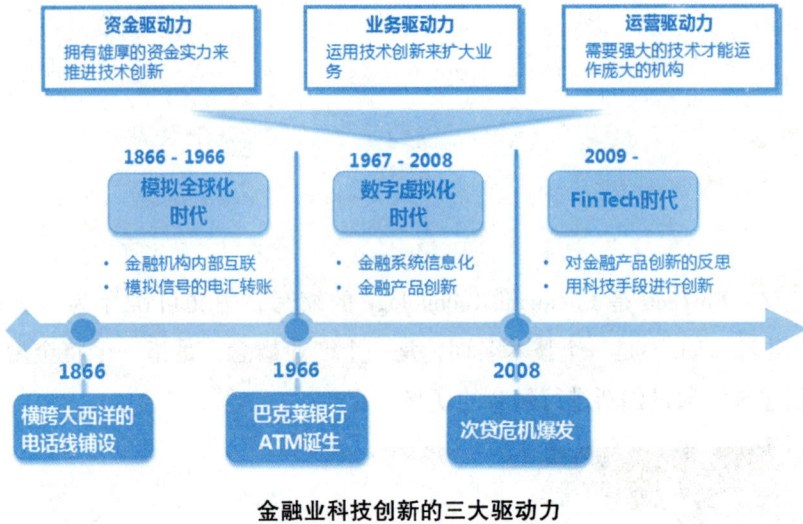

金融业科技创新的三大驱动力

数据来源：赛迪顾问，2017 年 12 月。

2. 新一代信息技术的不断成熟推动金融领域的应用创新

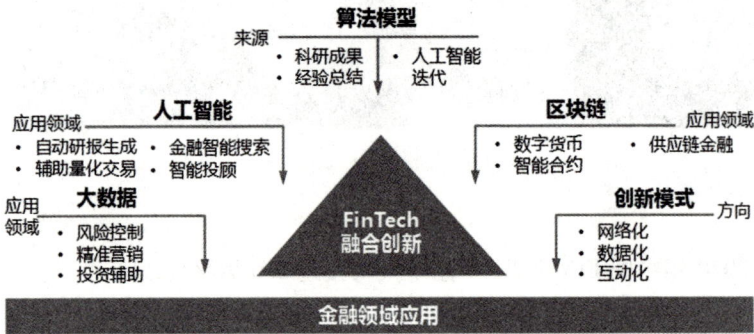

（三）产业链全景图

FinTech 的产业链分为三个层次：基础数据层、模式算法层和应用层。

● 基础数据层是 FinTech 的基础，包括政府公开数据、行业数据、企业数据、个人数据、金融数据、互联网数据等数据信息，供模式算法层调用分析。

● 模式算法层是 FinTech 的核心，既包含大数据挖掘、人工智能、区块链等技术手段，也包括基于数学建模的各类决策算法，还有创新的商业模式和运营模式。

● 应用层以金融的基本功能分为"支付、融资、投资、流通和保险"五大板块及十三个细分领域。

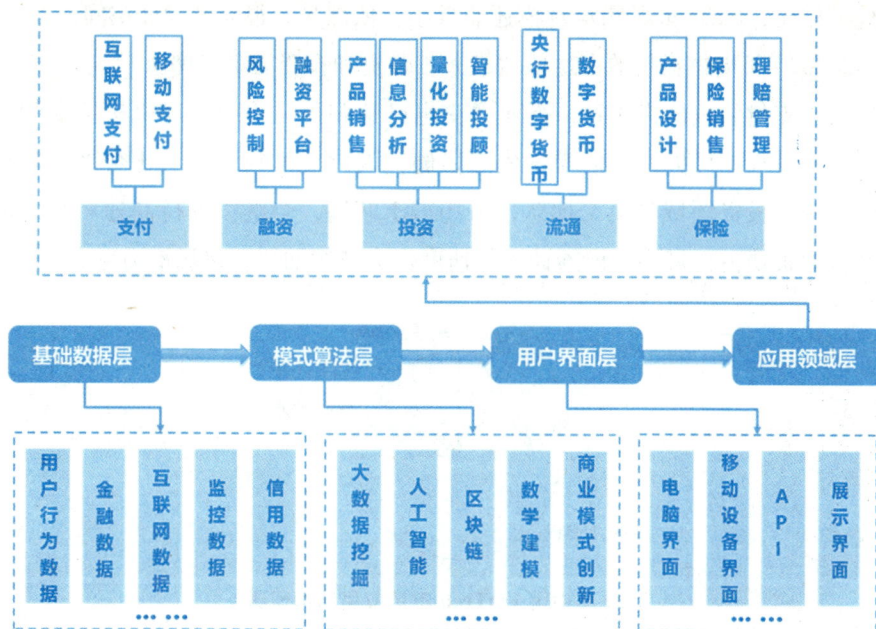

FinTech 产业链

数据来源：赛迪顾问，2017 年 12 月。

（四）市场规模预测

1. 2020 年 FINTECH 市场规模将接近 2.5 万亿元

2015—2020 年中国 FinTech 市场规模与增长

数据来源：赛迪顾问，2017 年 12 月。

随着数字经济的不断推进，互联网与移动网络的覆盖面进一步扩大，以及新技术的不断成熟，赛迪顾问认为，中国 FinTech 市场规模将以每年超过 40% 的增速继续快速扩大，到 2020 年将接近 2.5 万亿元。与传统金融业的市场规模相比，FinTech 的市场规模还非常小，依然具有很大的发展空间。

2.2020 年支付板块的占比依然最大，融资和投资为第二梯队

由于支付领域最为成熟，行业龙头也已达到可与传统金融机构抗衡的实力，本身其规模最大，预期增长依然稳健，因此支付领域的占比会进一步扩大。融资和投资领域是第二梯队，市场需求旺盛，会继续保持高速增长。流通和保险板块占比最小，但预计增长速度也会持续加快，市场潜力巨大。

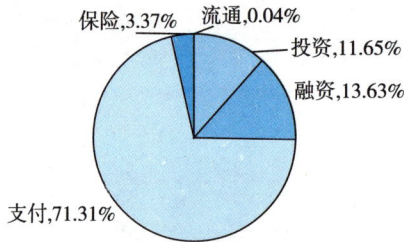

保险,3.37%　流通,0.04%
投资,11.65%
融资,13.63%
支付,71.31%

2020 年中国 FinTech 市场应用结构预测

数据来源：赛迪顾问，2017 年 12 月。

（五）产业演进趋势

1. 更规范，政策加速推出促进健康发展

FinTech 创新之前经常缺乏合适的规则，但随着监管部门对金融创新的不断了解，以及维护金融系统安全的需求不断升级，监管部门正在不断提速制定既有益于金融体系健康发展，又鼓励创新的政策与法规，推动 FinTech 合规、健康、快速发展。

2. 更个性，以用户需求为导向

传统的金融机构的金融服务大多是以通用性进行开发，然后再去寻找相应的市场，这就留给 FinTech 公司巨大的发展空间。利用"以用户需求为中心，寻找用户痛点突破"的互联网思想进行创新，FinTech 未来会带来更个性化、更生活化、更便捷、更互动的产品，既能方便人们的投资、融资及获取

其他金融服务，又能丰富中国的金融市场，并能填补征信等市场空白。

3. 更普惠，将提供更低的服务门槛

新一代信息技术能帮助 FinTech 产品触及更大的用户群体，同时也让更多的群体能享受 FinTech 带来的便利金融服务。与此同时，新技术将带来的人力、推广和运营等各类成本的降低，也使 FinTech 公司能提供更便宜的金融服务，以便降低服务门槛，聚集更多用户，最终将普惠金融推向广大群众。

4. 更专业，新技术将成强力武器

一方面，随着与 FinTech 结合越来越多的新一代技术，这些领域的技术壁垒会越来越高，加上 FinTech 本身对金融行业的经验需求，创业企业的难度将成倍提高。另一方面，随着大数据、人工智能等技术的大量应用，被高新科技武装的专业机构将更加强大，在投资、支付等领域，传统机构、非专业机构或个人在竞争中将愈发处于劣势，这些领域 FinTech 公司的专业性将愈发突出。

5. 更专注，将细分领域做到极致

传统的金融机构都较为庞大，从事的相关业务种类也非常多，但很难在各个领域都为客户提供良好的体验。FinTech 公司会抓住这些机会，对这些细分领域进行改造。对于初创的科技公司而言，专注在某个擅长的领域，也更容易成功。FinTech 公司也可以专注服务某种类别的客户，新一代信息技术能助其更精准地抓住服务对象。

（六）投资价值百强

综合考虑企业估值/市值、市场地位、产品竞争力、发展潜力、企业规模、技术实力等因素，根据所在细分领域，汇集了中国具有投资价值的 FinTech 企业百强。（以下排名不分先后）

序号	综合型	序号	大数据征信	序号	网络借贷	序号	资产管理
1	蚂蚁金服	26	芝麻信用	51	融360	77	平安科技
2	腾讯金融	27	腾讯征信	52	趣店	78	红岭创投
3	京东金融	28	前海征信	53	马上金融	79	51信用卡
4	百度金融	29	拉卡拉信用	54	微粒贷	80	挖财
5	网易金融	30	鹏元征信	55	分期乐	81	鑫合汇
6	品钛	31	华道征信	56	捷信消费金融	82	米筹金服
序号	支付	32	金电联行	57	北银消费金融	83	随手科技
7	支付宝	33	冰鉴科技	58	夸克金融	84	金斧子
8	财付通	34	百融金服务	59	量化派	序号	智能投顾
9	银联商务	35	聚信立	60	闪银奇异	85	同花顺
10	拉卡拉	36	棱镜征信	61	搜易贷	86	蓝海财富
11	京东支付	37	数联名品	62	万达网络金融	87	钱景
12	汇付天下	38	算话征信	63	我来贷	88	资配易
13	快钱	39	天创信用	64	网信金融	89	弥财
14	易宝支付	40	同盾科技	序号	P2P	序号	互联网保险
15	壹钱包	41	微众税银	65	宜信	90	众安保险
16	简米科技	序号	众筹	66	陆金所	91	泰康在线
17	钱方好近	42	京东众筹	67	人人贷	92	安心保险
18	环迅支付	43	淘宝众筹	68	拍拍贷	93	易安保险
19	宝付支付	44	苏宁众筹	69	点融网	94	最惠保
20	联动优势	45	百度众筹	70	小牛在线	95	灵犀金融
序号	大数据服务	46	众筹网	71	微贷网	96	慧择保险网
21	百分点	47	腾讯公益	序号	区块链	97	大特保
22	树库	48	星火乐投	72	分布科技	序号	投资服务
23	腾云天下	序号	供应链金融	73	井通科技	98	东方财富
24	天云大数据	49	安心de利	74	飞天诚信	99	富途证券
序号	互联网银行	序号	资产证券化	75	太一云	100	老虎股票
25	微众银行	50	点石金融	76	小蚂区块链		

2017 年中国 FinTech 产业投资价值百强

数据来源：赛迪顾问，2017 年 12 月。

（七）产业投资风向

1. 从市场需求角度分析，网络融资和保险销售具备投资价值

消费者和中小微企业对于融资的需求远远没能得到传统金融体系的满足，网络融资的市场规模和增长潜力依然值得期待。合法合规经营、真正拥有核心风险控制技术的公司是值得投资的。

中国的保险市场本身存在较大潜力，互联网销售方式能提高保险产品渗

透率，可能颠覆线下的保险代理模式。应该提前布局那些具有独特的营销方式和强大导流能力的互联网保险销售平台，等待互联网保险市场的爆发，收获丰厚的投资回报。

2. 从技术壁垒和长期投资角度分析，智能投资辅助和金融搜索引擎具备投资价值

投资环节是真正能够发挥新技术优势的应用环节，而且也是可能带来可观投资收益的领域。从国外这个领域的发展来看，智能投顾和金融搜索引擎近年来都涌现了一些优秀企业。而中国目前尚未形成技术突破，因此，在这两个领域会出现较好的投资机会。

这些领域技术难度较大，需要投资拥有深厚金融投资行业经验和丰富 IT 实践的创业团队。

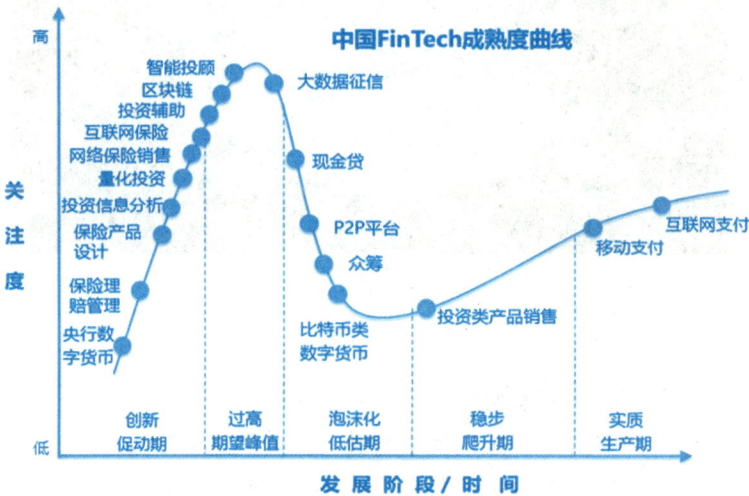

中国FinTech成熟度曲线

- 大部分的FinTech细分领域还处于发展初期。
- 支付领域，技术成熟，普及率快速提高，已向成熟期发展。
- 处于关注高点的大数据征信、智能投顾、区块链还有赖于时间的考验。
- P2P、现金贷、众筹和比特币类数字货币，现在处于争论阶段，但市场需求和模式创新存在亮点。

七、云计算

定义：云计算是一种按使用量付费的模式，这种模式提供可用的、便捷的、按需的网络访问，进入可配置的计算资源共享池（资源包括网络，服务器，存储，应用软件，服务）。

（一）赛迪重大研判

1. 中国等新兴市场成为全球云计算市场新增长点
2. 2017 年云计算产业规模持续增长，将达到 2682.9 亿元
3. 中国的云化水平将会持续提升，2020 年将超过 5%
4. 人工智能需求增长，云服务厂商推出 AI 云服务产品
5. 无服务计算、容器编排、跨云管理、区块链等技术将成为热点
6. 金融、教育、工业等细分行业云将爆发

（二）产业发展环境

1. 多领域跨行业国家级战略将带动中国云计算产业发展

2. 云计算产业发展政策持续推出，规范与助力中国云计算产业发展

（三）产业链全景图

产业链图

● 云化基础设施硬件：云化基础设施硬件是云计算产业发展的重要基础，主要包括用于提供云计算服务的数据中心核心设备（如服务器、存储系统和网络设备等）和机房附属设施，是云计算平台的硬件基础。

● IDC 租赁服务：IDC 租赁服务主要包含为云服务最终用户和公有云服务商提供机房环境、服务器租赁和网络带宽服务等。

● 私有云服务：使用自主研发、商用或开源云计算平台架构向私有云用户提供私有云资源虚拟化和整体解决方案。

● 公有云服务：通过自建或租赁数据中心进行 IT 基础设施资源池化向

用户提供公有云 Iaa、PaaS 和 SaaS 服务。

云计算产业链全景图

数据来源：赛迪顾问，2017 年 12 月。

（四）产业规模预测

1. 2020 年中国云计算产业规模接近 5500 亿元

需求带动和政策支持下中国云计算产业将持续稳定增长，2017 年产业总规模将达到 2682.9 亿元，增速 32.3%。随着中国云计算产业逐渐成熟，发展逐渐回归理性，产业增速将趋于平稳，预计 2020 年中国云计算产业规模达到 5410.7 亿元，增速 23.2%。

2015—2020 年中国云计算产业规模与增长

数据来源：赛迪顾问，2017 年 12 月。

2. 中国云计算产业结构重心将由基础设施逐层转向服务层

随着中国云计算产业的健康持续发展，产业结构重心将逐步由目前的基础设施建设向产业附加值更高云计算服务层发展，预计到 2020 年中国云计算产业服务层占比将由 2016 年的 29.4% 提升至 43%。

	Y2017E	Y2018E	Y2019E	Y2020E
公有云服务	315.9	459.6	651.2	905.5
私有云服务	563.4	796.6	1098.0	1471.3
IDC租赁服务	462.1	579.5	710.3	831.0
云化基础设施硬件	1341.4	1627.9	1932.4	2202.9

■ 云化基础设施硬件　■ IDC租赁服务　■ 私有云服务　■ 公有云服务

2017—2020 年中国云计算产业结构

数据来源：赛迪顾问，2017 年 12 月。

（五）产业演进趋势

1. 云服务厂商将紧跟人工智能等新兴技术浪潮，加快推出新服务

2017 年人工智能领域爆发，针对人工智能模型的训练和结果预测，云计算厂商推出面向人工智能企业的底层云计算服务和直接面向应用的人工智能 API 服务。

金山云推出通用的深度学习平台KDL（Kingsoft Deep Learning），以Tensorflow、Caffe、MXNet等主流深度学习框架为基础，通过与Kubernetes和Docker容器技术相结合，为用户提供模型开发、模型训练、模型部署一站式深度学习服务。

面向应用、网站和机器人等场景，推出"认知服务"，提供人工智能API服务，包括人脸识别 API、情绪识别 API（预览）和计算机视觉 API。

2. 无服务计算、容器编排、跨云管理、区块链等技术将成为热点

无服务器计算是2017年云计算服务领域受到关注的热点技术，其实在2014年AWS就推出了Lambda服务，一种基于事件驱动的计算服务，2016与2017年多个主流云计算厂商陆续推出无服务器计算服务。

3. 中国的云化水平将会持续提升，预计 2020 年中国云化水平将超过 5%

云化水平=云计算服务市场规模/IT总支出
- 中国的云化水平相较美国，仍有一定差距
- 云计算服务市场持续保持高增速，并仍有非常大的发展空间
- 中国IT支出增长速度全球领先（中国3.73%，全球2.9%）

2016年全球云化水平 = $\dfrac{1132.3亿美元}{3.4万亿美元}$ = 3.3%

2016年美国云化水平 = $\dfrac{672.5亿美元}{1.6万亿美元}$ = 4.2%

2016年中国云化水平 = $\dfrac{596.6亿元}{2.3万亿元}$ = 2.6%

（六）投资价值 50 强

基础设施硬件		公有云服务	
1	浪潮	1	阿里云
2	华为	2	腾讯云
3	联想	3	金山云
4	戴尔	4	微软Azure
5	惠普	5	AWS中国
IDC租赁服务		6	Ucloud
1	世纪互联	7	中国电信
2	蓝汛	8	七牛云
3	光环新网	9	中国联通
4	网宿科技	10	IBM
5	中国电信	11	Oracle
6	中国联通	12	青云
7	中国移动	13	华为
私有云服务		14	百度
1	华为	15	京东
2	浪潮	16	网易
3	新华三	17	新浪
4	联想	18	用友
5	中国电信	19	金蝶
6	VMware	20	纷享销客
7	华云	21	销售易
8	九州云	22	品高云
9	烽火通信	23	听云
10	有云	24	OneAPM
11	EasyStack	25	DaoCloud
12	海云捷迅		
13	青云		

2017 年中国云计算产业投资价值 50 强

数据来源：赛迪顾问，2017 年 12 月。

中国云计算产业投资价值 50 强，通过建立综合指标体系，根据企业市值/估值、营收水平、盈利能力、核心技术、专利数量、获得奖项、产品易用度、服务等级、交付稳定度、安全等级、行业知名度、公司远景战略等多个维度进行综合评定，并按云计算产业链环节进行细分。

（七）产业投资风向

1. 混合云、DOCKER 等技术将进入规模化部署期，投资价值较高

根据云计算行业创新技术创新应用所处的发展阶段评价，应重点关注处于技术或应用模式探索期和产业商业化阶段的领域，如图中虚线之上的跨平台管理、云安全、云迁移、Docker、Hadoop、OpenStack、软件定义存储、SaaS - ERP、社交化 SaaS 服务等领域相关厂商。

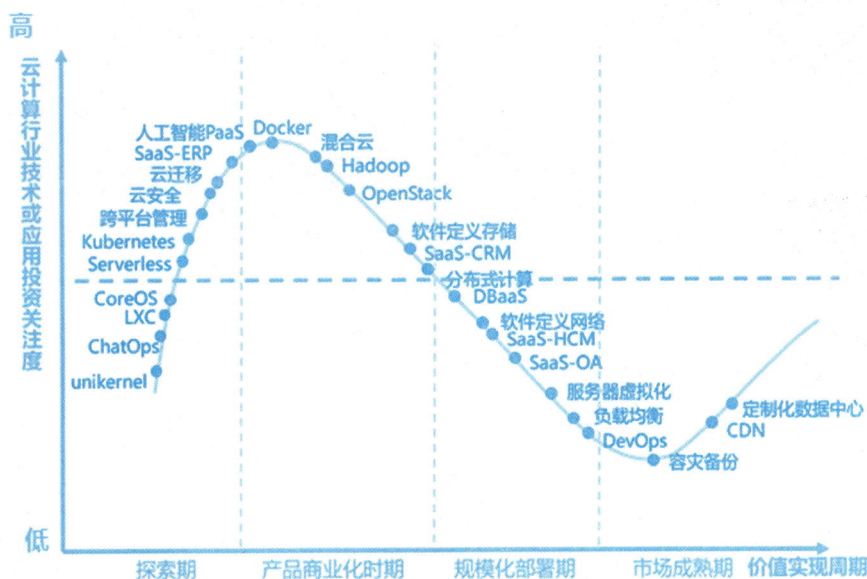

云计算技术领域投资价值曲线

数据来源：赛迪顾问，2017 年 12 月。

2. 金融、政务和医疗等细分行业云即将进入爆发期，需重点关注

互联网应用行业的云计算应用已经较为成熟，占比 30% 以上，但市场竞争较为激烈。随着直播、VR 等新兴技术和模式的兴起，互联网应用仍将持续保持增长的态势。金融、政务和医疗等行业云计算应用规模潜力巨大，即将

爆发。

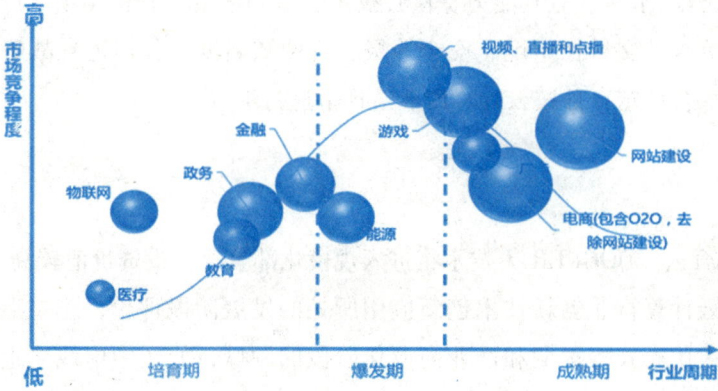

云计算细分行业投资价值曲线

数据来源：赛迪顾问，2017 年 12 月。

八、云服务

定义：云计算服务即云服务，指可以拿来作为服务提供使用的云计算产品，通过云计算提供按需分配、可计量的一种 IT 服务模式，一般可分为 IaaS、PaaS 和 SaaS 三个层面。

（一）赛迪重大研判

1. 2017 年市场规模延续增长，公有云和私有云市场将达 879.3 亿元
2. 云服务已经从概念阶段进入了实际落地的成熟阶段
3. 企业级服务市场逐渐进入云化转型升级阶段，行业云迎来爆发
4. 集成类平台工具和软件产品持续发展，API 经济继续火热
5. 互联网巨头掀起云服务市场多维竞争，生态竞争成为布局重点
6. 智能时代，云服务已成人工智能、区块链、量子计算等新技术输出的重要载体

（二）产业发展环境

1. 国家政策大力扶持，助推云服务快速发展

国家一系列政策的制定出台，云计算发展的政策环境不断完善，已从技术导入期进入到产业蓬勃发展、应用迅速普及的新阶段。在政策利好的条件

下，随着技术不断成熟和市场的演化，云服务逐步进入发展快车道。

➡ 2017年4月工业和信息化部印发《云计算发展三年行动计划（2017—2019年）》
➡ 2015年11月工业和信息化部办公厅印发《云计算综合标准化体系建设指南》
➡ 2015年1月《国务院关于促进云计算创新发展培育信息产业新业态的意见》

2. 经济发展进入新阶段，企业转型升级释放云服务市场需求

通过提高企业信息化水平可降低企业运营成本。云服务依托于云计算与互联网，采取按需收费的模式，无须企业用户准备机房等硬件设施，能够大幅度降低企业运营成本，提高运营效率，因此，传统产业借力云计算进行转型升级无疑是大势所趋。我国企业转型升级步伐加快，云服务市场有望迎来新一轮增长期。

3. 云服务行业安全环境有待完善

云服务的安全问题涉及两个方面：一是数据安全，最终用户担心存储在公有云平台的数据被窃取或丢失。二是软件和硬件的可用性以及系统整合的风险，软件错误或硬件崩溃将会降低云计算平台的效率和可用性。随着云在企业业务中的支撑作用越来越重要，企业对 IT 基础设施的安全、可靠以及稳定性的要求也越来越严格。云安全不仅是云计算发展要面临的最大问题，甚至是云服务得以推广应用的瓶颈。

（三）产业链全景图

云计算主要分为三种服务模式，而且这个三层的分法主要是从用户体验的角度出发：

● Software as a Service，软件即服务，简称 SaaS，这层的作用是将应用作为服务提供给客户。

● Platform as a Service，平台即服务，简称 PaaS，这层的作用是将一个开发平台作为服务提供给用户。

● Infrastructure as a Service，基础设施即服务，简称 IaaS，这层的作用是提供虚拟机或者其他资源作为服务提供给用户。

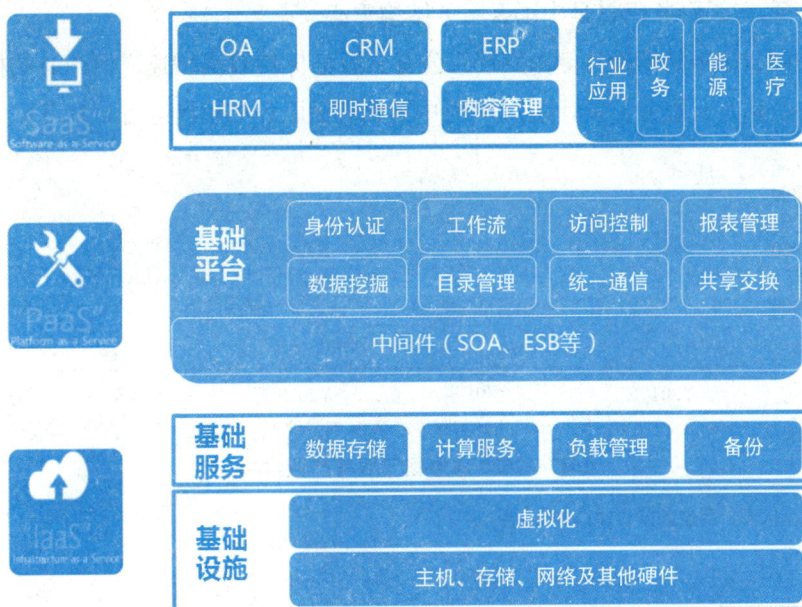

云服务产业链

数据来源：赛迪顾问，2017 年 12 月。

（四）产业规模预测

1. 技术推动和政策支持云服务将持续稳定增长

云服务市场受到大数据、直播、VR 等技术和产业的推动在未来将继续保持较高速度的增长。预计 2017 年公有云和私有云总规模 879.3 亿元，增速 47.4%。到 2020 年中国云服务增速仍保持 35.9% 的高增速。

2015—2020 年中国云服务产业规模与增长

数据来源：赛迪顾问，2017 年 12 月。

2. 私有云服务仍将是中国云服务结构重心

中国云服务持续保持健康发展，公有云服务保持较高增速，但产业结构重心仍将是私有云服务，预计到 2020 年中国私有云服务规模将达到 1471.3 亿元。

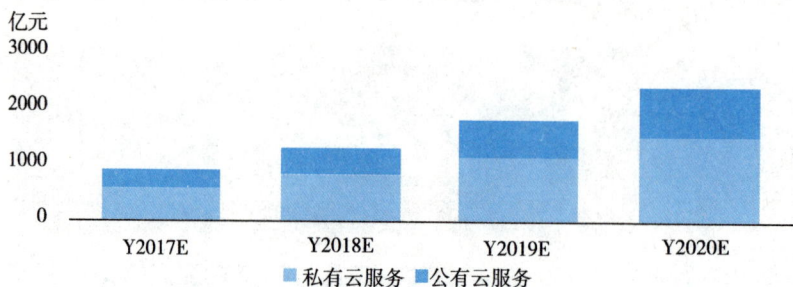

2017—2020 年中国云服务产业结构

数据来源：赛迪顾问，2017 年 12 月。

（五）产业演进趋势

1. 数据 PAAS 化趋势逐渐明显

能够提供统一的 PaaS 平台是目前云服务尤其是 SaaS 服务的大趋势，仅仅提供单一功能的企业软件正在逐渐被放弃。统一的 PaaS 平台可以为其他单项软件提供开发并将数据打通的服务，并且实现云端数据的互联。企业客户可以在不同软件之间进行切换，而不担心数据对接的问题。

2. 面向人工智能企业的底层云计算服务将成为新的热点

云计算产业由于其对于计算、存储和网络资源的优化配置，将会与人工智能、大数据等需要 IT 底层资源的产业融合。在云服务相对成熟的细分领域，将会率先应用到人工智能、机器学习等新兴的热点技术，为企业级客户提供更加智能化的体验。

3. 无服务计算推动 IAAS 和 PAAS 进一步融合

无服务器计算并不是真正没有服务器，而是用户不必自行选择、开启和停止虚拟机，将这些工作交由云服务商来处理。无服务器计算计费方式采用使用次数而不是使用时间，同时由于采用了免运维的方式，对于企业实现 De-vOps 敏捷开发带来了便利，便于企业开发、建立和扩展微服务体系结构。无服务器计算将会获得更多的用户认可和云服务商的推广，推动 IaaS 和 PaaS 的进一步融合。

（六）投资价值 50 强

通过建立评判指标体系，从企业估值/市值、营收状况、专利数量、产品竞争力、企业潜力、领导层能力等多个维度进行定量与定性结合的评比，评选出中国云服务最具投资价值的前 50 强企业，企业列表如下：

私有云服务		公有云服务	
1	华为	1	阿里云
2	浪潮	2	腾讯云
3	新华三	3	金山云
4	联想	4	微软Azure
5	中国电信	5	AWS中国
6	VMware	6	Ucloud
7	华云	7	中国电信
8	九州云	8	七牛云
9	烽火通信	9	中国联通
10	有云	10	IBM
11	EasyStack	11	Oracle
12	海云捷迅	12	青云
13	青云	13	华为
14	中兴	14	百度
15	中科曙光	15	京东
16	中国联通	16	网易
17	阿里云	17	新浪
18	腾讯云	18	用友
19	东软	19	金蝶
20	锐捷	20	纷享销客
21	品高云	21	销售易
22	云途腾	22	品高云
23	神州数码	23	听云
24	UMCloud	24	OneAPM
25	博云	25	DaoCloud

2017 年中国云服务产业投资价值 50 强

数据来源：赛迪顾问，2017 年 12 月。

（七）产业投资风向

1. 重点关注 OPENSTACK、容器、云迁移、跨平台管理和分布式计算

从市场发展空间、应用成熟度两个维度对云服务各细分领域进行评价，云服务行业技术或应用投资关注度如下图所示：其中 OpenStack、容器、云迁移、跨平台管理和分布式计算等，在技术上取得了一定的突破，并且受到的关注度正在提升，满足了用户在云服务过程中的痛点需求，同时由于还没有大规模普及，因此市场发展空间大，投资价值较高。

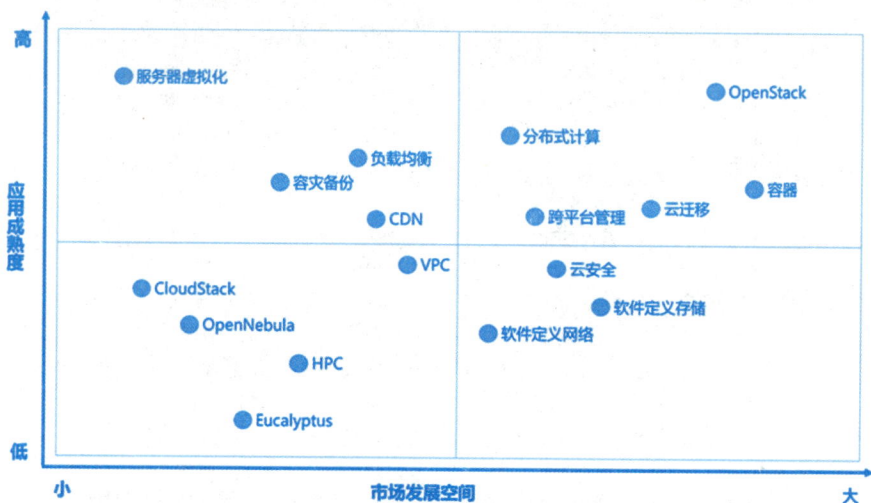

2. 综合跨平台管理能力将成投资新热点

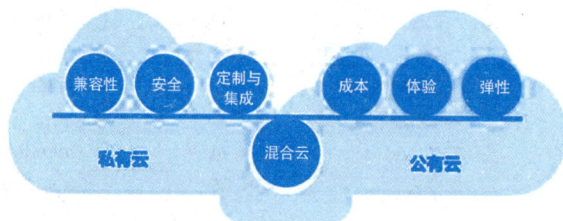

从长远来看，私有云和外包的公有云服务混合模式将长期并存。混合云技术的灵活性可以将工作负载极大地提高。很多大型企业希望私有云和公有云能够顺畅对接、自由切换，因此将对混合云架构产生巨大需求。混合云的优势将使其迅速普及，涉及的范围不断扩大，未来将覆盖政务、广电、医疗、

安防、银行等行业领域，成为云计算市场的主力。

　　另外，企业客户所使用的云服务将与其既有的 IT 架构不断融合，大量企业客户还是会遗留一定的传统 IT，再随着混合模式的长期存在，且部分客户将不会锁定一套公有云平台，跨平台管理将是下一个需求热点。

九、共享经济

定义：共享经济是利用互联网等现代信息技术整合有价值的闲置资源、零散时间、特殊技能来创造新的价值。研究中的共享领域包括共享出行、共享住宿、共享金融、共享医疗、共享物流、共享知识技能等。

（一）赛迪重大研判

1. 2020 年共享经济市场规模将超过 13 万亿元，共享金融将以 64.1% 的份额领先市场

2. 共享经济应用模式将全面拓展，新共享业态持续增多

3. 共享经济在共享医疗、共享教育、共享物流等领域快速发展，将成为重要发展机遇

4. 随着共享模式的增多，共享经济将会对服务链进一步延伸

5. 行业并购趋势明显，各共享领域迎来行业洗牌

（二）产业发展环境

共享经济已成国家重点发展战略，政策引导力度不断加大。

2016年3月	"十三五"规划纲要中指出，鼓励搭建资源开放共享平台，积极发展分享经济。
2016年3月	共享经济写入《政府工作报告》，明确支持分享经济发展，提高资源利用效率，让更多人参与进来、富裕起来。
2016年7月	《国家信息化发展战略纲要》发布，强调要"发展分享经济，建立网络化协同创新体系"。
2017年1月	国务院发布《关于创新管理优化服务培育壮大经济发展新动能加快新旧动能接续转换的意见》，指出"以分享经济、信息经济等为阶段性重点新兴经济业态逐步成为新的增长引擎"。
2017年6月	国务院常务会议部署促进分享经济健康发展，合理界定不同行业领域分享经济业态属性，清理和调整不适合分享经济发展的行政许可、商事登记等事项及相关制度，按照"鼓励创新、包容审慎"原则，审慎出台新的准入和监管政策。
2017年10月	党的十九大报告提出，"在中高端消费、创新引领、绿色低碳、共享经济、现代供应链、人力资本服务等领域培育新增长点、形成新动能"。

> 共享经济是以实现社会最优配置作为核心价值目标，一系列政策举措的相继出台，共享经济的发展前景势必将更加广阔。

（三）产业链全景图

共享经济产业链主要包含了共享出行、共享金融、共享住宿、共享医疗、共享物流、共享知识技能等。

未来突破点：

√ 共享出行：行业并购加剧，共享单车、汽车及电动车将受政策影响，在停放管理方面有进一步规划改进；

√ 共享金融：发展更加规范化、理性化，小微业务将会崛起；

√ 共享住宿：短租行业发展将稳定增长，成为共享住宿的重要发力点；

√ 共享医疗：多点执业政策落地困难、医保体系尚未打通；

√ 共享物流：无车承运业务进一步提高，行业整合在即；

√ 共享知识技能：知识创造、分享和教育学习浪潮，带来围绕知识变现的商业机遇。

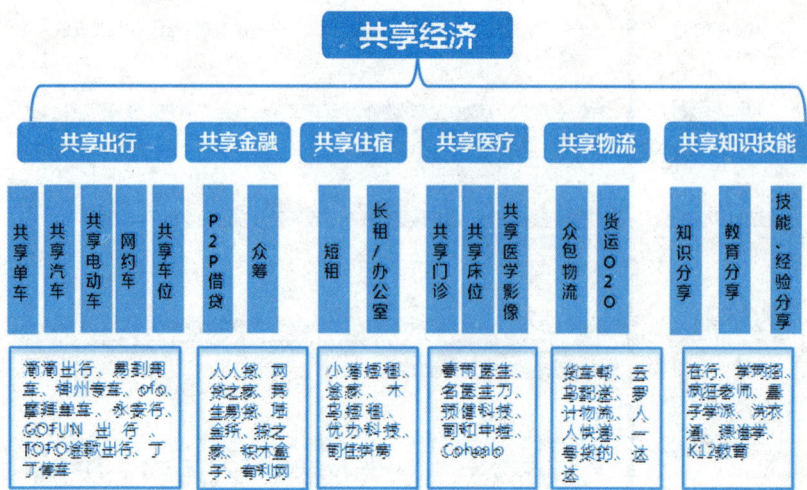

共享经济产业链全景图

数据来源：赛迪顾问，2017年12月。

（四）市场规模预测

1. 2020年共享经济市场规模将超过13万亿元

2017年中国共享经济市场规模约为39104.2亿元，在国家政策的引导下，共享经济市场仍将处于高速发展期，预计2018年规模将达到54396.8亿元，至2020年规模将突破130000亿元。增速达到75.4%。

2015—2020年中国共享经济市场规模与增长

数据来源：赛迪顾问，2017年12月。

2. 2020年共享金融将以64.1%的份额领先市场，更多应用模式将会不断增多

共享经济市场主要集中在金融、交通出行、房屋短租、知识技能、生活

服务等领域。在共享经济市场应用结构中，预计2020年，共享金融占比达到64.1%，共享医疗有望达到9%，应用模式将会继续增加。

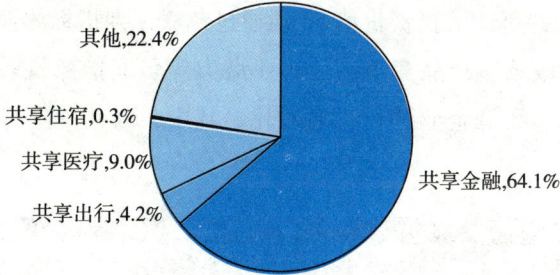

2020年中国共享经济市场结构

数据来源：赛迪顾问，2017年12月。

（五）产业演进趋势

1. 共享经济应用模式将全面拓展，新共享业态持续增多

共享经济不再局限于分享私人的闲时资源，对于一些非闲时资源以及一些租赁模式也逐渐列入共享经济的范畴，这将成为共享经济的主流。继共享单车、共享汽车、共享办公室、共享充电宝之后，共享快递盒、共享篮球、共享雨伞等新的应用模式不断拓展，共享新业态持续增多。

2. 随着共享模式的增多，共享经济服务链将会进一步延伸

随着共享经济相关政策的频繁出台，各行业将会融合发展，细分领域的服务链将会进行深度延伸。例如，在共享出行的基础上，加油、停车、洗车、保养、车辆保险等方面的延伸服务将会不断开展；在共享住宿的基础上，家政、智能门锁等细分领域将会得到进一步发展。

3. 行业并购趋势明显，各共享领域迎来行业洗牌

近年来，共享经济飞速发展，受到资本市场青睐。2017年我国共享经济领域初创企业数量接近200家左右，且呈现不断增长趋势。同时，随着模式逐渐清晰，许多共享企业走向倒闭以及被并购。2017年已经有悟空单车、小蓝等6家共享单车企业倒闭、被并购，整体行业并购趋势明显，未来将会像滴滴一样，经过行业洗牌之后留下垄断型企业。

（六）投资价值 50 强

2017 年中国共享经济投资价值 50 强通过建立评判指标体系，以企业最新投融资额、国家政策、产品竞争力、企业潜力等多项指标，采用综合评价的方法，对中国共享经济企业进行排名对比。其中，以共享出行领域及共享金融领域企业居多。

排名	细分领域	企业简称	排名	细分领域	企业名称
1	共享出行	滴滴出行	26	共享金融	宜人贷
2	共享金融	拍拍贷	27	共享金融	投之家
3	共享出行	永安行低碳	28	共享金融	人人贷
4	共享出行	ofo	29	共享金融	有利网
5	共享出行	摩拜单车	30	共享物流	人人快递网
6	共享金融	民生易贷	31	共享知识技能	嗨课智能小铺空间
7	共享物流	货车帮	32	共享知识技能	ARTDNA艺基因
8	共享住宿	途家	33	共享物流	罗计物流
9	共享充电宝	小电	34	共享办公室	优办科技
10	共享充电宝	怪兽充电	35	共享出行	丁丁停车
11	共享住宿	小猪短租	36	共享知识技能	量子学派
12	共享住宿	棠果旅居	37	共享知识技能	学两招
13	共享金融	陆金所	38	共享知识技能	洗衣通
14	共享医疗	名医主刀	39	共享住宿	Locals路客旅行
15	共享物流	云鸟配送	40	共享住宿	同住拼房
16	共享出行	BeeFly蜜蜂出行	41	共享医疗	同和中控
17	共享金融	网贷之家	42	共享住宿	鹿驻
18	共享金融	积木盒子	43	共享充电宝	中移电力
19	共享物流	箱箱共用	44	共享出行	巴歌出行
20	共享知识技能	疯狂老师	45	共享出行	芒果出行
21	共享出行	GOFUN出行	46	共享出行	Less
22	共享知识技能	在行	47	共享出行	校校单车
23	共享出行	TOGO途歌出行	48	共享出行	倍速出行PESU
24	共享出行	神州专车	49	共享出行	电滴出行
25	共享住宿	木鸟短租	50	共享篮球	猪了个球

2017 年中国共享经济投资价值 50 强

数据来源：赛迪顾问，2017 年 12 月。

（七）产业投资风向

1. 重点关注共享物流、共享医疗及教育领域的投资机遇

共享经济从 2014 至 2015 年，投融资呈现井喷状态。共享住宿的模式基

本上趋于成熟，共享出行行业投资居多；目前大量共享单车企业受资本影响，行业发展遇冷；共享金融市场受政策影响较大，未来会提升风控能力。对于物流、医疗及教育领域，目前市场格局尚不明晰，随着用户需求的增长，未来有望成为新的投资热点。

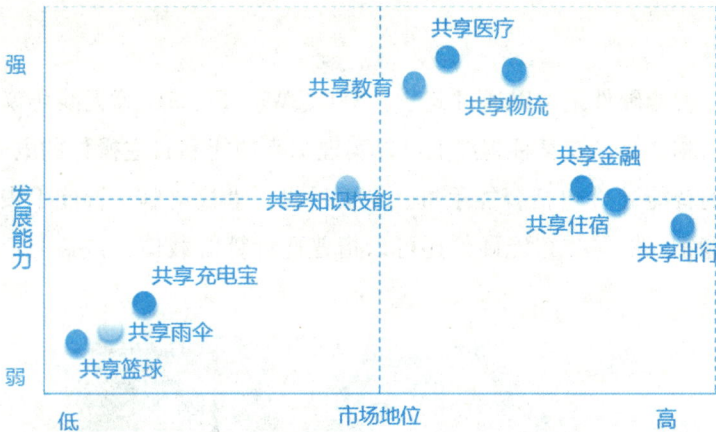

2. 投资需谨慎，应以用户刚需为主

随着共享经济概念的火热，一系列共享产品、共享模式应运而生。共享充电宝、共享雨伞、共享篮球等众多共享产品层出不穷，资本对于共享经济行业的态度从疯狂投入转为理性选择。从用户需求方面来看，这些共享产品并非是用户刚性需求，可替代性较强，同时商业模式不够清晰，并非打上"共享"的旗号，就会是下一个风口。

3. 兴趣爱好类的资源共享将会受人们青睐

随着 IP 经济及直播的火热，人们对于兴趣爱好、知识技能的需求有所增加。一方面，兴趣爱好、知识技能类共享相对于出行、金融及住宿类进入市场更加容易，门槛较低；另一方面，兴趣爱好类天然的社交属性与共享模式的实现存在很高的契合度，符合市场快速发展的需求和基础。

十、智能硬件

定义：智能硬件是可以通过蓝牙、NFC、Wi－Fi、3G 等无线协议与其他设备或网络相连接，在某种程度上可以实现交互功能和自主操作的电子设备。目前典型的智能硬件包括智能手机、平板手机、平板电脑、智能手表、智能手环、智能钥匙链等。智能硬件还可以指普适计算的载体，包括但不仅限于人工智能。

（一）赛迪重大研判

1. 国产传感器技术水平存在进一步提升的空间
2. 人工智能技术将越来越多地融入智能硬件产品
3. 智能家居产品将继续在智能硬件细分市场中占有较大份额
4. 不同品牌智能家居产品逐步实现兼容
5. 智能家居仍然是投资的热点领域

（二）产业发展环境

1. 资本涌向智能硬件行业

2017 年，智能硬件行业投资还是以专业投资机构为主，特别是对智能医疗行业的投资同比大幅增加。同时，互联网巨头企业投资的数量在逐步增加，纷纷致力于打造自己的生态圈。互联网巨头企业的参与有效地促进初创企业的生存与发展，打造更为完善的产业链。

2. 孵化器模式提供初创企业良好生长环境

大企业资源助力孵化新模式。互联网巨头企业为创业者提供的是"开放技术平台＋产业资源"。使初创型企业得到高水平的管理团队、较强的专业顾问辅导能力，既能为重大关键技术转化提供种子资金，又能帮助创业项目提升抗风险能力，为其配置更多社会优质资源。

3. 国家的优惠政策推动智能硬件创新

《中国制造2025》中强调："统筹布局和推动智能交通工具、智能工程机械、服务机器人、智能家电、智能照明电器、可穿戴设备等产品研发和产业化。"随着"互联网＋""大数据"等上升为国家战略，作为重要支撑的智能硬件产业将会在这些政策的影响下进一步快速发展，初创企业受政策利好影响较明显。

（三）产业链全景图

智能硬件产业按照数据流向可以分为四个层次，分别为感知层、接入层、终端层和网络层。其中感知层属于产业链的上游，国产 IC 芯片性能逐步提高；以数据平台及控制系统为代表的接入层属于产业链中游，中国的云计算与互联网发展的整体表现出优秀水平；硬件制造企业与服务提供商构成了产业链的下游。

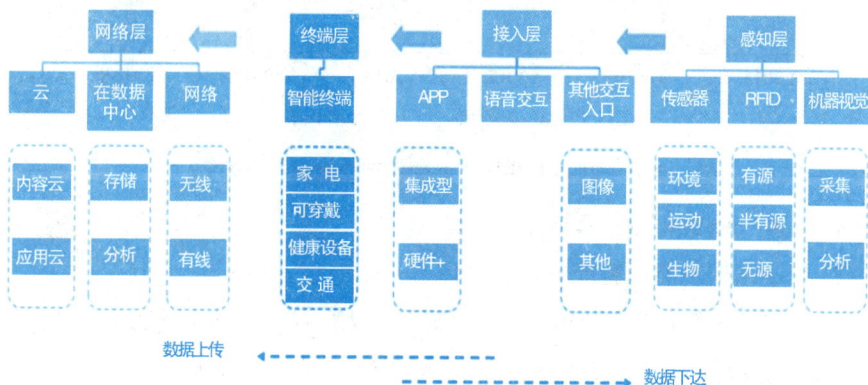

智能硬件产业链

数据来源：赛迪顾问，2017 年 12 月。

难点和突破点：

▶ 国产传感器性能存在提升空间。中国传感器市场中 70% 左右的份额被意法半导体、飞思卡尔等外资企业占据，中国本土企业占有的市场份额较小。

▶ 智能硬件产品仍未实现真正智能。智能硬件产品仍停留在遥控水平，特别是智能家居产品还无法实现智能决策，还需用户在终端上安装 APP 来实现智能硬件的操控，未来强人工智能的突破才会在本质上改变现状。

▶ 5G 将为智能硬件产品提供更高速的数据链。从概念上完全保证了智能硬件产品从云端接受反馈结果的速度，但是要形成商业化推广和运用至少要等到 2020 年以后。

（四）产业规模预测

1. 产业规模增长将趋于理性

2017 年，中国智能硬件产业市场规模达 1945.4 亿元。预计在 2020 年市场规模将突破 6000 亿元。但随着行业监管力度日益增强，发展逐渐回归理性，预计市场增长率降至 34.1%。

2015—2020 年中国智能硬件产业规模与增长

数据来源：赛迪顾问，2017 年 12 月。

2. 产业结构仍然以智能家居为主体

2017 年中国智能硬件市场的主力仍然是智能家居，其市场份额的预期为35.7%，规模将达到 694.5 亿元；2020 年预计达到 2397.2 亿元。

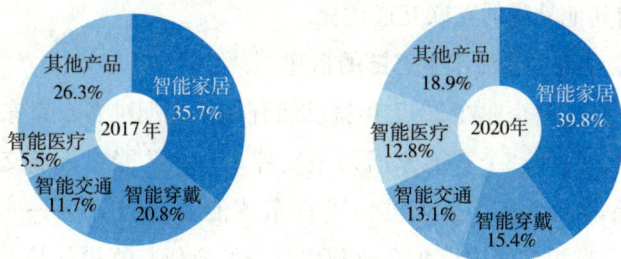

2017、2020 年中国智能硬件产品销售结构预测

数据来源：赛迪顾问，2017 年 12 月。

（五）产业演进趋势

1. 未来传统家电将被智能家居产品逐步替代

智能硬件产品的普及从根本上改变了人们的生活方式。经过了两年多的发展，智能硬件在各个细分产品市场中，均取得了不错的销量。其中智能家居产品的受欢迎程度与销量均处于领先地位。赛迪顾问认为，受国家战略与社会大环境的共同影响，未来，智能家居的市场需求会进一步扩大，并逐步普及家庭。随着整个智能家居行业中的很多技术在不断发展、成熟，技术水平和产品质量的提升，为智能家居行业的全面发展奠定基础。

2. 人工智能技术将越来越多地融入智能硬件产品

人机交互、语义理解、机器视觉等人工智能技术彻底地为传统电子产品加上了"大脑"，人工智能技术也正是依托于云计算和大数据的支撑才得以反馈出符合逻辑的结果。例如：硬件厂商可以通过云计算、大数据了解用户偏好，获取用户反馈，从而对产品进行有针对性的改进；也可以精准地控制产品的出货量，避免过去根据经验和市场调研所得到的大概数值。未来的智能硬件产品将融合人工智能技术并与大数据、云计算挂钩，使用户体验得到极大的提升。

3. 不同品牌之间的兼容问题将逐步得到解决

从产品服务层面来看，场景化模式让用户通过触控操作就可以在不同品牌的智能家电之间设定一系列的管理任务，迅速便捷地享受完整的智能生活，带给用户完全不同的体验。未来，制造商将更加注重于依靠产品自身良好的用户体验（易用、功能多样化）优势，更好地满足用户需求来赢得市场份额，

65

并逐步实现与其他品牌的互联互通优化。

4. 巨头企业将更专注于生态链的搭建

国内有一些电商企业在 2017 年就已经开始了先期准备：京东计划打造一个全产业链模式，即一个智能家居乃至硬件入口，并能在云端交互数据的生态链。作为探索性产品，京东推出了京东智能云超级 APP——"京东云助手"。未来将会有更多国内巨头企业利用自身的科研与规模优势，陆续聚合硬件创业者入驻自己的生态系统。

（六）投资价值 50 强

排名	智能穿戴
1	fitbit
2	华为
3	小米
4	乐心
5	苹果
6	佳明
7	HTC
8	三星
9	谷歌
10	OPPO
十大智能家居企业	
1	海尔
2	京东微联
3	华为HiLink
4	阿里智能
5	米家MIJIA
6	美的M-Smart
7	杜亚DOOYA
8	河东HDL
9	柯帝
10	Honeywell
十大智能医疗企业	
1	东软集团
2	万达信息
3	卫宁软件
4	银江股份
5	东华软件

6	创业软件
7	天健科技
8	用友医疗
9	华海医信
10	方正国际
十大智能交通企业	
1	易华录
2	银江股份
3	赛为智能
4	皖通科技
5	川大智胜
6	宝信软件
7	海康威视
8	中国智能交通系统有限公司
9	中海网络科技
10	大华科技
其他	
1	大疆无人机
2	新松机器人
3	未来伙伴机器人
4	Parrot无人机
5	零度智控
6	亿航
7	极飞科技
8	数字绿土
9	翼动科技
10	速感科技

2017 年中国智能硬件产业投资价值 50 强

数据来源：赛迪顾问，2017 年 12 月。

中国智能硬件 50 强榜通过建立评判指标体系，从企业估值/市值、营收状况、专利数量、产品竞争力、企业潜力、领导层能力等多个维度进行定量与定性结合的评比。经过专家打分，对中国智能硬件企业按 5 个细分领域进行排名对比。

（七）产业投资风向

2016 年以来智能硬件行业进入"兼并高峰期"，投资机构对智能硬件领域的投资力度明显加强。此外，一些行业领跑企业对后期进入市场的新兴初创型中小企业，特别是做出一定规模、具备一定影响力的潜在竞争企业，展开强势收购，寡头竞争的格局日渐明显。

1. 智能家居仍然是投资领域的热点

从投资额度和爆发时序综合来看，未来智能家居设备仍是成为爆发较早、投资价值较高的领域，但投资占比会逐步降低。而智能音箱是未来智能家居领域投资的热点产品。另外，智能交通、飞行器、机器人等其他领域受到投资者青睐，投资额逐渐增多。

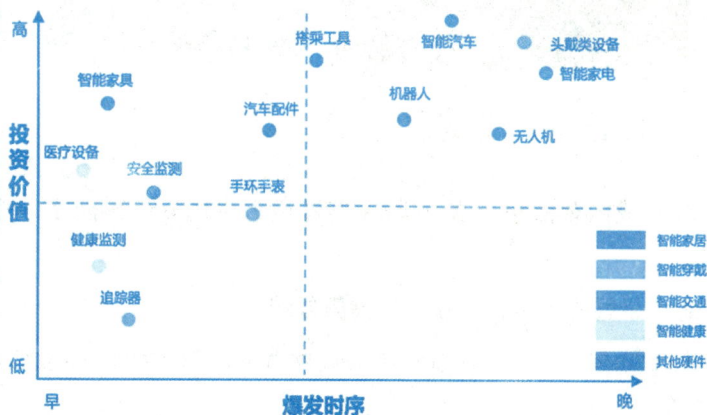

2. 重点关注与传统行业关系巨大的智能硬件公司和服务公司

纵观近年来的投资方向均集中于硬件产品领域，而相关的软件和用户资源社群是尚未被重视的价值洼地。海尔、联想等传统行业巨头有自身的资源和渠道优势，通过投资并购相关的智能硬件公司实现硬件智能化、投资相关的服务公司实现服务化是快速进入智能硬件领域的有效手段。

十一、智能可穿戴

定义：指能够直接穿在身上或被整合进衣服、配件中并记录数据的移动智能设备。通过将各类传感、识别、连接和云服务等技术综合嵌入到人们的眼镜、戒指、手表、手环、服饰及鞋袜等设备中，为消费者提供专属的、个性化的服务。

（一）赛迪重大研判

1. 2020 年我国智能可穿戴市场规模将达 750 亿元，智能手表市场份额最大

2. 智能可穿戴的最大金矿在医疗健康领域

3. 未来随着 AI、VR、AR 等技术的逐渐普及，可穿戴设备将成为人工智能的重要接口

4. 未来芯片、MEMS 传感器、电池续航等硬件，以及控制 & 交互技术软件等产业链环节最具突破性

5. 全球已进入可穿戴设备发展的快速增长期，美国处于领先地位，中国、韩国、日本居于第二梯队

（二）产业发展环境

目前，全球已进入了可穿戴设备发展的快速增长期

1. 美国：最早发展可穿戴设备，品牌影响力覆盖全球，保持领先地位

美国是全世界最早提出可穿戴设备的思想和雏形的国家。Google Glass、Apple Watch 等备受瞩目的可穿戴产品也源自美国的大型知名企业。美国对可穿戴技术的未来十分乐观，但存在产品价格昂贵、电池续航时间短、无线技术的融合问题等发展瓶颈。这些问题间接折射出全世界可穿戴技术发展的共性问题，也为我国进行可穿戴技术突破指明方向。

2. 韩国：致力于可穿戴技术研发创新

韩国可穿戴行业的主要代表为三星公司。三星公司作为全球最大的智能手机厂商，也是目前为止可穿戴市场最大的推动者，其在芯片、存储、屏幕技术等方面的垂直整合能力，将为其带来更多优势。与三星公司相比，我国可穿戴领域龙头企业如小米等，目前并不具备领域内垂直整合能力，需深耕产业链。

3. 日本：初创型企业表现活跃，聚焦移动医疗领域

日本的电子技术发展以索尼、东芝、富士通等行业巨头为典型代表，然而在可穿戴技术发展方面，日本的初创企业比行业巨头表现更为优秀。研发主要集中在移动医疗领域。远程会诊、医疗大数据平台等新载体的建立都需要可穿戴设备作为基础支撑。跟日本类似，我国人口老龄化的趋势也日益明显，可穿戴在医疗、养老领域的应用前景十分广阔。

4. 中国：地方政策陆续出台，行业标准化进程已然起步

地方政府高度重视，以深圳、重庆等为代表的地方政府纷纷出台可穿戴设备产业发展规划和专项扶持政策，行业发展迎来新的机遇期。2015 年 12 月，智能硬件标准体系框架及可穿戴设备标准化需求研讨会暨三项国家标准启动会召开，可穿戴设备行业正式启动标准化进程。ISO、IEC、ITU 都已开展相关研究，国内工作刚刚起步。标准的设立可以为可穿戴设备行业建立基准线，规范行业健康发展。

（三）产业链全景图

智能可穿戴产业链包括三个环节。第一个环节是基础设施及制造，包括基础支撑、整机制造及健康大数据平台，其中基础支撑又包括元器件、系统平台及控制 & 交互技术。第二个环节是终端产品形态。第三个环节是应用服务及销售渠道，其中应用服务包括应用软件及应用商店，销售渠道包括线上及线下。

未来，芯片、MEMS 传感器、电池续航等硬件，以及控制 & 交互技术软件等方面最具突破性，并以此带动终端产品上的创新。此外，依托大数据云计算平台，应用软件领域会更加精准化定制化。

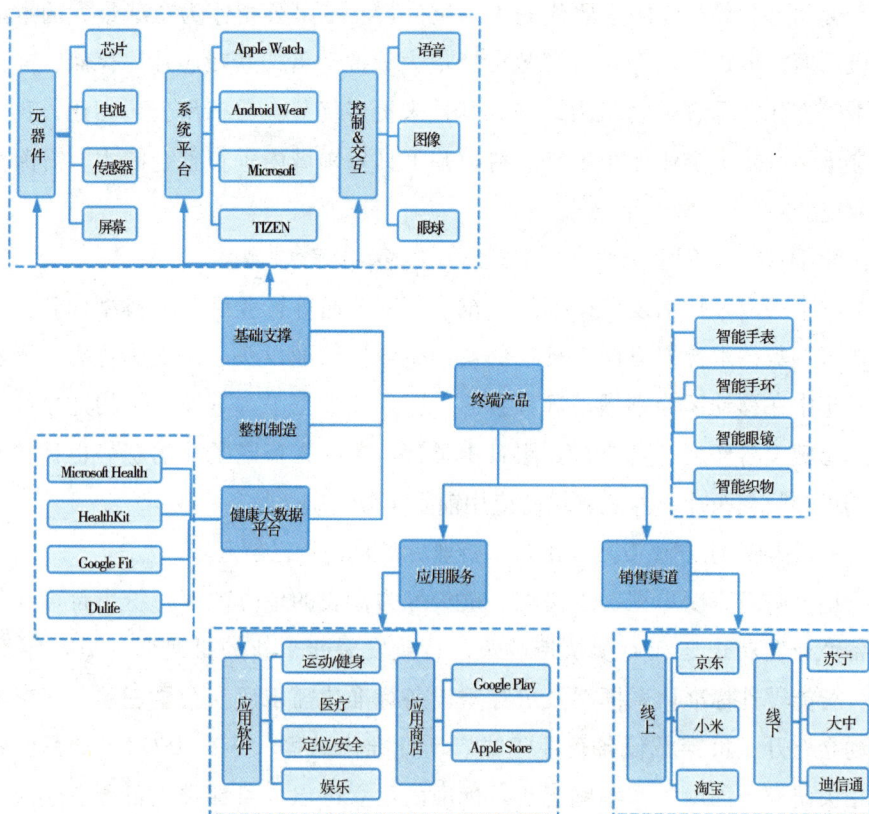

智能可穿戴产业链全景图

数据来源：赛迪顾问，2017 年 12 月。

（四）市场规模预测

1. 2020 年智能可穿戴市场规模将达 750 亿元

智能可穿戴市场规模从 2015 年的 136.8 亿元快速增长到 2017 年的 350.2 亿元，预计未来几年仍将维持较高速增长态势，至 2020 年市场规模预测值为 750 亿元，2017—2020 年年均复合增长率为 28.9%。

2015—2020 年中国智能可穿戴市场规模与增长

数据来源：赛迪顾问，2017 年 12 月。

2. 2020 年中高端产品占据主流，智能手表市场份额最大

2020 年智能手表的产品市场份额维持第一，VR 眼镜紧随其后。价格在 500 元以上的中高端产品占据市场主流，表明消费者更注重产品品质。

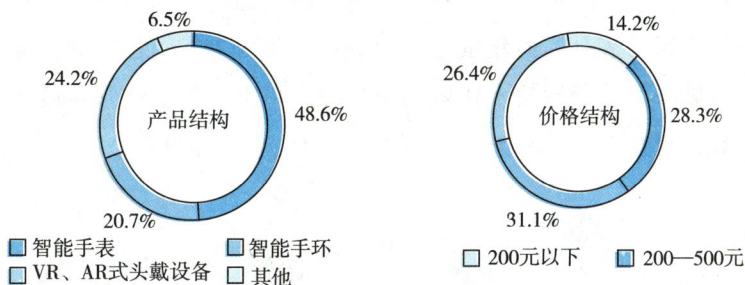

2020 年中国智能可穿戴市场结构

数据来源：赛迪顾问，2017 年 12 月。

（五）产业演进趋势

1. 消费及技术升级催生巨量市场蓝海

可穿戴是运动健康推动起来的，目前可穿戴设备的发展已经从第一阶段

的基础的运动及体征数据采集和处理，向健康和生活环境参数的第二阶段过渡。未来的第三阶段，随着 AI、VR、AR 等技术的逐渐普及，可穿戴设备将成为人工智能的重要接口。

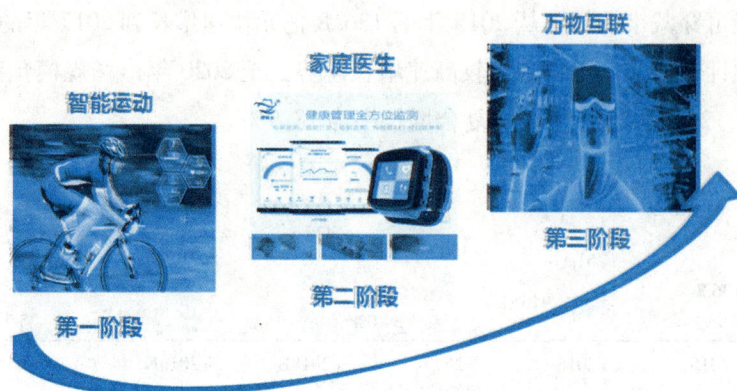

2. 产品朝多元化方向发展

今后可穿戴技术和各种日常用品联系在一起，嵌入到衣服、首饰、耳机和鞋子中的智能穿戴产品将成为主流。将来智能穿戴设备将更加精巧、别致，以嵌入耳环、项链坠等既美观又隐蔽的方式融入日常生活。

3. 智能可穿戴的独立性不断增强，功能愈加整合

在功耗等问题得到解决的前提下，搭载移动通信模块的独立可穿戴设备种类将日趋丰富，满足实时精准定位、独立通信等需求，逐步脱离对手机的依赖。未来随着关键器件技术瓶颈逐步攻克，单个可穿戴终端可解决多个需求，碎片化的可穿戴终端有望得以整合。

（六）投资价值百强

中国智能可穿戴百强榜单通过建立评判指标体系，从出货量、企业估值/市值、营收状况、产品竞争力、发展潜力等多个维度进行定量与定性结合的评比。包含综合类企业、智能手表、智能手环、智能眼镜、VR眼镜。其中，智能手表的品牌数量最多、市场应用最为成熟；智能手环的浪潮正在褪去，VR眼镜势头正劲。

序号	综合类企业	序号	名称	序号	智能手环	序号	智能眼镜
1	小米	26	爱贝多	52	咕咚	77	联想
2	Garmin	27	凌拓	53	魅族	78	悍狼
3	小天才	28	卡士奇	54	拉卡拉	79	看见
4	华为	29	芭米	55	米友	80	广百思
5	360	30	智器	56	唯乐	81	爱随
	智能手表	31	酷派	57	亦青藤		VR眼镜
6	华米	32	纽曼	58	唯动	82	HTC
7	土曼	33	糖猫	59	动哈	83	嗨镜
8	荣耀	34	嗨车族	60	爱魔客	84	多哚
9	华硕	35	震荡波	61	现代演绎	85	乐视
10	阿巴町	36	邻家	62	爱都	86	小宅
11	酷达	37	一瓣	63	乐跑	87	小派
12	宜准	38	海魔方	64	绿钻	88	蚁视
13	半兽人	39	魅扣	65	炫佩	89	宏基
14	朵唯	40	朵酷	66	科耐尔	90	雷蛇
15	华硕	41	生活演绎	67	发条橙子	91	酷开
16	普耐尔	42	智慧城	68	爱迪思	92	美幻达
17	艾蒄	43	博之轮	69	吾悦	93	麦视
18	唯乐	44	优者	70	灵悉	94	蓝蛊
19	一米	45	诺必行	71	凡图	95	乐蜗
20	果壳电子	46	金龟子	72	色果	96	魔壳
21	握奇	47	声行者	73	安尚	97	摩米士
22	索途	48	唯米	74	为颂	98	偶米
23	哇喔	49	酷多啦	75	天气不错	99	卓客
24	葫芦娃	50	虹动	76	劳特	100	伏翼
25	卫小宝	51	酷道				

2017年中国智能可穿戴产业投资价值百强

注：以上排名不分先后。

数据来源：赛迪顾问，2017年12月。

（七）产业投资风向

1. 智能可穿戴的最大金矿在医疗健康领域

谁真正做透了医疗级可穿戴产品，谁将引领可穿戴的未来发展。家庭医生、医疗助理、辅助养老是医疗级可穿戴设备的三个突破口。

家庭医生
- 大量的职场人士都处于亚健康状态
- 可穿戴设备能抓取心率、血压等数据，结合云端大数据和深度学习算法就可以通过长期记录的大数据，判断健康趋势，提醒用户并给出锻炼和养护方案

医疗助理
- 通过可穿戴设备能提前获取身体病情数据，从而向医生提供可作为诊断依据的可靠数据
- 智能可穿戴设备能够大大降低医生的工作量，更好地优化医疗资源的分配

辅助养老
- 中国的老龄化社会已经到来，老年人都是患慢性病居多，平时要防患于未然，突发疾病要得到及时处理
- 通过研发给老人7x24小时佩戴的可穿戴设备，不但可以采集医疗数据，而且也可以给子女、医生、社区做及时通知和服务呼叫

2. 智能可穿戴设备在运动竞技市场潜力依旧巨大

在庞大的年轻运动爱好者基数下，智能可穿戴设备的市场潜力相当可观。用户在运动中希望自己的动作更加标准，希望保护自己不受伤。这就需要内部集成更多传感器，更小更轻更薄，成本也极低。因此非常适合植入到滑雪板、羽毛球拍、高尔夫球杆等运动器械中。

3. 智能可穿戴很快将与服饰融合，可穿戴+时尚将成为潮流

可穿戴和人的身体直接连接，它反映穿戴者的个性、年龄、性别、趣味以及所有让个体与众不同的印证，它首先是带情感的时尚用品，其次才是功能性。随着鞋服行业、时尚业与科技业的相互融合，智能可穿戴产业的主要产品，将不仅是手环和手表，很有可能就是衣服和鞋子本身。

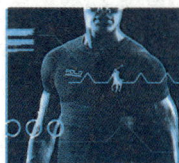

智能服装
- 相比手环、手表等智能产品，智能服装的黏性更强，有望成为可穿戴设备发展的下一个风口，引领智能穿戴领域发展

可穿戴+时尚
- 智能可穿戴技术已成时尚珠宝腕表品牌争宠对象。智能化可穿戴技术可以成为品牌链接线上和线下的智能化平台，更好地分析判断消费行为以服务客户

十二、数据中心

定义：数据中心产业是指为保障数据中心正常运营、管理及服务所需的机房环境设备、IT 基础设施和 IT 服务的研发、生产、销售等一系列经济活动的集合。

（一）赛迪重大研判

1. 数字经济驱动数据中心 IT 投资继续扩大，2017 年中国数据中心 IT 投资规模预计将超过 2700 亿元

2. 城际之间的外溢性 IDC/EDC 服务采购已经成为一种趋势，未来将会更快推动二三线城市 IDC/EDC 服务市场的快速发展

3. 数据中心发展呈现六化发展趋势：一是规模化、绿色化；二是预制化、模块化；三是云化、服务化

4. 未来数据中心投资机会：一是定制化数据中心与模块化基础设施；二是虚拟化技术与绿色节能解决方案；三是数据安全与灾备服务

（二）产业发展环境

1. 国家发布多项政策，引导产业合理布局与健康发展

数据中心作为云计算产业发展的重要基础支撑，国家高度重视其产业发

展，出台并发布多项指导性政策，对数据中心基础建设、区域布局、业务发展等提出了重要指示和指导意见，旨在营造发展环境，促进我国数据中心合理布局和健康发展。

中国数据中心产业相关政策列表

政策名称	颁布部门	年份
《电信业务分类目录（2015年版）》	工业和信息化部	2015
《关于促进大数据发展的行动纲要》	国务院	2015
《关于积极推进"互联网＋"行动的指导意见》	国务院	2015
《工业和信息化部关于贯彻落实〈国务院关于积极推进"互联网＋"行动的指导意见〉的行动计划（2015—2018年)》	工业和信息化部	2015
《关于促进云计算创新发展培育信息产业新业态的意见》	国务院	2015
《关于国家绿色数据中心试点工作方案》	工业和信息化部、国家机关事务管理局、国家能源局	2015

数据来源：赛迪顾问，2017年12月。

2. 新技术、新模式迭代加快，传统IT架构加速变革

新一代信息技术更迭加快，新技术、新模式、新应用正颠覆传统的信息化建设和使用方式，带来新的计算模式、服务模式和应用模式，为数据中心建设发展指明了方向。

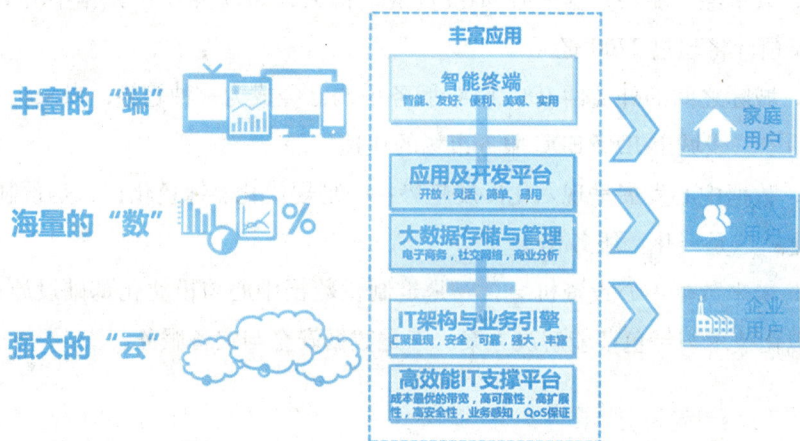

（三）产业链全景图

中国数据中心产业生态发展较为成熟，主要包括数据中心基础建设、运行维护、业务运营等产业环节。随着云计算、大数据、人工智能发展，数据中心产业各环节加速融合，并不断衍生新业务、新模式。

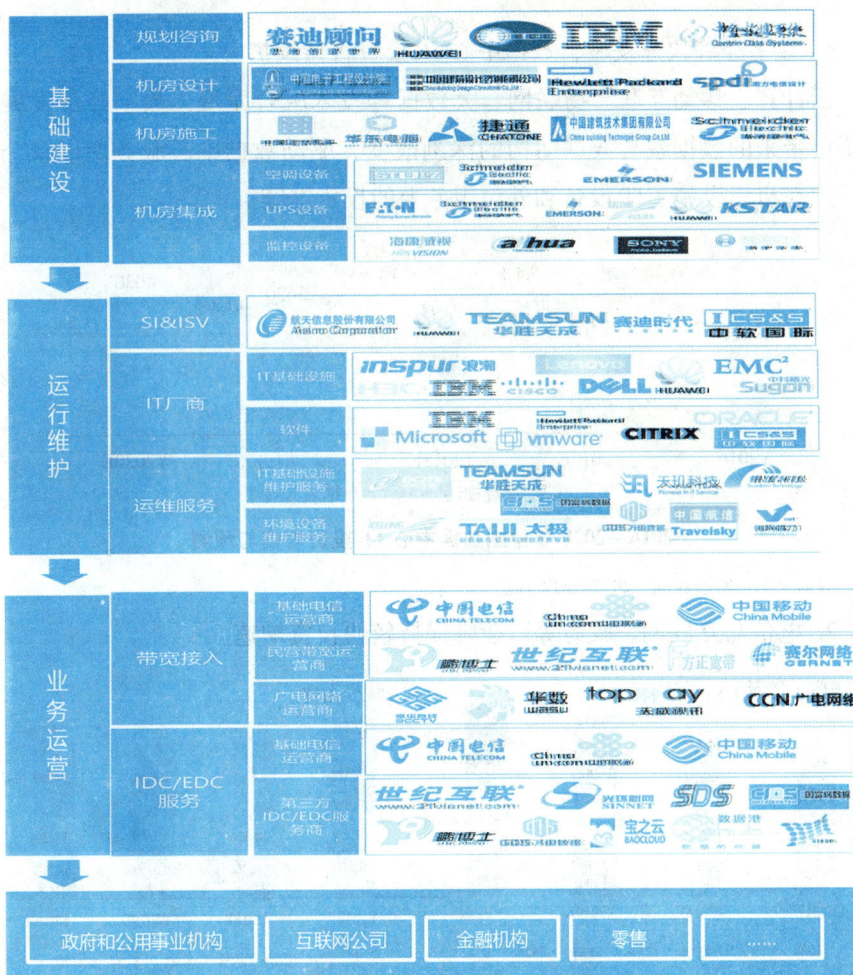

中国数据中心产业链全景图

数据来源：赛迪顾问，2017 年 12 月。

突破口：

√ 基础建设：数据中心预制化、定制化；IT 基础设施融合化、模块化。

√ 运行维护：需要跨越运维体系的缺乏和运营人才的缺口。

√ 业务运营：数据中心云化、服务化、智能化。

（四）产业规模预测

1. 数字经济快速发展，数据中心 IT 投资将持续扩大

云计算、移动互联、物联网、大数据等技术融合发展，数字经济发展环境下所带来的数据量与数据结构的深刻改变，驱动数据中心服务商以及企业级用户在机房设施、IT 设备和外包服务上的投资继续扩大。

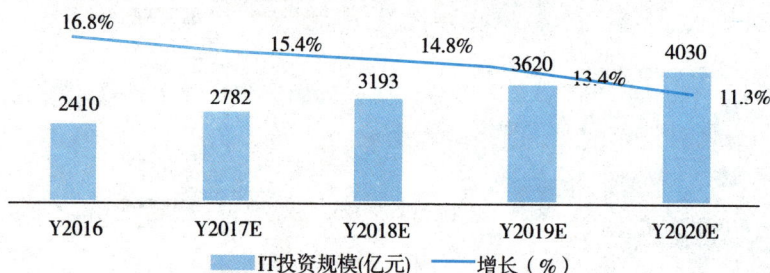

2016—2020 年中国数据中心 IT 投资规模与预测

数据来源：赛迪顾问，2017 年 12 月。

2. 电信与互联网、政府等行业将保持较快投资增速

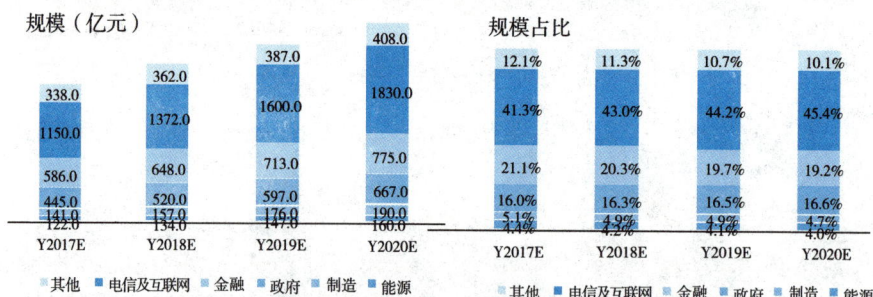

2017—2020 年中国数据中心市场 IT 投资行业结构预测

数据来源：赛迪顾问，2017 年 12 月。

数据中心市场的发展是伴随着互联网行业发展而迅速发展的，互联网应用领域的不断拓宽，预计未来仍将保持快速增长势头。智慧城市、移动互联、电子商

务等应用驱动，将快速带动电信与互联网 & 电信、政府等行业 IT 应用需求。

（五）产业演进趋势

1. 规模化、绿色化

集约建设与集中管理的建设理念推动数据中心大型化、规模化发展。通过减少数据中心数量、增加个体规模的方式，解决传统数据中心基础设施使用率低、资源需求分散、重复建设严重、工程建设难于管理等问题。绿色则是数据中心建设发展永恒的主题，政府倡导企业利用云计算、绿色节能等先进技术进行整合、改造和升级已建数据中心。

84 家绿色数据中心试点

- 制造领域：8 家
- 金融领域：3 家
- 能源领域：1 家
- 公共机构：16 家
- 电信领域：27 家
- 互联网领域：29 家

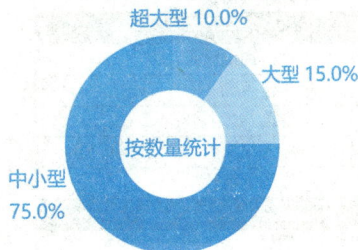

近两年规划300个数据中心的规模结构

超大型 10.0%
大型 15.0%
中小型 75.0%
按数量统计

数据来源：赛迪顾问，2017 年 12 月。

2. 预制式、模块化

在当前互联网经济高速发展，业务需求难以预测以及新兴技术快速更新的背景下，预制式、模块化建设方式能满足对数据中心快速建设、灵活部署、按需交付的应用需求。与传统建设模式相比，它具备缩短建设周期、节省资金、增强可扩展性等明显优势。

3. 云化、服务化

云计算作为一种服务的交付和使用的模式，颠覆了传统的 IT 建设和使用方式，带来了新的计算模式、服务模式和应用模式，同时也加速传统数据中心业务云化、服务化，公有云作为云计算典型应用之一，凭借高性能、低成

本、易维护、快速部署、灵活扩展等优势，快速成为数据中心新兴租用模式。

（六）投资价值 50 强

中国数据中心五十强榜通过建立评判指标体系，从企业估值/市值、营收状况、产品竞争力、企业潜力、领导层能力等多个维度进行定量与定性结合的评比。经过专家打分，对中国主流的数据中心产业各环节企业分为 6 个领域进行综合对比。

序号	数据中心设计	序号	数据中心IT基础设施
1	中国电子工程设计院	26	曙光
2	中国建筑设计咨询有限公司	27	宝德
3	南方电信设计	28	Fujitsu
	数据中心施工	29	NetApp
4	中国通信服务	30	中兴通讯
5	华东电脑		数据中心运维服务
6	捷通	31	神州数码
7	中国建筑技术集团有限公司	32	华胜天成
8	施耐德电气	33	中铁信
	数据中心环境设备	34	东华软件
9	伊顿	35	亚信
10	维谛（艾默生）	36	天玑科技
11	施耐德	37	银信科技
12	科华	38	中航信
13	阿尔西	39	中亦安图
14	佳力图	40	新明星
15	依米康		数据中心IDC服务
16	世图兹	41	中国电信
17	易事特	42	中国联通
	数据中心IT基础设施	43	世纪互联
18	浪潮	44	鹏博士
19	华为	45	万国数据
20	新华三	46	光环新网
21	联想	47	上海数讯
22	DELL	48	宝信软件
23	IBM	49	上海数据港
24	EMC	50	中金数据
25	Cisco		

2017 年中国数据中心产业投资价值 50 强

注：以上排名不分先后。

数据来源：赛迪顾问，2017 年 12 月。

（七）产业投资风向

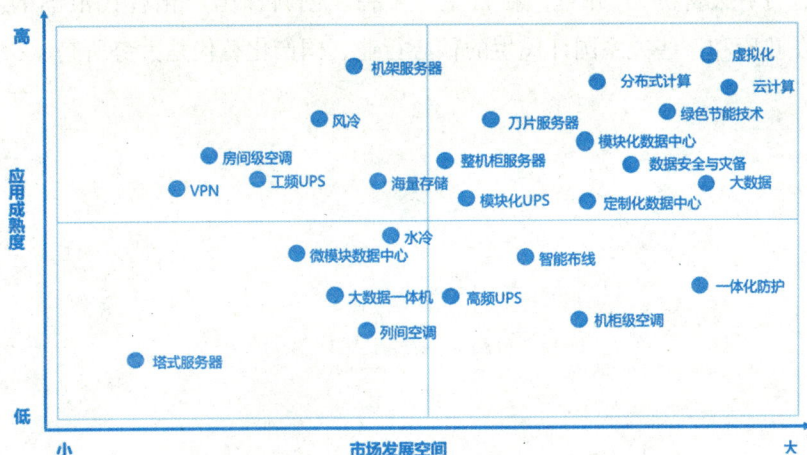

数据中心投资领域价值矩阵图

数据来源：赛迪顾问，2017 年 12 月。

1. 从行业需求、建设模式变化分析，定制化数据中心、模块化产品大有可为

未来数据中心建设将是模块化、预制化，必然导致现有的数据中心供应链发生变化，需要厂商不断地根据用户的应用进行定制化。能实现产品的快速部署、灵活扩展和高效节能的整机柜服务器、模块化 UPS、模块化数据中心正获得大型互联网用户的广泛应用与认可。

2. 从技术应用分析，虚拟化、大数据、人工智能、绿色节能等技术值得投资

虚拟化、大数据、绿色数据中心、人工智能等成为近年来用户重点技术部署方向，包括低功耗设计、按需制冷、虚拟化技术、主动节电、智能化管理技术等。在不可再生能源资源日益稀缺和能源成本日益上升现实环境下，绿色数据中心节能技术需求将持续高涨，同时，云时代下数据中心规模化发展需要广泛应用虚拟化、大数据等技术。

3. 从国家自主可控战略需求分析，信息安全与容灾备份市场可期

云计算、物联网、移动互联网等新技术、新应用和新模式的出现，对信

息安全提出了新的要求。最新颁布的《中华人民共和国网络安全法》已经付诸实施，在法律中规定，关键信息基础设施运营者必须要"对重要系统和数据库进行容灾备份"。并且，在自主、可控、创新和国产化替代浪潮的推动下，在政府和一些关系国计民生的核心行业，国产化替代是大势所趋。

十三、移动互联网

定义：移动互联网（Mobile Internet，简称 MI）是指互联网的技术、平台、商业模式和应用与移动通信技术结合并实践的活动的总称。

（一）赛迪重大研判

1. "一带一路"倡议、人工智能等技术、细分领域竞争与整合推动移动互联网产业发展
2. 2020 年我国移动互联网应用市场规模将超过两万亿元，增速将呈现逐步放缓的趋势
3. 人工智能、云计算、大数据等技术升级企业具有较大投资价值
4. 移动互联网强需求、高成长、高潜力领域将迎来飞速发展
5. 我国移动互联网产业将加速全球化布局发展
6. 移动互联网和传统行业融合，催生新的应用模式

（二）产业发展环境

1. 内容分发与知识市场彼此渗透，不断探索发展新模式

知识付费模式在 2016 年获得用户认同，知识经济时代已经到来。2017 年，内容分发和知识市场领域的竞争开始彼此渗透，BAT、微博、头条等内容分发方开始试水知识付费，探索发展边界，以知乎为代表的知识市场则表现出头条化、微博化的趋势，此外，豆瓣时间、荔枝微课、一块听听、插坐学院等知识付费产品不断探索发展新模式。

2. "一带一路"倡议推动移动互联网产业发展

"一带一路"倡议的提出不仅为传统产业提供巨大机遇，也为移动互联网企业及其商业模式创新带来重大机遇。我国作为全球移动互联网产业增长的重要引擎，相对"一带一路"沿线国家在移动互联网领域具有明显的比较优势。移动互联网的迅猛发展为我国互联网企业"走出去"提供了机会。

3. 人工智能、虚拟现实等新技术推动移动互联网产业升级

2017 年人工智能（AI）、虚拟现实（VR）及增强现实（AR）行业进入爆发式发展阶段。人工智能开始进入规模化商用，被用于金融、交通、物流、教育、制造、电商决策等多个领域。VR 及 AR 技术与泛娱乐、电商、教育等领域密切融合，为用户带来更好的沉浸感体验。新技术正在不断推动移动互联网行业升级。

4. 移动互联网产业细分领域加速竞争与整合

2017 年移动互联网市场细分领域加速竞争与整合。以共享经济为例，2016 年共享单车进入风口期，ofo 共享单车与摩拜单车成为行业翘楚，2017 年随着小蓝单车、町町单车等参与方不断宣布倒闭，共享单车行业已经进入行业整合期，与此类似的还有共享充电宝、移动教育、移动直播、短视频、生鲜电商、移动医疗等细分领域，移动互联网产业竞争正在从平台竞争向产业生态竞争转变。

（三）产业链全景图

移动互联网产业链包含智能终端层、平台支撑层、产品服务层及行业应用层四个环节。其中智能终端层包括整机与零部件；平台支撑层包括软件、分发及云计算平台；产品服务层包括效率工具、生活休闲、位置服务、商务财经等方面的产品服务；行业应用层包括企业信息化、视频监控、交通物流、

电子商务等行业化应用。

移动互联网在经济领域引发各产业生产方式、生产关系、生产要素的重新组合与建构。移动互联网是基于"终端+软件+内容+服务"的生态系统，产业链具有参与主体多元化、体系去中心化、平台化竞争等特点。

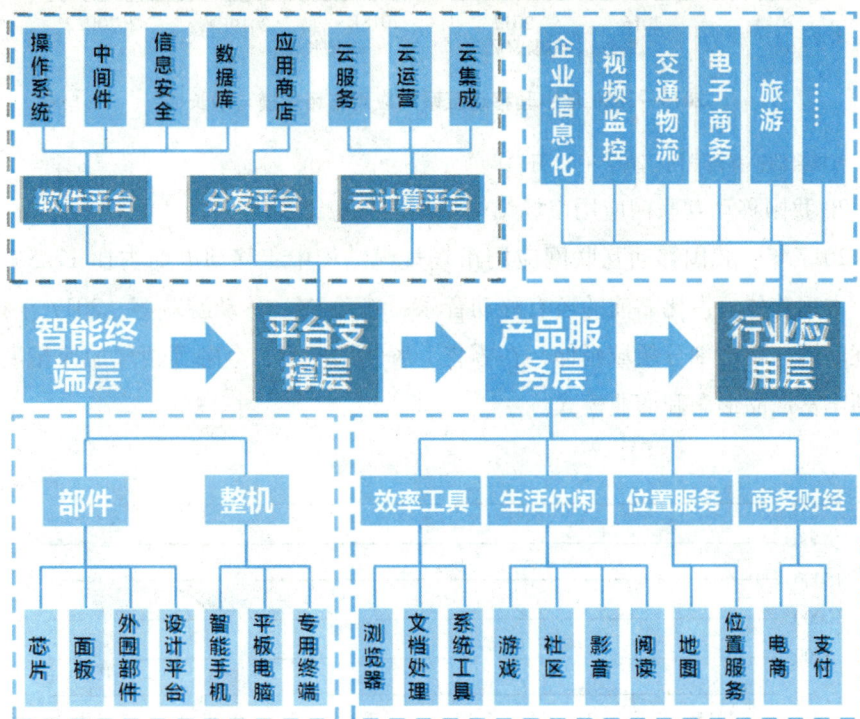

移动互联网产业链

数据来源：赛迪顾问，2017 年 12 月。

（四）市场规模预测

1. 我国移动互联网应用市场继续增长趋势，增速逐步放缓

2017 年，我国移动互联网应用市场蓬勃发展，市场规模首次突破万亿元，达到 10082.1 亿元，同比增长 54.8%，保持较高的增长率，但较近年相比增长趋势放缓，市场逐渐趋于理性。

2015—2020 年中国移动互联网应用市场规模与增长

数据来源：赛迪顾问，2017 年 12 月。

2. 我国移动互联网应用市场结构呈现动态稳定趋势

2017 年，我国移动互联网应用市场规模结构中，移动电商占比 17.5%，连年占据首位，占比靠前的还有移动音乐、移动 IM、移动游戏等。2017 年移动互联网向精准细分领域延伸，在零售、餐饮、出行、金融等领域加速拓展，不断丰富产品形态和商业模式。

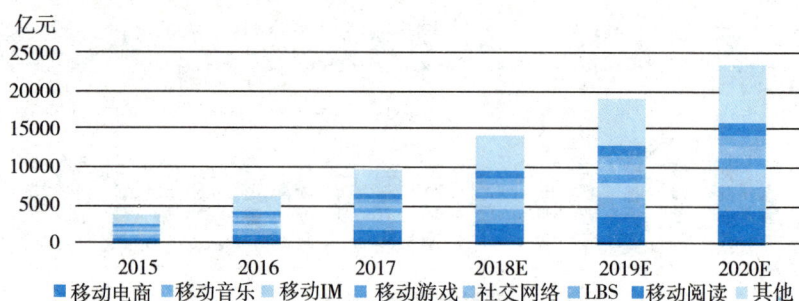

2015—2020 年中国移动互联网应用市场结构

数据来源：赛迪顾问，2017 年 12 月。

（五）产业演进趋势

1. 移动互联网红利逐渐消失，市场进入存量经营期

在经济进入中高速增长的新常态下，供给侧改革创新与居民消费升级的趋势显现，我国移动互联网产业将从依靠人口红利驱动的规模性增长模式转向存量经营。在创新技术模式的不断推动下，用户的小众需求将得到挖掘及满足，将会成为未来移动互联网应用市场的增长点。

2. 精准营销将成为移动互联网重要发展方向

随着移动互联网技术的迅速提升，移动终端、传感设备、智能硬件等众多移动设备能够随时随地接入互联网，同时随着大数据、云计算、物联网、人工智能、虚拟现实等技术的不断推动，数据挖掘、数据分析的不断深入，针对用户的个性化定制应用服务及营销方式将成为未来发展趋势，基于大数据的精准营销也将成为移动互联网的重要发展方向。

3. 我国移动互联网产业将加速全球化布局发展

由于国内移动互联网人口接近饱和，未来将有更多中国移动互联网企业布局海外市场，国际化发展将成为趋势，投资将会成为重要布局手段；而国内硬件企业的市场积累与海外经验，以及分发渠道的合作，将为国内应用的国际化竞争提供良好支撑，应用内容及服务的本地化将成为竞争关键，用户习惯与文化差异将成为国内应用面临的主要挑战。

4. 移动互联网和传统行业融合，催生新的应用模式

在移动互联网、云计算、物联网等新技术的推动下，传统行业与移动互联网的融合呈现出新特点，平台和模式均发生改变。餐饮、航空、汽车、家电等传统行业推出 APP 和企业推广平台，医疗、教育、旅游、交通、传媒等领域进行了移动端业务模式改造。以新零售为例，无人商店、盒马鲜生等新业态的出现正在加速移动互联网和传统行业的融合。

（六）投资价值百强

中国互联网移动应用（APP）投资价值百强榜通过建立评判指标体系，从 APP 月均活跃率、产品竞争力、企业潜力等多个维度进行定量与定性结合的评比，形成投资价值百强榜单。

名次	APP	细分领域	名次	APP	细分领域	名次	APP	细分领域
1	微信	IM	37	360清理大师	工具	72	中国建设银行	金融
2	QQ	IM	38	京东	购物	73	陌陌	社交
3	手机淘宝	购物	39	美图秀秀	工具	74	宝宝巴士大全	教育
4	支付宝	金融	40	酷我音乐	娱乐	75	乐视视频	视频
5	爱奇艺视频	视频	41	百度输入法	输入法	76	哔哩哔哩动画	视频
6	手机百度	搜索	42	猎豹清理大师	工具	77	欢乐斗地主	游戏
7	腾讯视频	视频	43	小米视频	视频	78	土豆视频	视频
8	WiFi万能钥匙	工具	44	网易新闻	阅读	79	携程旅行	出行
9	应用宝	工具	45	美颜相机	工具	80	QQ空间	社交
10	360手机助手	工具	46	一点资讯	阅读	81	搜狗浏览器	浏览器
11	酷狗音乐	娱乐	47	小米商城	购物	82	B612咔叽	视频
12	360卫士	工具	48	滴滴出行	出行	83	聚力视频	视频
13	今日头条	阅读	49	蜻蜓FM	娱乐	84	暴风影音	视频
14	QQ浏览器	浏览器	50	作业帮	教育	85	百度浏览器	浏览器
15	搜狗输入法	输入法	51	百度网盘	工具	86	中国工商银行	金融
16	优酷视频	视频	52	小米金融	金融	87	苏宁易购	购物
17	腾讯手机管家	工具	53	搜狐新闻	阅读	88	QQ阅读	阅读
18	百度地图	地图	54	小米智能家庭	工具	89	豌豆荚	工具
19	高德地图	地图	55	唯品会	购物	90	宾果消消乐	游戏
20	百度手机助手	工具	56	小米生活	生活	91	饿了么	生活
21	QQ音乐	娱乐	57	大众点评	生活	92	我的汤姆猫	游戏
22	荔枝FM	娱乐	58	天天快报	阅读	93	美拍	视频
23	UC浏览器	浏览器	59	芒果TV	娱乐	94	花椒直播	视频
24	新浪微博	社交	60	喜马拉雅	娱乐	95	火山小视频	视频
25	讯飞输入法	输入法	61	QQ邮箱	办公	96	迅雷	工具
26	小米应用商店	工具	62	铁路12306	出行	97	新浪新闻	阅读
27	华为应用商店	工具	63	58同城	生活	98	多看阅读	阅读
28	王者荣耀	游戏	64	去哪儿旅行	出行	99	凤凰新闻	阅读
29	360浏览器	浏览器	65	西瓜视频	视频	100	摩拜单车	出行
30	WPS Office	办公	66	搜狐视频	视频			
31	快手	视频	67	NearMe云笔记	办公			
32	美团	生活	68	网易云音乐	娱乐			
33	墨迹天气	工具	69	掌阅iReader	阅读			
34	腾讯新闻	阅读	70	天猫	购物			
35	开心消消乐	游戏	71	拼多多	购物			
36	全民K歌	娱乐						

2017 年中国移动互联网产业投资价值百强

数据来源：赛迪顾问，2017 年 12 月。

（七）产业投资风向

1. 关注人工智能、云计算、大数据等技术升级企业

建议关注智能硬件、大数据、VR/AR、人工智能等新兴技术升级产品及服务企业。人工智能技术研发加速转化，行业进入启动期，未来将呈现飞跃式发展；可穿戴设备、无人机、机器人等智能硬件将更加贴近市场需求，处

于高速发展期；大数据及云计算保持全球化扩张的发展趋势；VR/AR 爆发增长，应用场景逐渐覆盖游戏之外的更多领域。

2. 关注移动互联网强需求、高成长、高潜力领域

2017 年移动互联网领域投资较为理性，投资中心向移动教育、移动医疗健康、智能硬件、泛娱乐、住宿出行等领域倾斜，资本市场更多转向处于高成长阶段的初创企业，投资领域更加热衷于人工智能、智能硬件、社交网络、泛娱乐、媒体广告、教育、医疗健康等强需求、高成长、高潜力领域。

3. 关注借助移动互联网进行转型升级的传统企业

"互联网＋"战略不断推动传统企业转型升级，随着移动互联网的快速发展，企业不仅要"互联网＋"，更要"移动互联网＋"。深度融合移动互联网的企业，将在产品研发、设计、生产、管理、营销、销售等各个环节都体现出信息化、网络化、标准化，甚至是平台化、生态化，从而更好地拥抱移动互联网时代。

十四、IP 经济

定义：IP 经济是指以 IP（知识产权 Intellectual Property）为核心通过"粉丝"来进行商业变现，IP 的产生、延伸以及"粉丝"的培养、变现大多以网络文学、影视、游戏、动漫、衍生品等形式。

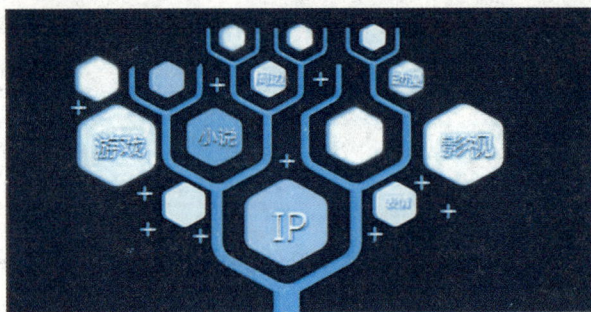

（一）赛迪重大研判

1. 2020 年 IP 经济规模将超过 9000 亿元，网游和动漫仍然占据较大比重
2. BAT 等互联网巨型企业加速布局泛娱乐，全产业链运营成为共识
3. 用户社交方式转变，DIY 视频将成为社交新热点
4. IP 变现价值凸显，衍生品市场发展空间巨大

（二）产业发展环境

1. 多项国家政策出台，助力 IP 经济发展

IP 经济在 2017 年受到了各主管部门的高度关注，由于影视、音乐、动漫、游戏等泛娱乐细分领域处于不同的发展阶段，市场驱动因素与商业模式也有差异，主管部门出台了更具针对性和指导性方针政策，致力于打造一个良好 IP 版权保护的网络环境。

2. 居民消费能力提升，促进 IP 经济爆发

居民的消费意愿不断增强对服务行业和高科技的牵引力逐渐加大。2016年社会消费品零售总额同比提高 10.9%，2017 年消费品总额稳步提升。这说明国民的消费力在不断提升，而消费类型的转化和消费能力的提升正是 IP 经济全面爆发的主要经济因素。

3. 娱乐产业生态环境逐渐完善，IP 核心价值凸显

近年来，游戏、网络影视、动漫、网络文学等多元化娱乐产业融合发展，产业链层次不断升级，围绕优质 IP 逐渐形成了完善的产业生态环境。IP 在不同板块之间流传，开发 IP 成为挖掘客户价值、系统性满足客户需求、增加产品收入的最佳路径。

（三）产业链全景图

IP 经济大致可以划分为三大层次，其中网络文学、动漫（不含衍生品）为孵化层，是内容培育阶段；电影、电视剧、音乐为运营层，为运营加深、市场扩大、影响力放大、辅助变现阶段；游戏、演出、衍生品等为变现层，实现货币化，并促进 IP 经济整体有机循环。

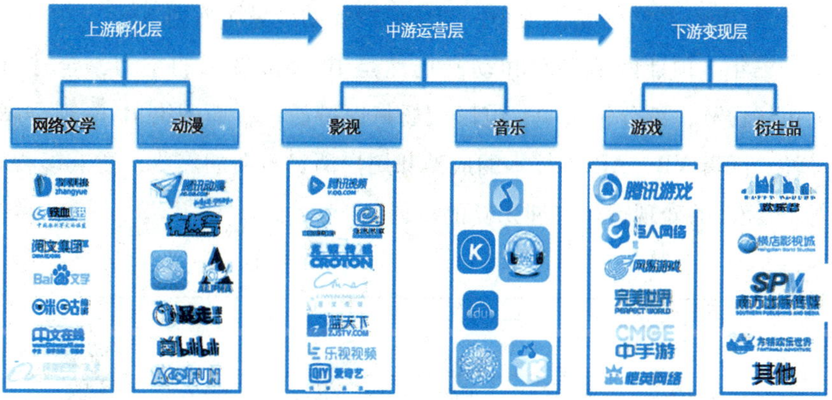

IP 经济产业链全景图

数据来源：赛迪顾问，2017 年 12 月。

重点环节：

√ 网文：市场规模较小但衍生丰富，竞争格局阅文一家独大

√ 动漫：行业保持高速增长，日系仍占主导，国漫奋起直追

√　影视：观众消费趋于理性，票房集中于少量二次元优质 IP

√　游戏：IP 改编游戏增速有所放缓，移动游戏成为主导力量

（四）产业规模预测

1. 2020 年 IP 经济规模将超过 9000 亿元

2015 年以来，IP 经济价值逐渐凸显，优质 IP 受到整个娱乐产业的追捧，影视、网游产品 IP 改编所占份额大幅提升，用户消费习惯逐渐养成，投资力度不断加大。预计未来三年，中国 IP 经济仍将保持较高速增长态势，2020 年 IP 经济规模预计将超过 9000 亿元，年均复合增长率 13.9%。

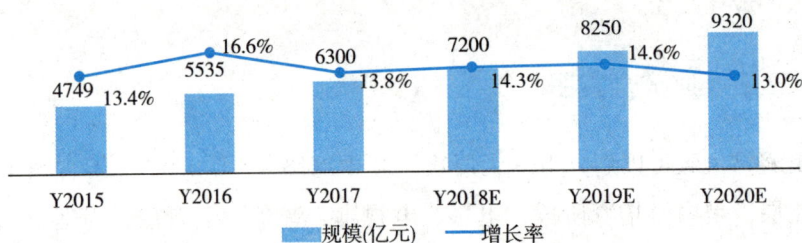

2015—2020 年中国 IP 经济规模与增长

数据来源：赛迪顾问，2017 年 12 月。

2. 未来 IP 经济结构变化较小，网络游戏和动漫稳居前列

未来三年，预计网络游戏和动漫仍然是 IP 经济发展的主力，合计贡献 55% 的市场份额；细分领域中，电影市场将保持稳定，而网络 IP 剧则会越发受到关注；随着 VR、AR 等技术的成熟和用户消费习惯的养成，游戏、视频、直播等 IP 经济的变现行业将迎来新的机遇。

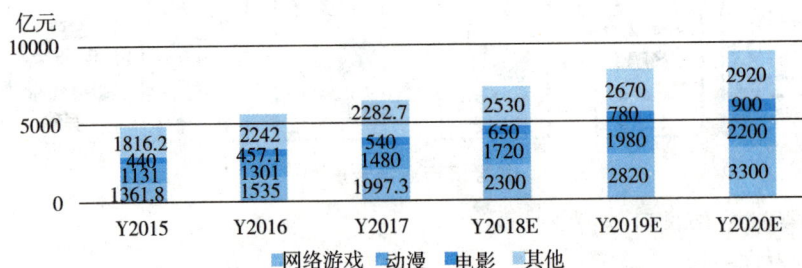

2015—2020 年中国 IP 经济结构

数据来源：赛迪顾问，2017 年 12 月。

（五）产业演进趋势

1. 巨头企业加速布局泛娱乐，全产业链运营成为共识

IP 作为文化品牌，本身凝聚了内容价值、"粉丝"价值、营销价值和数据价值。拥有 IP 的娱乐产品在市场上受到关注和认可几率更大，后续进行衍生开发可能性更高，产业资本投资风险更小。2017 年，腾讯、阿里、小米、乐视、奥飞娱乐、光线传媒、中文在线等企业均投入巨资，加大布局泛娱乐产业链条，并形成网络文学、动漫、影视、游戏、音乐及相关衍生品于一体的全产业链运作模式。

2. 用户社交方式转变，DIY 视频将成为社交新热点

随着移动端应用的兴起，人们越来越倾向于随时随地、不受限制地第一时间分享个人动态。短视频可以更加直观地满足用户的表达以及沟通需求，同时满足人们展示以及分享的诉求。2018 年，直播、短视频等个人视频将成为泛娱乐企业重点发展行业，快手、斗鱼等平台将迎来高速成长。

3. IP 变现价值凸显，衍生品市场发展空间巨大

我国泛娱乐产业兴起，优质 IP 成为了发展核心，并且具有强大的变现能力。通过对比美国、日本的情况，我国衍生品市场发展较为缓慢。但是随着中国用户对优质 IP 的需求、国家版权保护力度以及 IP 运作能力的不断加强，IP 衍生品的购买力将会被释放，因此中国衍生品市场存在巨大的发展空间。

（六）投资价值 50 强

通过建立评判指标体系，赛迪顾问从企业规模、营收状况、产品竞争力、企业潜力、投融资情况和领导层能力等多个维度进行定量与定性分析，得出中国 IP 经济投资价值 50 强。包括网络游戏、动漫、网络视频、电影、音乐、网络文学等多个类别。

排名	企业名称	主要IP经济品牌	排名	企业名称	主要IP经济品牌
1	腾讯	腾讯游戏、腾讯视频、阅文集团、酷狗	26	原力动漫	熊猫一族
2	阿里巴巴	优酷、土豆、阿里文学、虾米、阿里影业	27	游族网络	少年三国志
3	网易	网易视频、网易游戏、云音乐	28	边锋网络	三国杀online
4	万达影业	万达院线、魔兽	29	Bilibili	Bilibili网
5	世纪华通	盛大游戏	30	4399	4399小游戏
6	百度	爱奇艺、百度文库、百度音乐	31	咪咕公司	咪咕音乐
7	奥飞娱乐	有妖气、倒霉熊	32	快乐阳光	芒果TV
8	搜狐	畅游、搜狐视频	33	吉比特	问道手游
9	金山软件	剑侠情缘	34	网龙	征服
10	苏宁	苏宁文创、PPTV	35	星辉娱乐	倚天、龙骑士传
11	乐视网	乐视视频、乐视体育	36	咏声文化	猪猪侠
12	华谊兄弟	华谊兄弟影业	37	宝通科技	天龙八部、风云
13	鹏博士	大麦影视	38	英雄互娱	无尽争霸、全民枪战
14	东方明珠新媒体	百视通	39	博雅互动	德州扑克 斗地主
15	三七互娱	37游戏、37手游	40	波克城市	波克捕鱼
16	新浪	新浪读书、新浪视频	41	263	263互动直播
17	美盛文化	国际IP衍生品、妖神记	42	米哈游	崩坏学院
18	宋城演艺	六间房直播平台	43	ACFUN	A站、斗鱼直播平台
19	功夫动漫	功夫动漫	44	中至集团	2217游戏
20	巨人网络	球球大作战	45	酷狗音乐	酷狗音乐
21	多益网络	梦想世界	46	游爱网络	塔王之王
22	昆仑万维	三国风云、千军破	47	盛天网络	58游戏、易乐游
23	恺英网络	蓝月传奇	48	心动网络	横扫千军、神仙道
24	欢聚时代	YY游戏、虎牙直播	49	上海誉点	雷霆之怒、皇图
25	IGG	城堡争霸 王国纪元	50	金华比奇	5173网游

2017 年中国 IP 经济投资价值 50 强

数据来源：赛迪顾问，2017 年 12 月。

（七）产业投资风向

1. 网络游戏是 IP 变现最重要手段，IP 改编手游具有较强投资价值

自 2016 年开始，中国已经成为了全球最大的游戏市场。2017 年网游行业

规模接近 2000 亿元，移动游戏也在这一年反超 PC 端游位居行业首位。目前 IP 改编手游成井喷之势，市场上最多的是动漫 IP 改编的手游，表现最好的是端游 IP 改编的手游，而传播性最好的无疑是"影游联动"背景下的影视 IP 改编的手游作品。

2. IP 影视投资趋于理性，动漫 IP 改编影视将成为投资新热点

经历 2014—2016 年的快速发展，2017 年资本和用户更青睐大卡司 + 大 IP 的网文 IP 影视制作模式，《如懿传》单集价格较同等级《甄嬛传》大幅提高 30 余倍，网文的 IP 改编费用也水涨船高。然而高额的成本造成收益率降低，未来投资市场对网文 IP 改编剧将趋于理性。目前随着《你的名字》《捉妖记》等动漫电影的大热，投入相对较小的动漫 IP 改编影视成为下一个投资热点。

3. 网络文学仍是 IP 经济最大源头，网文平台作为基础一环不可忽视

与网游、动漫、影视等行业相比，网络文学市场总量不大。然而随着近年 IP 改编的兴起，内容产业中优质 IP 的价值日益凸显，作为 IP 核心来源的网络文学，盈利模式也正在发生深刻的变化。在内容端，改编权转让费取代稿酬成为头部文学的主要盈利模式；在渠道端，网文平台与终端厂商、APP 应用商店展开合作，通过灵活泛在的接入模式与用户进行交互。2017 年 11 月，阅文集团在港股上市，必将引发网文平台 IPO 热潮。

4. IP 经济产业链不断延伸，衍生品的变现能力逐渐加强

IP 衍生品的变现由来已久，美国迪士尼米老鼠和日本龙珠、海贼王等现象级 IP 形成长期稳定的收益链条，而中国的优质 IP 衍生品开发较为落后。随着 IP 概念的持续发酵和 IP 受众消费能力的日益提升，中国衍生品市场规模迅速增长，"自有 IP + 衍生品开发 + 线上线下渠道销售"的生态链条将在未来极大地提升 IP 衍生品的变现能力，IP 衍生品产业有望成为创投热点。

十五、产业互联网

定义：产业互联网是指传统产业借力大数据、云计算、人工智能、智能终端以及网络优势，切入产业供应链各个环节，如采购、交易、流通和融资等，以网络平台的模式来进行信息、资源、资金三个方面的整合，从而提升整个产业的运营效率，产业互联网是各个传统产业实现"互联网＋"转型升级的重要路径之一。

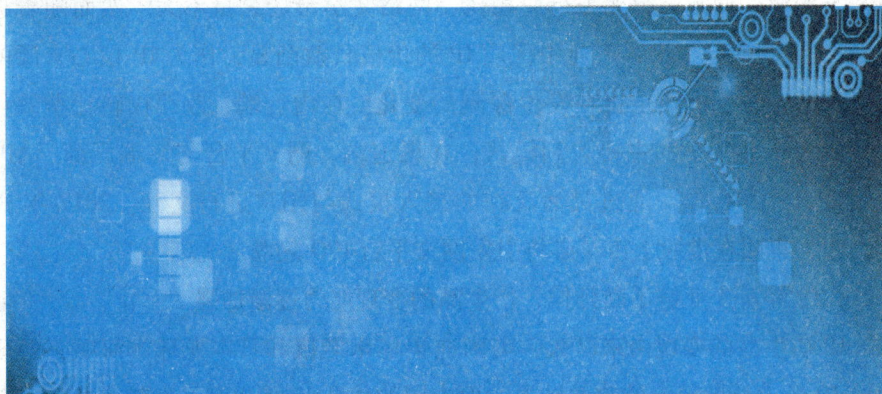

（一）赛迪重大研判

1. 产业政策频出，成为推动产业快速发展的原动力
2. 供应链四流数据融通成为必然选择，支付闭环塑造产业互联网基础
3. 2017 年产业规模保持高速增长，B2B 电商引领产业发展
4. 供应链金融创新发展成为推动产业互联网发展的核心动力
5. B2B 电商平台及供应链金融服务平台将是传统核心企业投资重点

（二）产业发展环境

1. 国办发专文推进供应链创新，强调积极稳妥发展供应链金融

2017 年 10 月 13 日，国务院办公厅发布《关于积极推进供应链创新与应用的指导意见》，强调到 2020 年，形成一批适合我国国情的供应链发展新技术和新模式，基本形成覆盖我国重点产业的智慧供应链体系。供应链在促进降本增效、供需匹配和产业升级中的作用显著增强，成为供给侧结构性改革的重要支撑。培育 100 家左右的全球供应链领先企业，重点产业的供应链竞争力进入世界前列，中国成为全球供应链创新与应用的重要中心。

2. 国家政策支持 B2B 发展，B2B 电商平台迎接政策红利期

2017 年 9 月 25 日，工业和信息化部正式印发了《工业电子商务发展三年行动计划》，部署未来三年工业电子商务发展工作，要求加快创新工业企业交易方式、经营模式、组织形态和管理体系，不断激发制造业企业创新活力、发展潜力和转型动力，推动制造强国和网络强国建设。

3. 五部门关于金融支持制造强国建设的指导意见

2017 年 3 月 30 日，人民银行、工业和信息化部、银监会、证监会、保监会联合印发《关于金融支持制造强国建设的指导意见》，提出要发展和完善支持制造强国建设的多元化金融组织体系。充分发挥各类银行机构的差异化优势，形成金融服务协同效应。通过设立先进制造业融资事业部、科技金融专营机构等，提升金融服务专业化、精细化水平。规范发展制造业企业集团财务公司，稳步推进企业集团财务公司开展延伸产业链金融服务试点工作。加快制造业领域融资租赁业务发展，支持制造业企业设备更新改造和产品销售。

4. 三部门联合发布《电子商务"十三五"发展规划》

2016 年 12 月 30 日，商务部、中央网信办、国家发改委三部门联合发布《电子商务"十三五"发展规划》，提出推进电子商务与传统产业深度融合，全面带动传统产业转型升级。

（三）产业链全景图

互联网对产业的影响是全面而深入的，具体来说可以从采购供应 B2B 电

商、金融服务、物流交付三个领域进行分析。互联网具有高效实时、跨区域、普惠等特性，其与生产活动中各环节的结合将可以有效提升生产效率。同时，互联网也是产业优势平台价值的催化剂，拥有线下优势资源的产业平台借助互联网可以实现信息沟通、交易、定价等多重功能，从而进一步增强对产业链的掌控。

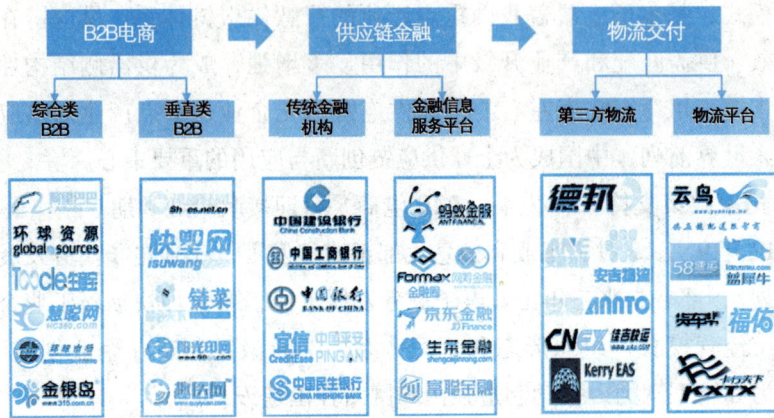

产业互联网产业链全景图

数据来源：赛迪顾问，2017 年 12 月。

未来突破点：

√　B2B 电商：各产业"互联网＋"逐步走向专业化，垂直化成为必然选择

√　供应链金融：供应链金融成为推动各产业走向互联网化的核心动力

√　物流交付：第三方物流体系信息化提升主力打通物流数据链条

（四）产业规模预测

1. 我国产业互联网保持高速增长趋势，未来成长空间巨大

2017 年中国产业互联网规模达到了 36 万亿元，同比增速为 16.1%，较 2016 年增速有所回升，主要原因在于国家对"互联网＋"战略的不断推进，以及资本界对 B2B 行业持续的投资带动。预计未来三年，产业互联网将保持高速增长，2020 年中国产业互联网规模将达到 55 万亿元。

2015—2020 年中国产业互联网规模与增长

数据来源：赛迪顾问，2017 年 12 月。

2. B2B 电商引领产业互联网发展，产业结构基本保持稳定

随着各个产业互联网化程度的不断提高，中国产业互联网产业结构当中 B2B 电商所占比重将进一步提升，供应链金融服务占比也随着互联网的渗透不断提升。

2015—2020 年中国产业互联网产业结构

数据来源：赛迪顾问，2017 年 12 月。

（五）产业演进趋势

1. 产业链式创新成为产业互联网的主要创新方向

近年来，产业链式创新愈来愈受到国家的重视。2017 年 10 月 13 日，国务院办公厅发布《关于积极推进供应链创新与应用的指导意见》。产业链式创新包括横向创新、纵向创新以及横向纵向混合创新。产业链式创新是指通过产业链上下游或者产业链同一层面的整合而形成的创新模式，其发起者通常已经在原行业占据领先地位。

2. 供应链金融服务成为产业互联网的重头戏

对于产业互联网而言，同样存在交易场景，由此场景衍生出的供应链金融服务是产业互联网的战略发展方向。随着国家在互联网金融领域相关政策的不断出台，供应链金融发展环境不断成熟和完善，未来供应链金融服务将成为推动产业互联网快速发展的重要因素。

3. 产业采购供应领域仍有巨大的发展空间

随着企业对采购的重视，线下模式的弊端逐渐显露，企业采购管理意识开始觉醒。电商平台凭借一站式线上解决方案、海量品类供应、物流售后服务等优势，成为解局者。大宗电商平台已从最初"收取会员费、竞价排名、线下会展"的传统模式，纷纷切入交易环节，为产业链上下游企业提供价值服务。目前主要是在一些大宗商品领域出现了诸多电商平台，但是在一些体量较小的产业的采购供应方面还是有很大发展空间。

4. 第三方物流数据化、智慧化发展成为必然趋势

基于互联网、云计算等技术的发展，大量的数据信息已经进入到了供应链的物流服务业中；在物流平台的发展过程中，大量的数据信息同物流联合运用，借助智能分析和处理，使得第三方物流智能化逐渐提供，更加人性化、专业化、服务化。随着"互联网＋"的发展，第三方物流业务将会逐渐实现智能化运作，全新的物流行业将会逐渐走入生活当中。

（六）投资价值30强

中国产业互联网投资价值 TOP30 通过建立评判指标体系，从市场份额、主营收入两个角度来评判 B2B 电商平台 TOP10 和第三方物流 TOP10，同时根据交易规模、企业影响力、企业资源整合能力、产业范畴等多个细分指标定量结合定性评判了中国供应链金融 TOP10。

B2B电商平台			供应链金融			第三方物流		
排名	企业名称	市场份额	排名	企业名称	指标评价	排名	企业名称	2016年主营收入（亿元）
1	阿里巴巴	43.0%	1	蚂蚁金服	98	1	中国远洋	1543
2	慧聪网	7.5%	2	京东金融	94	2	中国外运	753
3	环球资源	4.1%	3	苏宁金融	92	3	厦门象屿	599
4	焦点科技	2.6%	4	怡亚通	86	4	河北物流	550
5	上海钢联	1.4%	5	生意宝	85	5	中铁物资	359
6	生意宝	1.2%	6	敦煌网	81	6	天津港	350
7	环球市场	1.0%	7	国美金融	80	7	山东物流	264
8	敦煌网	0.9%	8	海融易	77	8	国龙物流	231
9	中国制造网	0.9%	9	金和所	75	9	中国物资储运	198
10	马可波罗网	0.8%	10	道口贷	74	10	安吉汽车物流	176

2017 年中国产业互联网产业投资价值 30 强

数据来源：赛迪顾问，2017 年 12 月。

（七）产业投资风向

1. 快消品 B2B 电商将成为行业下一个风口

近年来，传统零售业线下渠道面临着巨大的压力，传统快消供应链痛点分散，升级优化势在必行。在"互联网＋"提升为国家战略之后，作为关系民生的重要产业领域，"互联网＋快消品"进入 2016 年之后迎来发展高潮。得到资本青睐的企业超过 20 家，阿里巴巴、京东商城也强势介入，中商惠民、掌合天下、51 订货网、易酒批等企业得到快速发展，快消品 B2B 迎来发展良机。

101

2. 汽车后市场供应链金融仍是一片蓝海

汽车是民用领域最复杂的商品，由数万零部件与电子元器件组成，但是极为分散且碎片化的市场，缺乏统一标准，以及多层级且不规范的分销销售体系，导致了行业严重的资源浪费和效率低下，目前尚未有一家公司的市场份额超过1%。这也给汽车后市场供应链领域的领先企业巨大的发展机会。汽配供应链企业"康众汽配"宣布完成5000万美元B+轮融资。

3. P2P平台抢滩供应链金融创造曲线投资机会

优质的金融资产越来越缺，P2P平台对于资产、资源的争夺变得更加激烈，越来越多的P2P平台对供应链金融寄予了关注与希望。供应链金融既有政策支持，也有市场机遇，这是P2P进入供应链金融领域的主要推动力。可以说，供应链金融与P2P网贷的结合，真正使P2P网贷做到了"服务实体经济"，同时又开创了P2P网贷的新蓝海市场。

十六、工业物联网

定义：工业物联网是自动化与信息化深度融合的突破口。在工厂内部，把工业自动化设备与企业信息化管理系统联动起来，实现工厂的数字化管理；在外部，依靠云服务平台为各个企业提供服务，通过大数据的采集、云端的分析，实现众多企业的联动。

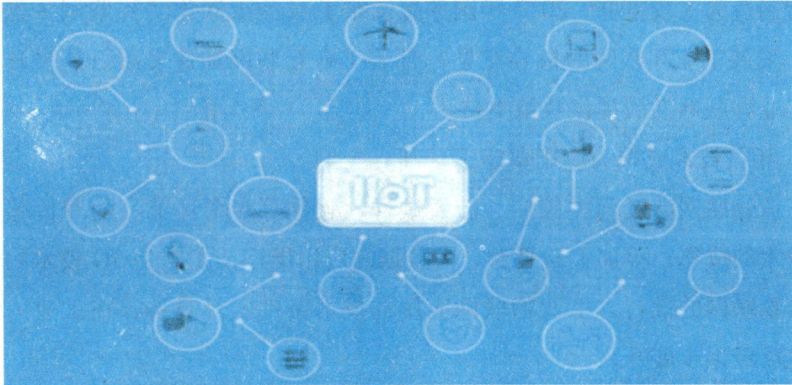

（一）赛迪重大研判

1. 2017 年我国工业物联网产业规模达到 2400 亿元，约占整体物联网产业 19.8%

2. 随着产业不断发展成熟，网络运营商和平台供应商的利润将快速上升

3. 未来几年，窄带物联网、传感器、公共云服务平台将成为投资热点

（二）产业发展环境

1. 发达国家大力发展先进智能工业

放眼全球，德国提出自身工业发展的"工业 4.0"计划，美国提出"再

工业化"和制造业回归，欧美先进国家的工业发展战略对我国工业形成了较大的冲击，客观上要求提高我国智能制造水平，而工业物联网是智能制造实现的具体方式。

2. 人口红利消失要求国内转变增长方式

长期以来，我们工业的发展主要依靠投资拉动、成本优势，随着人口红利的消失，低端的制造业正在往东南亚等地区转移，客观上要求我国转变经济增长方式，提高信息化、智能化水平，工业物联网是提升信息化和智能化最主要的抓手。

3. 多项政策为工业物联网提供政策支持

近年来，我们大力发展制造业，2015 年出台了《中国制造 2025》，以推进智能制造为主攻方向。2017 年国务院发布了《关于深化"互联网 + 先进制造业"发展工业互联网的指导意见》部署工业互联网加速发展。众多政策出台为工业物联网发展提供政策支持。

4. 相关技术成熟为应用奠定了基础

工业物联网涉及门类较广，涉及硬件、软件等多个环节。随着传感器等硬件技术的成熟，再加上云平台、大数据的应用推广，尤其是 5G 技术的开发和窄带物联网的推行，工业物联网应用的技术条件已经具备，在工业一线的应用也已经逐步展开。

（三）产业链全景图

在中国工业物联产业链的参与者主要包括设备制造商、系统集成商、网络运营商、平台供应商等。目前我国工业物联产业利润的主要获取者为设备制造商和系统集成商。随着产业不断发展成熟，市场对于服务的需求将越来越强烈，网络运营商和平台供应商的利润将迎来快速上升，并将成为产业利润的主要获取者。

设备制造商主要包括涵盖感知层、传输层、现场管理层、应用层等工业物联各层级主要设备厂商。

系统集成商主要致力于解决系统的集成，由三类企业构成：自动化企业、工业控制系统企业、工业软件企业。

网络运营商提供数据传输，是物联网网络层的主体，是连接传感数据和终端应用的中间环节。

平台供应商为物联网应用提供支撑，为设备制造商提供终端监控和故障定位服务，为系统集成商提供代计费和客户服务，为终端用户提供可靠全面的服务，为应用开发者提供开发工具等。

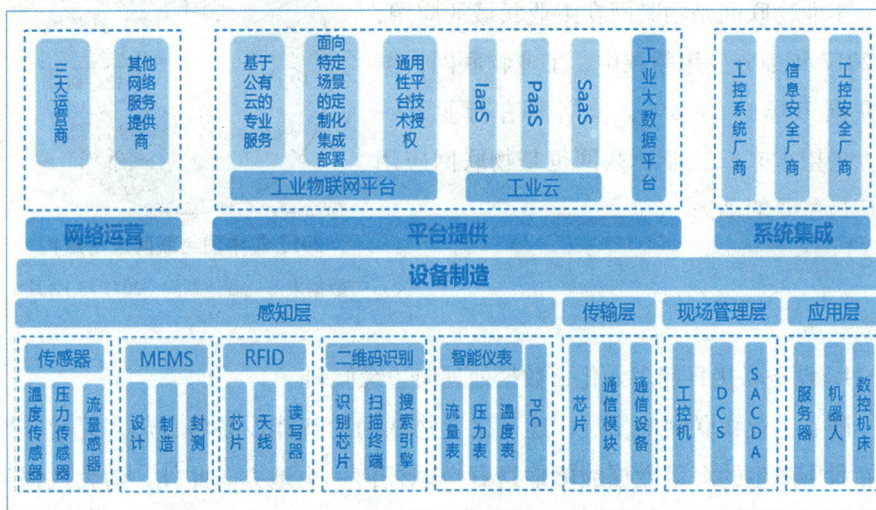

工业物联网产业链

数据来源：赛迪顾问，2017年12月。

（四）产业规模预测

1. 政策、应用双擎推动，产业规模快速增长

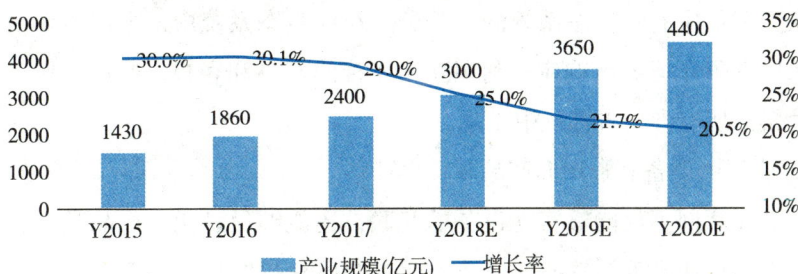

2015—2020年中国工业物联网产业规模与增长

数据来源：赛迪顾问，2017年12月。

2017年我国工业物联规模达到2400亿元，在整体物联网产业中的占比约为19.8%。预计在政策推动以及应用需求带动下，到2020年，工业物联在整体物联网产业中的占比将达到25%，规模将突破4400亿元。

2. 工业物联潜力巨大，市场份额位居第一

工业物联网是物联网在工业领域的应用，在2017年细分应用领域中，工业物联网占据物联网市场的21.3%，位居所有行业第一位。展望未来，工业物联网也是物联网应用推广最主要的动力。

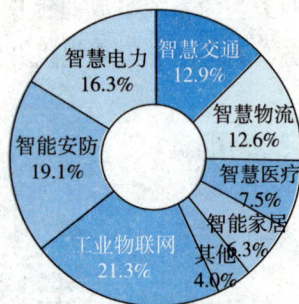

2017年中国物联网应用结构

数据来源：赛迪顾问，2017年12月。

（五）产业演进趋势

1. 设备联接日趋多元化，数据处理向边缘倾斜

随着工业物联网的发展，连入工业物联网的智能设备将日趋多元化，网络互联所产生的海量数据能够输送到全球任何一个地方。此外，随着数据量的增大，倾向于在数据源头处理数据的边缘计算不需要将数据传输到云端，更加适合数据的实时和智能化处理，因此更加安全、快捷、易于管理，在可预见的未来将得到更加有效的利用。

2. 由产业个体向生态系统转型

随着产业的发展，工业物联网领域的公司将由单一的产业个体向价值链的参与者转变，公司间通过建立并发展紧密的战略合作关系，成为工业物联网解决方案供应商的生态系统的一分子。在此生态系统中，公司能够根据客户需求、竞争环境灵活响应，利用互相连接的产品和客户，通过合作，使整个价值链的所有参与者都从中受益。

3. 应用由设备和资产向产品和客户转移

工业物联网不仅能够实现设备的互联，还能够通过优化产品类型、维护客户关系为企业服务。然而，目前工业企业所获得的产品和客户的信息量远少于资产和设备的信息量，因此未来工业企业为了开发更具吸引力的产品或提升现有客户关系，企业需要大量产品和客户的相关信息支持。在效率提升

和业务成长的双重诉求驱动下，未来企业工业物联网应用的关注度将由设备和资产转向产品和客户。

（六）投资价值榜单

投资价值榜单主要依据产业链的四个环节，分别由设备制造商、网络运营商、平台提供商、系统集成商组成。企业榜单的发布，主要依据产业规模大小、技术实力、创新实力、解决方案能力、市场潜力、增长态势、专利情况等指标评估。

平台提供商		设备制造商		系统集成商	
排名	企业名称	排名	企业名称	排名	企业名称
1	华为	1	华为	1	和利时集团
2	腾讯	2	中兴通讯	2	国电南瑞
3	阿里	3	埃斯顿	3	国电南京
4	中国电信	4	新松机器人	4	中控科技
5	华三通信	5	大唐电信	5	南瑞继保
6	中国移动	6	展讯	6	上海宝信软件
7	中兴通讯	7	达华智能	7	上海新华控制
8	百度	8	启明星辰	8	新华三技术
9	联想集团	9	科陆电子	9	四方继保
10	浪潮集团	10	通富微电	10	聚光科技

网络运营商			
排名	1	2	3
企业名称	中国移动	中国电信	中国联通

2017 年中国工业物联网产业投资价值榜单

数据来源：赛迪顾问，2017 年 12 月。

（七）产业投资风向

1. 窄带物联网技术成为投资热点

基于蜂窝的窄带物联网NBIoT，能够支撑海量的连接，NB－IoT一个扇区能够支持10万个连接，同时其功耗和设备成本都大大降低。水表、电表、燃气表等智能抄表项目，以及智能停车项目在多地开花。目前，各家运营商都在快速建设这个新的通信网络，并全力拓展用户量。

2. 传感器等核心技术环节重要性明显

传感器作为物联网的神经元，是万物互联的基础，传感器在各种智能终端的应用已不仅仅在于智能手机、可穿戴设备等消费电子领域，在智能机器等工控领域同样应用空间广阔。为此华为等上游设备生产商，把研发重点聚焦在物联网芯片、传感器和操作系统等核心技术上。

3. 多方聚焦打造工业物联网公共服务平台

目前在各个地方政府，正在积极打造和完善工业物联公共云服务平台，引导多方资源参与工业物联公共云服务平台建设，形成资源共享、优势互补的公共云服务平台体系。

十七、窄带物联网

定义：窄带物联网产业是指围绕窄带物联网技术（NB－IoT）的基础理论、关键零组件、系统、平台以及针对 NB－IoT 技术相关产品和服务的研发、生产、销售等一系列经济活动的集合。

（一）赛迪重大研判

1. 2017 年为窄带物联网规模化商用元年，市场增速超过 50%
2. 国内企业纷纷抢滩布局，推广窄带物联网应用
3. 预计到 2020 年，运营销售额占比将超过 50%
4. 公共事业相关应用有望成为打破成本障碍的突破口
5. 窄带物联网下游应用是将成为投资宠儿

（二）产业发展环境

1. 政策助力窄带物联网规模化商用

《关于深入推进提速降费、促进实体经济发展2017专项行动的意见》
——加快窄带物联网（NB-IoT）商用进程

《全面推进移动物联网（NB-IoT）建设发展的通知》
——加快NB-IoT标准、设备、芯片、模组、测试、应用、网络在国内发展

政策方向

➢ **标准**：引领国际标准研究，加快NB-IoT标准在国内落地
➢ **技术**：开展关键技术研究，增强NB-IoT服务能力
➢ **产业链**：促进产业全面发展，健全NB-IoT完整产业链
➢ **基础设施**：加快推进网络部署，构建NB-IoT网络基础设施
➢ **试点示范**：开展NB-IoT应用试点示范工程，促进技术产业成熟
➢ **平台**：组织建立产业联盟，建设NB-IoT公共服务平台
➢ **应用**：公共服务、个人生活、工业制造、新技术、新业务

2. 技术标准确立为商用奠定基础

3GPP
➢ 2016年6月16日，全球第三代合作伙伴计划（3GPP）正式批准了NB-IoT标准核心协议，NB-IoT技术应用推广全面展开

■ 目前，物联网是我国重点规划的战略性新兴产业之一，而窄带物联网技术凭借低功耗、广覆盖、低成本的优势，在智慧交通、智慧水务、智慧健康等领域大有用武之地。当前，在政策助推和市场需求的强烈拉动下，窄带物联网技术规模化商用将加速。

（三）产业链全景图

窄带物联网产业链包括上游的通信芯片、中游的通信模组和下游的运营商，通信芯片包括芯片的设计、制造和封测；通信模组及终端包括下游应用的功能定制、硬件设计、硬件集成和软件开发；运营包括网络搭建、客户服务、专用平台等。

国内窄带物联网产业及其商用进程在全球处于领先地位：

√　芯片——以华为海思和中兴微电子为代表的芯片企业均已发布 NB – IoT 芯片

√　模组及终端——国内主流的通信设备厂商均已开始向 NB – IoT 领域

布局

√ 运营——国内三大运营商均正在建设相关网络，中国电信领先布局，目前已拥有全球覆盖最广的商用 NB－IoT 网络

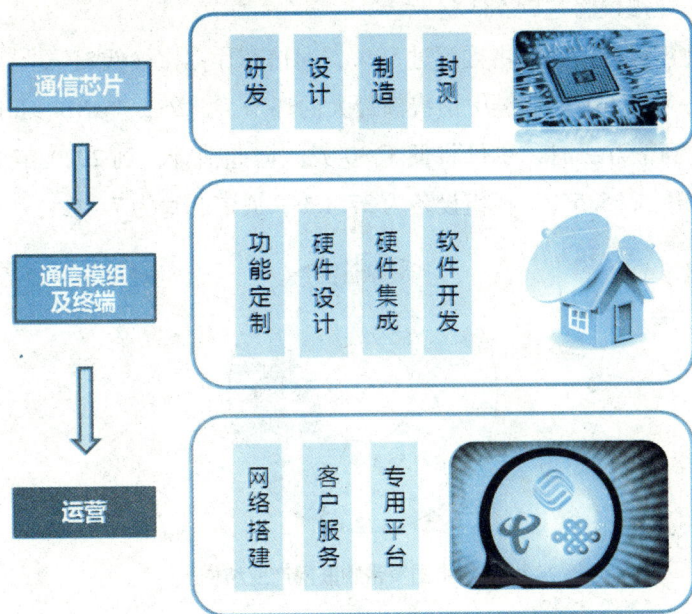

窄带物联网产业链

数据来源：赛迪顾问，2017 年 12 月。

（四）产业规模预测

1. 2020 年产业规模突破 580 亿元

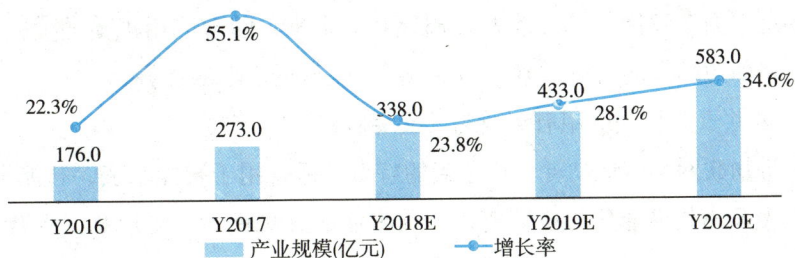

2016—2020 年中国窄带物联网产业规模与增长

数据来源：赛迪顾问，2017 年 12 月。

2017年被称为窄带物联网规模化商用元年，产业规模达到273亿元，增速高达55.1%。由于目前窄带物联网仍然不具备成本优势，预计到2018年，窄带物联网产业规模增速会有所下降，之后进入到持续增长阶段。预计到2020年，产业规模将达到583亿元。

2. 2020年运营销售额占比超过50%，通信芯片占比最低

运营是NB-IoT产业链中销售额最大的环节，此外，当NB-IoT通信模组出货量达到千万级时，单价将低于30元。据此估计，到2020年，运营销售额占比将达到55.5%，模组设备为37.1%，通信芯片为7.4%。

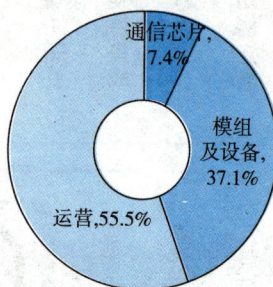

2020年中国窄带物联网产业结构

数据来源：赛迪顾问，2017年12月。

（五）产业演进趋势

1. 规模化市场效应突破成本限制

目前，NB-IoT相关产品和服务成本较高是限制NB-IoT大规模推广应用的最大障碍。究其原因，产业链上游NB-IoT相关通信芯片和模组研发成本高，运营商搭建网络的成本高、周期长。未来，随着应用规模的大幅度提升，价格的边际效应得以体现，NB-IoT将获得低成本的优势。

2. 公共事业相关应用有望成为发展突破口

窄带物联网具有低功耗、广覆盖的特点，适合用于智能水表、智能电表、智能气表等公共事业领域。同时，公共事业领域规模大、支出高，在政府政策支持下，有望成为NB-IoT规模化应用的突破口，进而降低成本，使得窄带物联网产业获得长足发展。

智能水表　　　　智能电表　　　　智能气表　　　　智能停车

3. 产业生态中各参与者的分工更加明确

现阶段，为了能够提升自身产品的竞争力，部分水表、电表等终端设备企业加入到窄带物联网的竞争中，扩大自身的技术和产品范围。未来，窄带物联网产业的参与者的分工将更加明确，通信芯片和模组将集中到少数几家专业厂商手中，行业集中度也会随之提高。

（六）投资价值榜单

从窄带物联网产业链来看，芯片研制和运营环节的行业壁垒较高，参与者较少，且均为本领域大型龙头企业；模组和设备行业壁垒相对较低，传统通信模组厂商纷纷向此领域布局，行业参与者较多。

芯片	模组及设备	
中兴微电子	华为	深圳有方科技
华为海思	中兴通讯	上海移柯通信
联发科	上海移远通信	芯讯通
展锐	中移动物联网	龙尚科技
运营商	利尔达科技	联想懂的
中国电信	高新兴科技	深圳美格智能
中国联通	大唐移动	厦门骐俊物联
中国移动	烽火通信	深圳广和通

2017 年中国窄带物联网产业投资价值榜单

数据来源：赛迪顾问，2017 年 12 月。

√　芯片厂商——由于芯片的研发成本高、制造投入大，目前只有中兴微电子、海思、联发科、展锐等几家知名集成电路企业有所布局；

√ 模组及设备厂商——国内知名的通信模组和设备厂商纷纷向 NB－IoT 领域拓展，企业数量在产业链中最多；

√ 运营商——国内传统的三大运营商，处于寡头格局，短期内不会有明显变化。

（七）产业投资风向

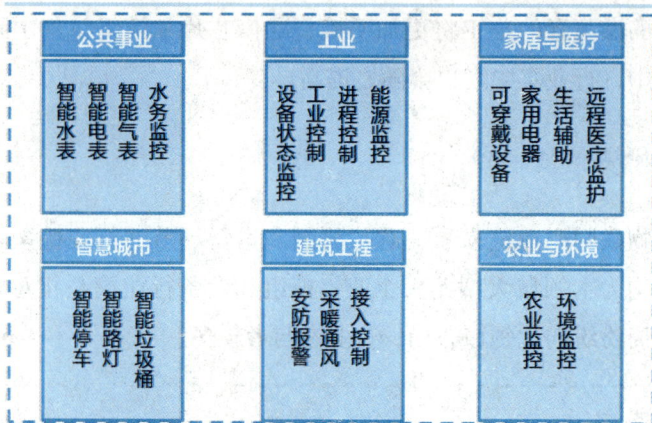

公共事业	工业	家居与医疗
智能水表 / 智能气表 / 水务监控	设备状态监控 / 工业控制 / 进程控制 / 能源监控	可穿戴设备 / 家用电器 / 生活辅助 / 远程医疗监护

智慧城市	建筑工程	农业与环境
智能停车 / 智能路灯 / 智能垃圾桶	安防报警 / 采暖通风 / 接入控制	农业监控 / 环境监控

NB－IoT 主要应用领域

数据来源：赛迪顾问，2017 年 12 月。

1. NB－IoT 相关物联网应用将迎来投资热潮

公共事业、家居与医疗、智慧城市等 NB－IoT 下游应用尚处于推广应用阶段，下游应用种类多、行业壁垒相对较小，未来一段时间必定是创新创业的焦点、资本追逐的热点。

2. 上游环节将加速并购整合，行业集中度得到提高

NB－IoT 产业参与者在 NB－IoT 领域具有先发优势，加上较高的行业壁垒，未来 NB－IoT 行业将继续整合集中，被少数几家龙头企业占据。

十八、智能制造装备

定义：智能制造装备是指具有感知、分析、推理、决策、控制功能的制造装备，它是先进制造技术、信息技术和智能技术的集成和深度融合。

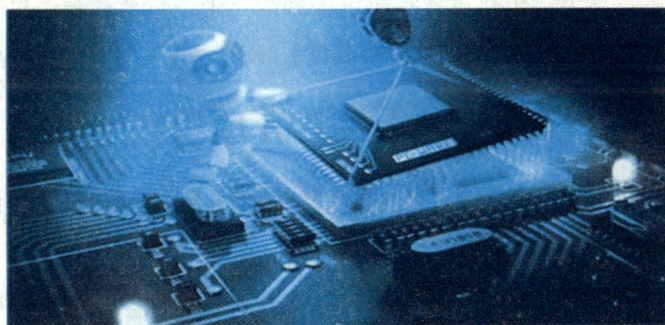

（一）赛迪重大研判

1. 政策助推智能制造装备产业发展，2018 年规模将突破 15000 亿元
2. 智能制造装备将成为工业互联网的智能终端
3. 智能化转型升级需求的快速增加将推动智能制造系统集成商的发展
4. 具有精密化、小型化、集成化等特点的定制化需求将成为主流
5. 制造数据的实时采集与深度挖掘将成为下一个投资热点

（二）产业发展环境

1. 国外环境

美国正式出台标准体系，集中发力极端制造。美国作为全球制造业发展的领先国家，就本国高端制造业发展现状提出了围绕智能制造的长期发展规划。2016 年 2 月，美国标准院正式颁布了《现行智能制造标准体系》。以美国国家航空航天局（NASA）为代表的国防部门针对极大、极重等极端装备制

造进行重点突破。

德国加速信息技术融合，推动系统集成发展。自"工业4.0"战略提出之后，德国智能制造装备产业正在加速由信息化向智能化、数字化转型升级，而转型的重点，也正在从单纯的高端装备制造向包含软件系统、智能传感器、数据采集为一体的智能制造装备系统集成转移，着重体现了新一代信息技术在智能装备制造产业中的广泛渗透和深入融合。

日本深度挖掘物联网技术与机器人应用。2016年12月，随着日本工业价值链参考框架IVRA的正式发布以及工业价值链计划IVI的推出，标志着日本智能制造装备产业发展策略正式完成里程碑的落地，包括三菱电机、发那科、丰田等多家装备制造企业纷纷推进物联网技术的深度应用，并加速打造以机器人为核心的智能工厂。

2. 国内环境

国家大力推动智能再制造，引领制造业转型升级。2017年11月9日，工信部正式印发《高端智能再制造行动计划（2018—2020）》，旨在加速落实《中国制造2025》，瞄准工业绿色发展，通过再制造的形式推动基础工艺、增材制造和智能加工能力提升，提高重大装备运行能力，有效实现绿色增长。

工业强基稳步推进，着力夯实制造基础。随着《工业强基工程实施指南（2016—2020年)》的发布以及2017年9月全国工业强基工程现场会的举办，全国各省市及地区均在大力推进工业强基工作，通过对核心基础零部件（元器件）、关键基础材料、先进基础工艺和产业技术基础等"四基"的重点突破来提升我国核心制造能力。

（三）产业链全景图

智能制造装备产业链主要包括关键基础零部件、智能化高端装备、智能测控装置和重大集成智能装备四大环节，关键基础零部件是基础，其发展水平直接影响产业链其他环节；智能测控装置的技术要求较高，直接决定了整机和集成装备的科技含量与附加值；智能化高端装备和重大集成智能装备是前两个产业链环节的有机集成，体现着一个国家智能制造装备的发展水平与现状。

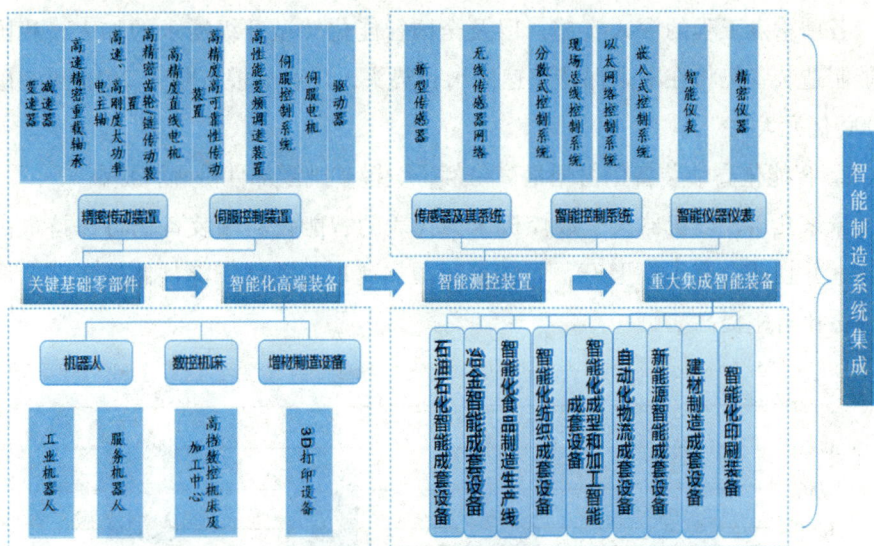

智能制造装备产业链

数据来源：赛迪顾问，2017 年 12 月。

重点突破点：

在产业链四大环节中，我国与国际先进水平的主要差距存在于关键基础零部件和智能测控装置，随着"工业强基"工程的深入实施，以及我国新一代信息技术的良好发展对于智能传感器等领域的技术带动，我国有望在这两个领域实现关键基础突破，加速缩短与工业发达国家的差距。

（四）产业规模预测

1. 2018 年中国智能制造装备产业规模有望突破 15000 亿元

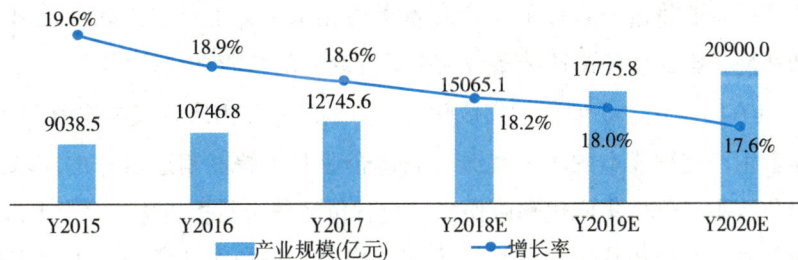

2015—2020 年中国智能制造装备产业规模与增长

数据来源：赛迪顾问，2017 年 12 月。

各项重点工程的深入实施，以及全国智能化转型升级需求的加大，我国智能制造装备仍将在未来保持快速的增长势头，产业规模有望于 2018 年突破15000 亿元大关。

2. 智能化高端装备仍占据最高份额，关键基础零部件份额将提高

未来几年，以机器人、数控机床为代表的智能化高端装备仍将保持最高占比，并且还会有小幅上升，而随着我国加速攻关关键零部件制造工艺，该环节占比有望提高。

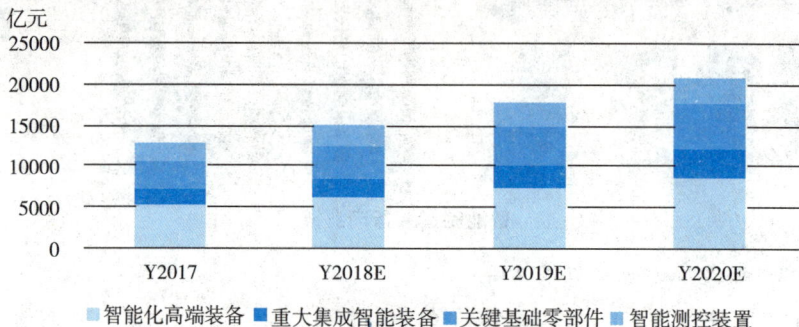

2017—2020 年中国智能制造装备产业结构

数据来源：赛迪顾问，2017 年 12 月。

（五）产业演进趋势

1. 智能制造装备将成为工业互联网的智能终端

高度集成化和智能化的智能制造测控系统将加速取代人工制造流程的控制和管理，具有网联功能的智能制造装备将加速取代传统单机制造设备。智能制造装备企业将进一步加强生产装备柔性化水平，工业控制软件也将加速普及和联网，确保智能制造装备成为工业互联网的智能终端。

2. 具有精密化、小型化、集成化等特点的定制化需求将成为主流

随着生产过程成本的不断提升，制造企业对于智能制造装备的需求正在向精密化、小型化、集成化和协作化转变，包括精密数控机床、协作机器人、小型无人机、新型传感器等正在成为下游应用市场的主要需求。由于下游个性化、定制化需求的不断增加，对于智能制造装备的柔性化、生产效率、良品率等指标也提出了更高的要求。

3. 下游应用企业加速入局，驱动产业发展模式创新

以互联网企业为代表的一批社会资本快速涌入该领域，同时众多智能制造下游应用企业也纷纷加大对于核心技术研发的投入，倒逼传统装备制造企业加速向智能制造转型，摒弃原先大批量制造发展模式，转变为以客户需求为导向的定制化生产。加强与电子商务、智能物流等模式的结合，缩短供应链长度及生产全生命周期。

（六）投资价值 60 强

序号	智能成套装备类
1	天奇自动化
2	博创机械
3	上海机电
4	大族激光
5	京山轻机
6	德马科技
7	国电南瑞
8	博实自动化
9	科大智能
10	汇川技术
11	光韵达
12	哈尔滨电机
13	华曙高科
14	华昌达
15	大连智云
16	天津长荣
17	大豪科技
18	软控股份
19	劲拓自动化
20	楚天科技
21	三丰智能
22	宁波慈星
23	天地科技
24	金自天正
25	顺达智能
26	永创智能
27	合肥合锻
28	南兴装备
29	东杰智能
30	无锡先导

序号	数控机床类
1	沈阳机床
2	华中数控
3	北一机床
4	广州数控
5	大连机床
6	武汉重型机床
7	桂林机床
8	江苏亚威机床
9	济南一机床
10	昆明机床
11	秦川机床
12	威海华东华控
13	浙江日发精机
14	河北发那科
15	芜湖恒升重机

序号	关键零部件类
1	绿的谐波传动
2	双环传动
3	威胜集团
4	吴忠仪表
5	康斯特仪表
6	康跃科技
7	陕鼓动力
8	中车威研所
9	法士特齿轮
10	南京奥特佳
11	北京超同步
12	恒力液压
13	新华控制
14	南京高精传动
15	共享装备

2017 年智能制造装备产业投资价值 60 强

数据来源：赛迪顾问，2017 年 12 月。

赛迪顾问确定的智能制造装备企业综合竞争力指标体系，共包括一级指标 4 个，二级指标 15 个。基本上涵盖了企业综合竞争力所包括的全部内容，

能够说明各个企业在技术研发、生产制造、质量控制、物流服务等各个环节的智能化水平，综合反映其竞争力的大小。

（七）产业投资风向

1. 智能化转型升级需求的快速增加将推动智能制造系统集成的发展

目前国内企业对于智能化转型升级的需求愈加迫切，但是国内尚缺乏能够从现状诊断、宏观设计、软件架构搭建、智能装备制造到后期运营维护全流程提供解决方案的智能制造系统集成商，大部分市场还掌握在西门子、SAP等国际龙头企业手中，国内以新松、和利时、明匠智能为代表的企业正在加速发展，有望在短期内快速抢占中小企业智能化改造的市场。

2. 制造数据的实时采集与深度挖掘将成为下一个投资热点

随着大数据、云计算、物联网等新一代信息技术与制造业的加速融合，制造过程不再仅仅通过最终产品进行单一维度的展示，制造过程中机器运行的每一个动作，每一次处理，都将通过智能传感器的采集变为有效数据，而这些数据背后蕴藏着真正有价值的制造本质。在此背景下，国内外众多企业纷纷兴建智能工厂，重新架构智能软件系统，力求实现制造数据的实时采集和深度挖掘，从而更加有效地提高生产效率、杜绝生产隐患、提升产品质量。目前国内仅有部分龙头企业开始架设自主云平台，未来这一市场前景非常广阔。

十九、在线教育

定义：在线教育是指依托云计算、大数据挖掘、多媒体等信息技术，以互联网为载体，进行学习与教学的教育形式。

（一）赛迪重大研判

1. 2020 年在线教育产业规模将超过 3000 亿元，高等教育领域依旧占比最大
2. 以中小学教育为代表的细分领域将逐渐释放潜力
3. 大数据、人工智能等技术的迅猛发展让大规模个性化教育成为可能
4. 资本助力下在线教育和传统教育将逐步融合
5. 线上内容和技术结合的模式更受投资青睐

（二）产业发展环境

1. 政策密集出台，教育信息化基础设施趋向完善

近年，国家政策的支持为教育信息化行业的发展创造了良好的政策环境。2015 年国务院发布了《乡村教师支持计划（2015—2020 年）》，2016 年国务

院发布了《"十三五"国家科技创新规划》，教育部发布了《2016年教育信息化工作要点》《教育信息化"十三五"规划》，2017年国务院发布了《国家教育事业发展"十三五"规划》，政策红利促进传统教育行业与互联网产业相融合，推动了在线教育产业的不断发展。

2. 资本大量涌入，助推教育产业转型升级

在线教育行业仍然处于投入期，快速发展的业务对资本的需求较高，而面对巨大的市场空间，资本对在线教育行业持续看好，各大平台都陆续获得了高额融资，目前，红杉、经纬、云锋基金等近200家投资机构已介入在线教育领域。截止到2017年9月20日，在线教育领域公开的融资次数达到147笔，累计涉及资金75亿元，已经超过2016年全年的120笔，其中，iTutorGroup、猿辅导和VIPKID，估值均已达到十亿美元。由此可见，在线教育市场潜力逐步释放。

3. 用户快速发展，催生三四线城市在线教育发展

在线教育主要通过互联网及其他数字化手段，使教与学可以不受时间、空间和地点条件的限制开展教学活动。目前，我国互联网、移动互联网基础设施成熟，用户的使用习惯已经逐渐由传统线下学习向线上迁移，但是由于我国教育资源分布不均匀，导致优质教育资源多集中于一线城市，三四线城市教育资源相对匮乏，在线教育不仅可以实现教育资源的均衡化，还能满足三四线城市对于优质教育资源强烈的需求。

4. 科技赋能教育，构建个性化教育体系

大数据追踪和记录用户数据，方便提供长期的个性化服务

语音识别推出外语口语培训和测评技术，可以实现人机交互式教学

直播互动方便老师和学员的互动，是均衡教育资源的新途径

穿戴设备可以提供全新的教学体验，拓展了教育学习应用场景

（三）产业链全景图

在线教育按照产业链分工，分为三个层次：内容制作、技术服务和平台服务。内容制作指提供学习视频、教育工具及文档资料类产品；技术服务指为搭建教育系统、建设云平台等提供技术支持；平台服务包括B2C平台、

B2B2C 平台及 O2O 平台。

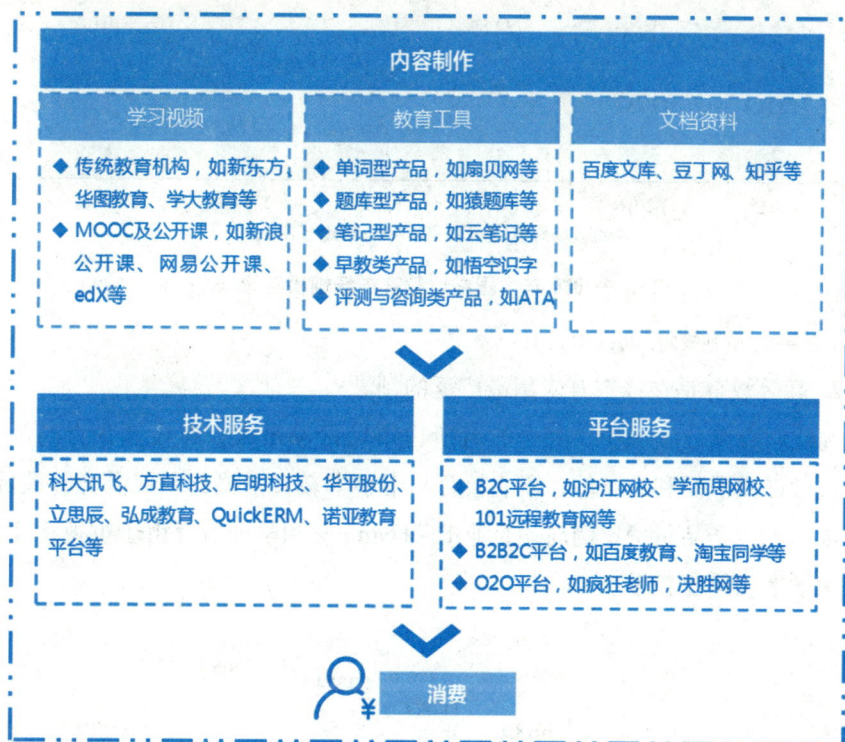

中国在线教育产业链全景图

数据来源：赛迪顾问，2017 年 12 月。

目前在国内，内容制作和技术服务较为成熟，平台服务处于发展阶段。对内容制作而言，优质的内容是衡量在线教育产品有无价值的标准，也是传统教育产业巨头投入较大的领域；技术服务的专业性使其可以享有在线教育快速发展的红利，发展相对稳定；平台服务作为流量平台，在建立消费者信誉后，未来增速将大幅上升。

（四）产业规模预测

1. 2020 年在线教育市场规模将超过 3000 亿元

2017 年在线教育市场规模为 1916.7 亿元，同比增长 22.8%。随着教育行业线下线上的融合发展，预计在线教育市场在未来将持续增长，但同比增速将会有所回落。

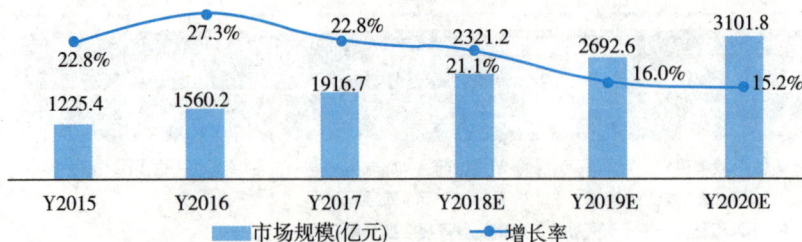

2015—2020 年中国在线教育市场规模与增长

数据来源：赛迪顾问，2017 年 12 月。

2. 高等教育是在线教育应用最广泛的领域

在线教育细分领域中，高等教育所占市场份额最大，在线教育为高等学历的自学提供了便利的条件；职业教育和中小学教育是最具发展潜力的领域，用户规模大，产品付费比例高；企业 E－Learning 和学前教育由于重视程度不足，市场增长速度较慢。

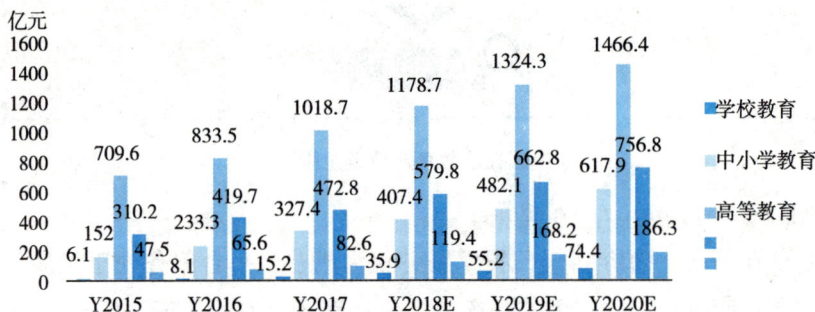

2015—2020 年中国在线教育细分领域市场规模及预测

数据来源：赛迪顾问，2017 年 12 月。

（五）产业演进趋势

1. 互联网企业加速布局在线教育领域

随着在线教育市场的快速发展，互联网企业通过自身研发及与资本合作，以优质内容为基石，依托科技研发与应用，逐步带动在线教育生态的形成，进一步促进了在线教育行业的发展。

企业名称	在线教育产品	专注领域
	2013年——百度阅读	电子书阅读
	2014年——百度传课	职业教育
	2016年——百度优课	中小学教育
	2017年——教育大脑	AI教育
	2013年——淘宝教育	职业教育
	2014年——淘宝大学、投资VIPABC及超级课程表	电商学习平台、语言教育、应用工具
	2015年——湖畔大学	企业家培训
	2017年——云谷学校	中小学教育
	2013年——腾讯精品课	职业教育
	2014年——腾讯课堂	职业教育
	2015年——投资疯狂老师	中小学教育
	2016年——企业辅导、投资猿辅导及新东方在线	中小学教育、语言教育

2. 在线教学模式由"单向灌输"向"个性化互动教学"转变

早期的在线教育以教为主，老师上传课件，学生上网观看，授课形式单一，现在的教学模式向多元化发展，以用户需求为核心，更加注重用户体验，通过高效率的平台连接人与教育服务，利用丰富的教学内容和创新的授课形式吸引更多用户。

3. 在线教育市场还未形成寡头，机遇在于细分市场

中国在线教育市场基本处于探索和市场启动期，但是，随着在线教育行业优胜劣汰速度的增快及细分领域专业性的增强，势必会出现主导行业的巨头企业。

（六）投资价值百强

中国在线教育百强榜通过建立评判指标体系，从知名度、创新力、用户体验、发展潜力等多个维度进行评比，按照在线教育产业的细分领域对100家企业进行排名对比。

学前教育

排名	学前教育
1	智慧树
2	鲨鱼公园
3	宝宝巴士
4	智课网
5	熊猫识字

中小学教育

排名	中小学教育
1	作业帮
2	阿凡题
3	学而思网校
4	黄冈中学网校
5	人教学习网
6	VIPKID
7	北京四中网校
8	课后网
9	学霸君
10	哒哒英语
11	作业盒子
12	ABC360
13	魔方格
14	学大教育
15	广东全通教育
16	100教育
17	学习宝
18	e学大
19	智慧教育云
20	简单学习网
21	掌门1对1
22	微课网
23	酷学习
24	决胜网
25	大家汇教育
26	猿题库
27	德胜教育
28	立思辰
29	101网校
30	乐乐课堂
31	沃学教育
32	学乐中国
33	爱考拉
34	菁优网

高等教育

排名	高等教育
1	网易公开课
2	沪江网校
3	新浪公开课
4	无忧英语
5	万学教育
6	小马过河
7	英语流利说
8	说客英语
9	学堂在线
10	跟谁学
11	文都教育在线
12	海天教育
13	酷学网
14	扇贝网
15	好学教育
16	弘成教育
17	MOOC学院
18	好外教
19	小站教育
20	91外教网
21	TutorGROUP
22	极智批改网

职业教育

排名	职业教育
1	网易云课堂
2	腾讯课堂
3	YY教育
4	百度传课
5	尚德机构
6	正保远程教育
7	中华会计网校
8	邢帅教育
9	极客教育
10	华图网校
11	百度营销大学
12	中公教育集团
13	考试吧
14	中公网校
15	中华会计网
16	新东方教育在线
17	高顿网校
18	中大网校
19	学易网校
20	中国教师研修网
21	第九课堂
22	环球网校
23	开课吧
24	多贝公开课
25	我赢职场
26	天下网校
27	51CTO
28	课工厂
29	萝卜网
30	英盛网
31	麦子学院
32	淘宝同学
33	粉笔网
34	学云网
35	北风网
36	嗨学网
37	东方华尔

企业E-Learning

排名	企业E-Learning
1	中国网络教育
2	中欧商业在线

2017 年中国在线教育产业投资价值百强

数据来源：赛迪顾问，2017 年 12 月。

（七）产业投资风向

2013—2014 年，是投资机构开始大规模进入在线教育市场的时间段；2015 年在线教育的投资规模和频次呈井喷式增长；进入 2016 年，资本市场对在线教育投资回归理性，投资项目的选择标准有所提高，单项投资金额变大；2017年，有强融资力和盈利能力的企业价值开始凸显，创业者开始从垂直细分领域找到新的机会点，在线教育项目融资将进入新一轮高潮。

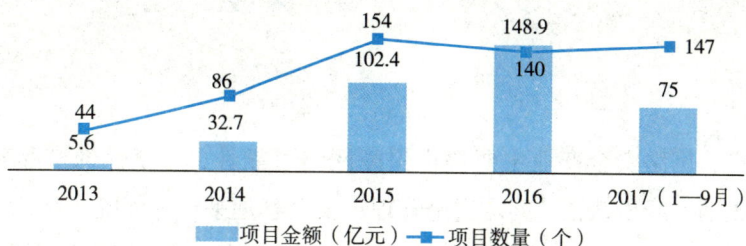

2013—2017年中国在线教育市场融资金额

数据来源：赛迪顾问，2017年12月。

1. 中小学教育领域蓝海一片，风口期布局迎来新增长点

我国在线教育市场行业潜力逐渐释放，以每年不低于20%的增长率在稳步增长，高等教育、职业教育的渗透率已较高，但以中小学教育为代表的细分行业等仍处于"开发期"，未来通过网络对学生进行管理、监督变得更加容易高效，在线教育开始向低龄化扩张。

2. 线上内容和技术结合的模式更受投资青睐

近年来，国内上市的在线教育企业主要是内容提供商和技术供应商，未来在线教育的趋势是提供优质的内容和服务，目前在垂直细分领域，内容资源较为零散、匮乏，因此，从产业链角度看，开发在线教育内容类的企业和技术供应商将有诸多的创新空间。

二十、网络安全

定义：网络安全产业主要提供保障网络可靠性、安全性的产品和服务，包括防火墙、身份认证、终端安全管理、安全管理平台等传统产品，云安全、大数据安全、工控安全等新兴产品，以及安全评估、安全咨询、安全集成为主的安全服务。

（一）赛迪重大研判

1. 《网络安全法》带来的政策红利助力产业快速发展
2. 云计算及大数据技术应用带动安全市场服务转型
3. 数字智能时代的万物互联将不断推动安全技术革新
4. 以安全服务为主的新一代安全解决方案将更受市场青睐
5. 人工智能技术在网络安全领域的应用将越来越多
6. 网络安全行业投融资依旧火热，新兴技术为关注热点

（二）产业发展环境

1. 《网络安全法》催生安全市场快速增长

《网络安全法》在 2017 年 6 月 1 日正式实施，由此带来的政策红利正在

不断释放，将催生一个不断扩大的网络安全市场空间，网络安全产业投入和建设也将进入继续稳定的发展轨道。

2. "WANNACRY" 让网络安全再次成为焦点

2017 年 5 月 12 日全球爆发 "WannaCry" 勒索病毒攻击事件，全球 150 个国家受到波及，使得网络安全再次进入大众视野。勒索病毒、诈骗信息、恶意软件等不断演进的网络犯罪和不断变化的网络攻击使得企业和个人不得不反思网络安全防护方式和效果。

3. 云计算应用带动安全服务市场发展

随着云计算技术的普及应用，云安全能力日益受到重视，云火墙、云审计、DDoS 攻击防御等云安全服务快速发展，基于自动化、远程化、智能化的威胁监测、威胁情报等新兴服务模式在云上也得到了推广和应用，带动网络安全市场服务化转型。

4. AI 成为安全技术领域关注热点

AI 技术在网络安全中的应用在 2017 年成为关注热点，不仅仅在威胁情报中广泛应用，并且利用 AI 技术来升级终端安全等各种网络安全产品，利用 AI 算法来预测和识别恶意软件及网络攻击。

（三）产业链全景图

随着网络信息技术的快速发展，网络安全技术不断细分发展，新兴领域应用越来越广泛，软硬件产品的界限愈发模糊，产品和服务的联动更加紧密。

未来突破点：

√ 新兴领域：在万物互联的推动下，工控及物联网的安全产品市场迎来爆发点。

√ 新兴技术：与人工智能和机器学习相结合的安全技术将是未来较长一段时间的发展热点。

√ 产品应用：新的攻防技术、安全防御手段都可能衍生出新的产品进入安全市场。

网络安全产品

网络安全 | 终端安全 | 安全管理 | 数据安全 | 身份认证 | 应用安全 | 安全支撑工具

网络安全
安全网关类
入侵检测与防御
网络行为监控
恶意代码检测与防护
其他

终端安全
终端防病毒
终端接入控制
终端检测响应
主机审计
其他

安全管理
安全监控与审计
安全策略管理
安全运营与事件管理
漏洞评估管理

数据安全
数据防泄露
文件加密
数据库审计
数据备份恢复
其他

身份认证
统一身份管理
权限管理
PKI认证
生物识别
其他

应用安全
Web安全
邮件安全
反钓鱼反欺诈
WAF
其他

安全支撑工具
安全配置核查工具
等级保护测评工具箱
网络脆弱性评估工具
安全测评工具
信息系统风险评估工具

网络安全服务
- 安全咨询：方案设计咨询、管理体系咨询、风险评估、安全应急处理
- 安全运维：设计和产品部署、加固优化、检查测试、备份恢复
- 安全评估：认证测评、电子取证、安全咨询、安全保险
- 安全集成：需求界定、安全设计、系统集成、建设实施
- 新技术服务：威胁情报、态势感知、事件溯源、众测服务

新兴领域安全
- 云计算：云计算安全、安全云服务
- 大数据：大数据安全、大数据技术安全应用
- 移动互联网：移动终端安全、移动应用安全
- 物联网：物联网系统安全、智能终端安全
- 工控：工控系统安全、工控边界安全

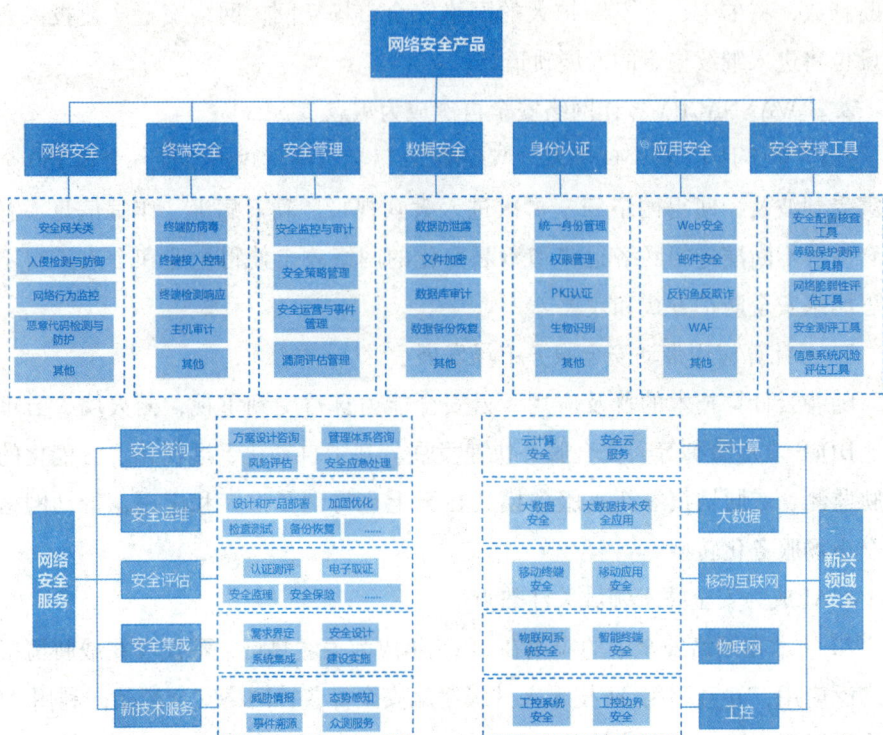

中国网络安全产业链

注：网络安全市场中产品众多，且功能特性相互交叉的情况较多，不同应用领域的产品会形成一定的重合。

数据来源：赛迪顾问，2017年12月。

（四）市场规模预测

1. 2020年网络安全市场规模将超过700亿元

一方面由于《网络安全法》及其他配套政策法规的颁布和实施带来一定的政策红利，另一方面由于网络安全意识的不断提升，网络安全市场在近几年内会有较为明显的增长。赛迪顾问预测，2017年，网络安全市场将达到409.6亿元。未来三年，网络安全市场将保持着稳定增长的态势，到2020年将达到738.9亿元，三年复合增长率为21.7%。

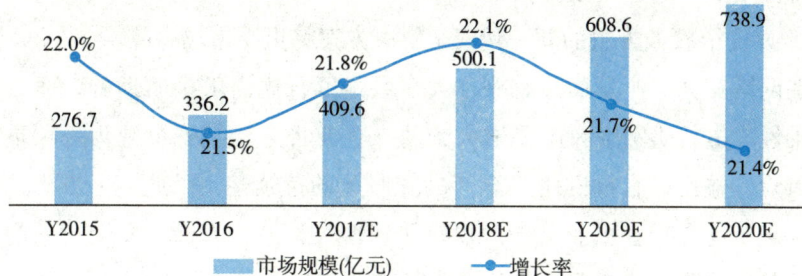

2015—2020 年中国网络安全市场规模与增长

数据来源：赛迪顾问，2017 年 12 月。

2. 网络安全服务化转型趋势明显

长期以来，中国网络安全市场以硬件产品为主，随着云计算及网络形态的转变，使得安全产品加速向服务形态转型，网络安全服务将有较快的增长速度，在 2020 年将达到 123.6 亿元，占整体市场的 16.7%。

2015—2020 年中国网络安全市场结构

数据来源：赛迪顾问，2017 年 12 月。

（五）产业发展趋势

1. 应急响应将成为网络安全市场的关注重点

从产品层面来讲，网络防御的思想发生了转变，从一味的严防死守，变得更加注重事件发生后的应急响应和对策，使得安全产品也在逐步向应急响应方向发展。例如，新一代终端防御产品要具备检测与响应功能，针对检测出的威胁，进行快速和自动化的响应。从政策层面来看，网络安全事件的发生涉及各行各业的方方面面，建立国家层面的网络安全应急响应机制将是维护国家网络安全的重点之一。

2. 以安全服务为主的新一代安全解决方案将更受市场青睐

在网络安全产业发展过程中，大多数是以合规需求来驱动的，而近年来的灾难性攻击表明网络风险是重大威胁，企业将开始把安全视为一项重要的商业风险，并且更看重网络安全产品和服务的持续性。因此，一方面，网络安全未来市场会随着企业需求的提升快速增长，另一方面，安全产品的需求也会从基础的防火墙等防护类的产品转变为以安全服务为主的新一代安全解决方案。

3. 数字智能时代的万物互联将不断推动安全技术革新

在数字经济的快速发展下，社会各领域逐渐向数字化、智能化、互联化转型，网络安全的防护边界也在不断发生变化。物联网、车联网和工业互联网的发展，导致数以万计的基础设施和应用本身也正在成为网络攻击的目标，而设备的智能化更是增加了攻击的可能性。未来，IoT安全、智能安全、虚拟化安全等成为网络安全研究的重点领域，网络安全技术将不仅仅是维护网络本身的安全，而是更注重网络安全与物理世界的融合，保障国家及社会安全。

（六）投资价值60强

中国网络安全投资价值榜通过建立评判指标体系，从企业估值/市值、营收状况、研发能力、产品竞争力、企业潜力、领导层能力等多个维度进行定量与定性结合的评比，经过专家打分，对中国主流的网络安全企业进行排名对比，评选出中国网络安全最具投资价值的前60强企业。

排名	企业简称	排名	企业简称	排名	企业简称
1	启明星辰	21	永信至诚	41	安华金和
2	360企业安全	22	安博通	42	微步在线
3	深信服	23	立思辰	43	瀚思HanSight
4	天融信	24	任子行	44	安全狗
5	卫士通	25	飞天诚信	45	安赛科技
6	绿盟科技	26	拓尔思	46	青藤云安全
7	蓝盾股份	27	中孚信息	47	数字观星
8	亚信安全	28	信安世纪	48	芯盾时代
9	新华三	29	亿赛通	49	指掌易
10	山石网科	30	爱加密	50	威努特
11	安恒信息	31	格尔软件	51	志翔科技
12	美亚柏科	32	泰岳安全	52	华途软件
13	安天	33	天空卫士	53	美创科技
14	北信源	34	上海观安	54	杰思安全
15	迪普科技	35	明朝万达	55	长亭科技
16	通付盾	36	交大捷普	56	优炫软件
17	恒安嘉新	37	锐捷网络	57	上讯信息
18	知道创宇	38	众人科技	58	炼石网络
19	梆梆安全	39	科来	59	默安科技
20	中新网安	40	圣博润	60	擎云科技

2017 年中国网络安全产业投资价值 60 强

数据来源：赛迪顾问，2017 年 12 月。

（七）产业投资风向

1. 网络安全领域投融资市场将依旧保持较高的关注度

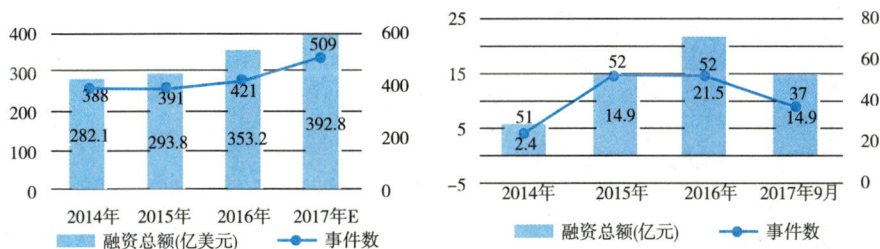

2014—2017 年全球网络安全初创公司融资态势　**2014—2017 年中国网络安全初创公司融资态势**

数据来源：CBINSIGHTS & 赛迪顾问，2017 年 12 月。

2017 年，网络安全投融资依旧保持较高的市场热度，单笔融资金额不断上涨，天空卫士、瀚思科技、微步在线、指掌易等初创企业都获得了亿元以上的融资。随着全球安全势态越来越严峻，安全创新技术的演进，安全初创企业会不断涌现，网络安全行业依旧会受到投融资市场的持续关注。

2. 云安全及 AI 安全将成为网络安全投资重点领域

2017 年云安全成为投资的热点，这显示云计算的安全问题成为关注的热点，尤其是 CASB 成为云安全领域最受追捧的产品。未来三年，随着安全创新技术的发展，网络安全领域投资热点主要会集中在云安全、基于 AI 的安全、物联网与工控安全等领域。

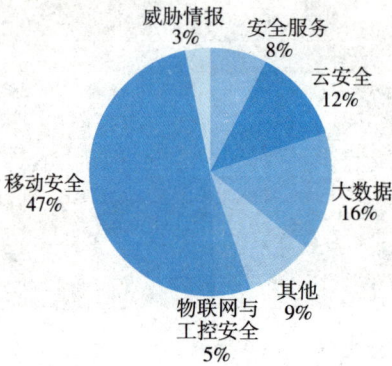

2016 年国内融资金额领域分布　　**2017 年国内融资金额领域分布**

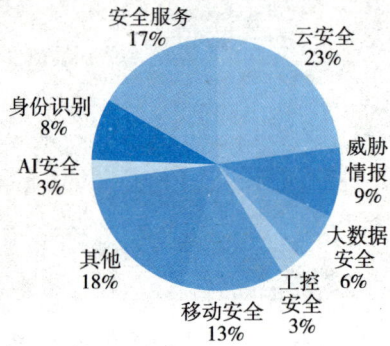

数据来源：赛迪顾问，2017 年 12 月。

二十一、工业软件

定义：工业软件指专用于或主要用于工业领域，以提高工业企业研发、制造、管理水平和工业装备性能的软件。工业软件不包括通用的系统软件和应用软件，如计算机操作系统、通用数据库系统、办公软件等。

（一）赛迪重大研判

1. 2018 年市场规模延续增长，嵌入式软件仍是最大细分领域
2. 基于云平台的 SAAS 服务将成为工业软件市场增长引擎
3. 智能制造试点示范稳步推进，政策红利有望加速释放市场潜力
4. 军工航天与高端装备领域将继续引领国产软件自主研发
5. 大型工业企业引领市场投资方向
6. 行业深度研究与垂直领域智能应用将成为新兴热点

（二）市场发展环境

1. 竞争加剧，全球市场增长降速

2017 年，全球工业软件市场增速呈下降趋势，虽然欧美市场继续保持领导地位，以中国为主导的亚太市场，近年来保持较高增速，已经成为了市场

增长主力。未来全球工业软件市场重心将有可能向中国倾斜。

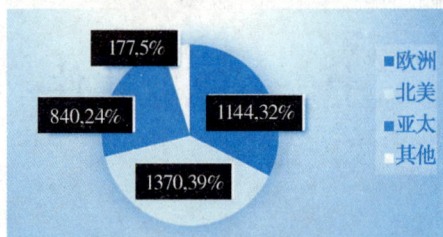

2017 年全球工业软件市场规模及结构

数据来源：赛迪顾问，2017 年 12 月。

2. 利好频出，智能制造稳步推进

工信部作为智能制造主管部门，先后出台了多项促进智能制造落地的规划、方案和标准。此外，工信部先后公布三批智能制造试点示范项目名单，包括河北钢铁、大连机床、歌尔声学、西安中兴等企业在内多家单位成为试点，智能制造试点工作的推进将给工业软件的应用带来进一步的促进作用。

3. 方向明确，工业互联网成为关注焦点

作为工业软件的重要应用场景，工业互联网已经成为我国目前积极推进的焦点领域。2016 年 2 月，在工信部的指导下，组建了工业互联网产业联盟，推进工业互联网的总体架构、需求分析、技术标准、产业发展和政策研究等方面的工作，旨在把政府与产业界、顶层设计与企业实践紧密结合起来，在全球工业互联网发展当中占据一席之地，寻求发展先机。在此基础之上，工业软件的应用前景进一步明朗，工业软件市场将有望迎来又一轮快速发展。

（三）细分领域全景

按照产品形态、用途和特点的不同，工业软件市场可进一步细分为研发设计软件、生产控制软件、信息管理软件以及嵌入式软件。当前，在工业软件细分领域中，研发设计和嵌入式工业软件保持较快增速，随着我国高端装备智能制造领域自主研发水平不断提升，以及移动智能设备增长带来新的信息化需求，未来在嵌入式软件领域还将具有较大发展空间。

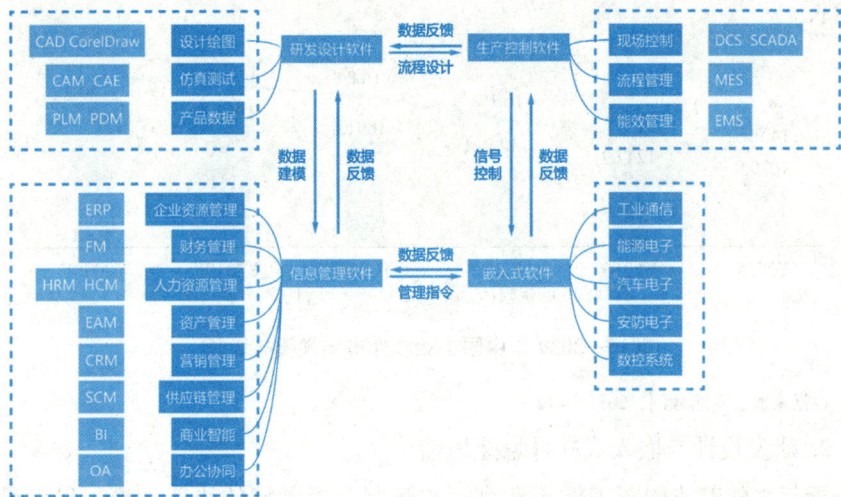

中国工业软件市场分类

数据来源：赛迪顾问，2017 年 12 月。

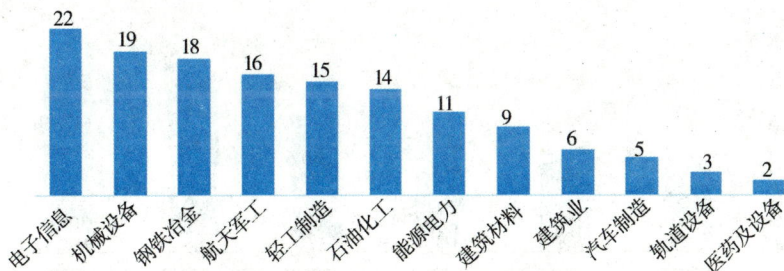

2017 中国工业软件企业排行榜垂直行业分布（个）

数据来源：赛迪顾问，2017 年 12 月。

（四）市场规模预测

1. 2018 年中国工业软件市场保持加速发展态势

未来三年，全球市场的消费需求将不会发生显著变化，而国内产业结构与发展模式的调整和转型继续深入。党的十九大之后，我国将继续以智能制造为工业转型发展的主要方向，围绕工业软件、CPS、工业通信系统等领域打造经济发展的新动力，并通过政策引导、基金支持、试点先行的方式营造良好的市场环境。因此，工业软件市场将有望在逐渐改善的市场环境中保持平稳增长。

2015—2020 年中国工业软件市场规模与增长

数据来源：赛迪顾问，2017 年 12 月。

2. 研发设计与嵌入式软件增速居前

近年来随着我国军工航天和高端装备制造等领域的快速发展，研发设计和嵌入式软件的增速很快，随着数字工厂现场移动智能设备的推广应用，嵌入式软件还将迎来一次大规模增长。

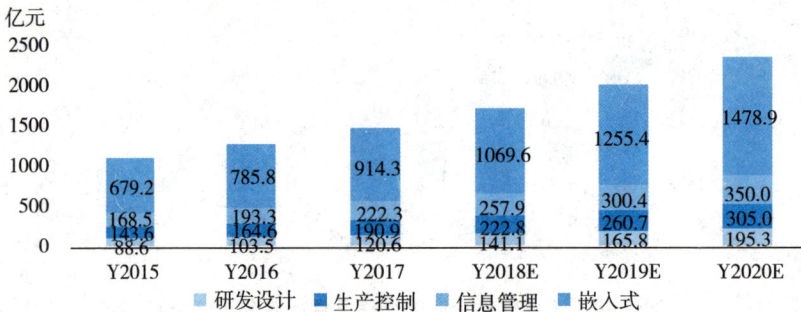

2015—2020 年中国工业软件细分市场结构

数据来源：赛迪顾问，2017 年 12 月。

（五）产业演进趋势

1. 云计算、物联网与人工智能将引领核心技术趋势

目前来看，SaaS 应用已经成为管理软件的发展方向，工业软件因其特殊性，不适合以公有云的方式来落地，但可以通过混合云的方式，将企业敏感数据和业务环节进行剥离，进而实现企业整体的数字化改造。在工业互联网的底层是工业通信网络和传感器网络，随着 NB－IoT 和智能传感器的快速发

展，CPS（信息物理系统）也已成为新的热点。基于大数据和机器学习的工业智能，有望通过整合企业相关数据与人工智能算法，实现数字驱动企业运营。

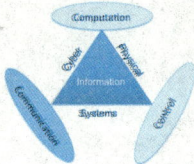

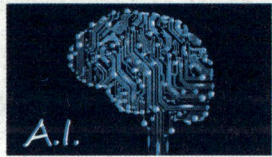

2. 垂直行业内部协同研发管理体系逐步普及

在军工航天等领域，一个项目往往涉及多个企业同时研发，这些企业间的研发流程、质量管控和数据格式如果不一样，最终的产品品质将很难控制。因此，在此类垂直行业内，必须要有一个集成的研发管理平台，将各个单位的研发活动统一进行管理。协同研发管理体系的核心在于数据和流程的标准化，以及跨企业研发平台的建设思路。

3. 标准化工作进一步深入，智能工厂解决方案成为热点

工信部和国标委联合发布《国家智能制造标准体系建设指南》，标志着智能制造标准化工作的开端，为解决智能制造发展中的标准缺失、滞后以及交叉重复等问题起到了基础性和引导性作用。标准化工作的逐步推进也在促进智能工厂项目的落地，制造企业通过在生产工艺方面进行改进，在企业管理方面进行优化，同时建立起完善的企业信息化运营和管理体系，整体竞争力大幅提高。

（六）投资价值榜单

为了总体把握我国工业软件市场的发展状况，赛迪顾问股份有限公司以各企业 2016 年工业软件领域营收规模为标准，对中国工业软件市场主流企业进行评估，最终形成"2017 中国工业软件企业排行榜"。该榜单旨在反映工业软件企业发展状况，为智能制造企业了解技术趋势、应用案例提供参考。

排名	企业	排名	企业	排名	企业
1	华为技术有限公司	26	Oracle	51	上海海得控制系统股份有限公司
2	Siemens	27	北京中油瑞飞信息技术有限责任公司	52	Ansys
3	ABB	28	浙江大华技术股份有限公司	53	上海汉得信息技术股份有限公司
4	中兴通讯股份有限公司	29	Siemens PLM Software	54	鼎捷软件股份有限公司
5	Honeywell	30	中控科技集团有限公司	55	上海博科资讯股份有限公司
6	南京南瑞集团公司	31	远光软件股份有限公司	56	PTC
7	上海宝信软件股份有限公司	32	北明软件有限公司	57	Salesforce
8	株洲中车时代电气股份有限公司	33	中冶赛迪集团有限公司	58	北京旋极信息技术股份有限公司
9	浪潮集团有限公司	34	Autodesk	59	江苏润和软件股份有限公司
10	海尔集团	35	Synopsys	60	中国自动化集团有限公司
11	石化盈科信息技术有限责任公司	36	金蝶软件(中国)有限公司	61	Infor
12	GE	37	江苏金智科技股份有限公司	62	南京帆软软件有限公司
13	杭州和利时自动化有限公司	38	金航数码科技有限责任公司	63	上海维宏电子科技股份有限公司
14	三菱电机	39	启明信息技术股份有限公司	64	北京东方国信科技股份有限公司
15	用友网络科技股份有限公司	40	南京熊猫电子股份有限公司	65	广州中望龙腾软件股份有限公司
16	沈阳机床股份有限公司	41	北京四方继保自动化股份有限公司	66	科大国创软件股份有限公司
17	Schneider	42	东华软件股份公司	67	北京数码大方科技股份有限公司
18	东软集团股份有限公司	43	积成电子股份有限公司	68	北京索为系统技术股份有限公司
19	Dassault Systems	44	博雅软件股份有限公司	69	广联达科技股份有限公司
20	福州福大自动化科技有限公司	45	富士通株式会社	70	武汉华中数控股份有限公司
21	FANUC	46	华讯方舟股份有限公司	71	北京华力创通科技股份有限公司
22	太极计算机股份有限公司	47	Cadence	72	苏州浩辰软件股份有限公司
23	Yaskawa	48	Mentor Graphics	73	北京久其软件股份有限公司
24	SAP	49	易讯科技股份有限公司	74	重庆梅安森科技股份有限公司
25	北京神舟航天软件技术有限公司	50	深圳市索菱实业股份有限公司	75	英特工程仿真技术(大连)有限公司

2017 年中国工业软件产业投资价值榜单

注：本次排行榜研究对工业软件的定义是指专用于或主要用于工业领域，以提高工业企业研发、制造、管理水平和工业装备性能的软件。工业软件不包括通用的系统软件和应用软件，如计算机操作系统、通用数据库系统、办公软件等。

本次排行榜研究根据工业软件的定义，对工业软件企业在中国市场的营收数据进行梳理。上市公司数据来源于上市公司年度报告，对业务多元化或海外上市公司的数据细分出中国境内市场工业软件业务份额；其他企业数据来源于工业和信息化部或中国工业软件产业发展联盟统计数据，并根据工业软件定义细分出中国境内市场工业软件业务份额。

数据来源：赛迪顾问，2017 年 12 月。

（七）产业投资风向

1. 京津冀与长三角保持投资高地，长江经济带正迅速崛起

针对工业软件的投资目前正在逐步升温，因为金融资源丰富和工业基础完善，京津冀与长三角是投资最集中的区域，而长江经济带的投资规模也在快速增长。

2. 智能电网投资规模巨大，CPS 将成为投资最热领域

在各细分领域中，智能电网是以国家重点项目的形式，得到了巨大的投资；而 CPS 则是除智能电网之外，另一个非常具有前景的投资领域。

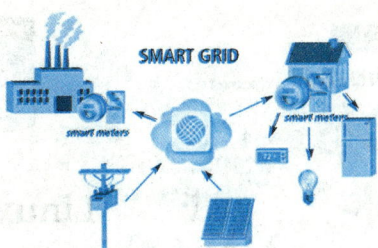

领域	投资热度
智能电网	★★★★★
云管理软件	★★★
M2M	★★★★
CPS	★★★★★
工业机器人	★★★★
工业大数据	★★★★

二十二、基础软件

定义：基础软件是信息产业的发展基础，支撑着上层应用软件，以及云计算和大数据等新兴产业蓬勃发展。具体分类上，基础软件涵盖操作系统、数据库管理系统、中间件、系统管理软件（含网络管理软件、存储管理软件和虚拟化软件）等。

（一）赛迪重大研判

1. 2018 年市场规模延续增长，数据库系统仍是最大细分市场
2. 安全可控信息产业生态体系助力国产基础软件市场持续发展
3. 大数据和云计算等技术驱动传统基础软件企业加速转型
4. 基础软件业务的"融合发展"和"应用端渗透"成为新趋势
5. 面向海量数据存储分析能力的基础软件引领投资方向
6. 工控、汽车和智能终端等领域成为基础软件应用的新兴热点

（二）市场发展环境

1. 全球市场北美主导，亚洲增长迅速

2018 年，新技术的应用持续推动基础软件的发展。全球市场上，北美市场将继续保持领导地位，其在基础软件技术与市场两个方面均具有明显优势。以中国为主导的亚太市场，2017 年保持较高增速（17.4%），已经成为了市场增长主力。

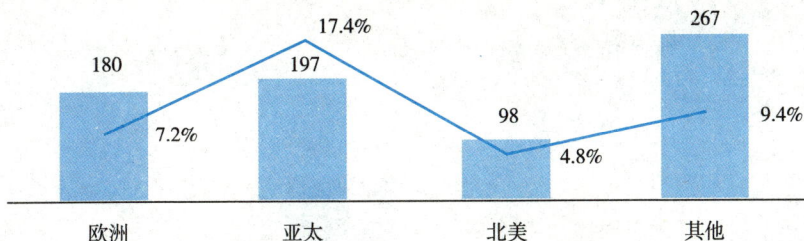

2017 年全球基础软件分区域市场规模及增长

数据来源：赛迪顾问，2017 年 12 月。

2. 云计算、大数据和智能制造带动基础软件发展

2015 年以来，大数据、云计算和智能制造等国家战略和规划相继落地。工信部先后组织并公布了智能制造试点示范项目、大数据示范项目和云计算优秀典型案例。这些新兴领域的蓬勃发展带动了对基础软件的需求，催生出工控、汽车和智能终端等应用热点，持续推动基础软件企业的业务创新。

3. 安全可控持续助力国产基础软件的发展

2017 年《信息产业发展指南》明确要建立具有全球竞争优势、安全可控的信息产业生态体系。当前，国产操作系统厂商的积极性提高，应用场景不断拓展，实力逐步增强；国产中间件在网络体系结构、关键技术、标准规范和平台研发等方面取得突破。国产数据库发展迅速，技术不断进步，特别在并发事务处理、高可用方案、高性能集群等方面已实现突破，并逐步进入产品化、商品化的阶段。

（三）产品结构图示

依照产品形态、用途和特点，基础软件产品可细分为操作系统、数据库、中间件、系统与网络管理软件四大类。其中，数据库、中间件、系统和网络管理软件因为与"云计算和大数据"等新兴领域密切相关，增长速度较快。传统 PC 和服务器操作系统的市场规模虽然下降，但随着车控操作系统、智能

终端等新兴领域的介入，嵌入式操作系统成为新热点，并将带动整个操作系统市场的新一轮增长。

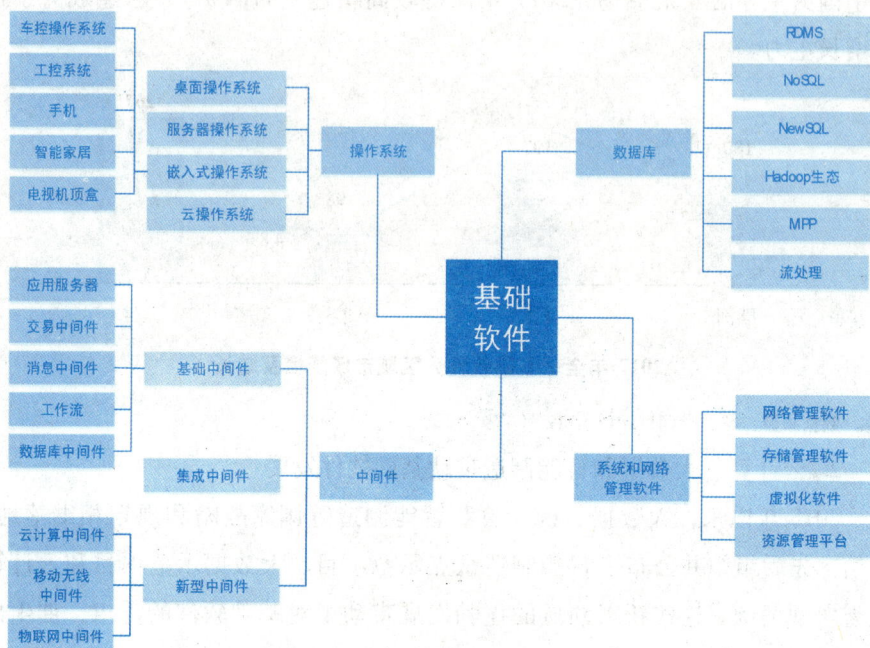

基础软件产品结构

数据来源：赛迪顾问，2017 年 12 月。

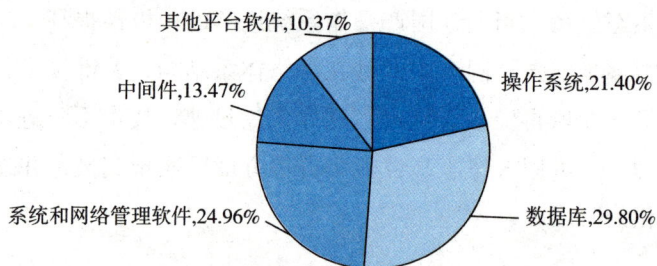

其他平台软件,10.37%

中间件,13.47%

操作系统,21.40%

系统和网络管理软件,24.96%

数据库,29.80%

2017 年中国基础软件市场结构

数据来源：赛迪顾问，2017 年 12 月。

（四）市场规模预测

1. 中国基础软件市场规模保持平稳增长

未来三年，随着云计算、大数据和智能制造产业对基础软件需求的持续释放，以及国家"安全可控"的政策导向，预计市场将保持 10% 左右的增长率，2020 年的规模将达到 500 亿元。

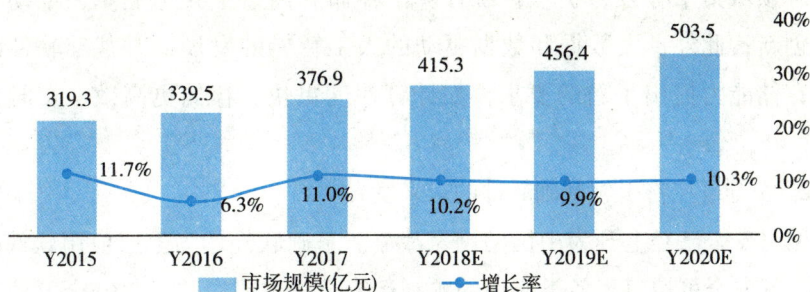

2015—2020 年中国基础软件市场规模与增长

数据来源：赛迪顾问，2017 年 12 月。

2. 操作系统、数据库和中间件是基础软件的核心和未来发展重点

随着云计算、物联网、大数据和人工智能产业的快速发展，嵌入式操作系统、非关系型数据库、分布式中间件以及资源管理平台成为平台软件领域的发展重点。

2015—2020 年中国基础软件细分市场结构

数据来源：赛迪顾问，2017 年 12 月。

（五）市场发展趋势

1. 云计算、物联网、大数据和人工智能将引领基础软件核心技术趋势

目前，SaaS形式的应用已经成为主流，未来基础软件的发展将进一步向云端迁移，为用户提供更多云计算的解决方案。随着NB－IoT、智能传感器和边缘计算的发展，物联网的发展将在工控领域、智能网联汽车、智慧家居等领域集中爆发，引领传统计算、存储和网络上技术变革，推动基础软件创新；此外，大数据和数据驱动的人工智能的发展，对基础软件的计算和存储能力提出了新的要求，如计算速度更快、存储更高效、实时性更好等。

2. 安全可控将引领基础软件的未来发展

网络安全已经上升为中国的国家战略。基础软件作为上层应用软件的承载体，其安全可控对于各类应用的顺利运行至关重要。基于"安全可控"这一思路，国产操作系统、中间件和数据库企业相继打造了可信操作系统和安全数据库等产品。此外，基础软件厂商还与硬件（如芯片、打印机等）厂商协作，着力打造覆盖全产业链的基础软件生态大环境。

3. 智能制造、智能家居、车联网和大数据是基础软件市场的新增长点

传统的基础软件市场相对稳定，业务相对平稳。随着智慧制造、智能家居、车联网和大数据等技术的发展，这些领域涉及的嵌入式操作系统、非关系型数据库和云端资源管理平台成为发展的热点。这些细分领域是基础软件产业与新兴产业的结合点，也是未来基础软件市场的新增长点。

（六）投资价值榜单

中国基础软件投资价值排行榜通过建立评判指标体系，分四大类基础软件，从企业估值、产品竞争力和企业潜力等维度进行综合评比。

排名	操作系统
1	Microsoft
2	IBM
3	中标软件
4	普华软件
5	RedHat
6	SUSE (Micro Focus)
7	HPE (Micro Focus)
8	天津麒麟
9	中科方德
10	银河麒麟
11	凝思科技
12	深之度科技

排名	数据库
1	Oracle
2	IBM
3	Microsoft
4	SAP
5	Teradata
6	南大通用
7	达梦数据库
8	神州通用
9	人大金仓
10	瀚高股份
11	福建兴瑞格
12	华胜信泰

排名	系统和网络管理软件
1	VMware
2	IBM
3	神州泰岳
4	华为
5	新华三
6	BMC
7	Citrix
8	深信服
9	泽塔云
10	SmartX

排名	中间件
1	IBM
2	Oracle
3	东方通
4	Microsoft
5	汇金科技
6	中创
7	金蝶
8	宝兰德

2017 年中国基础软件产业投资价值榜单

注：本次排行榜中的基础软件企业涵盖：数据库企业（不包含大数据平台企业）、操作系统企业（不包含云操作系统、嵌入式操作系统和实时操作系统）、中间件企业和系统与网络管理软件企业四大类。

数据来源：赛迪顾问，2017 年 12 月。

（七）产业投资风向

1. 基础软件业务较为成熟，提供安全可控产品和服务的企业值得投资

基础软件的安全可控，是经济社会正常运转的关键。2017 年，工信部和国家发改委联合印发《信息产业发展指南》，提出了到 2020 年基本建成具有国际竞争力、安全可控信息产业生态体系。未来，提供安全可控产品和服务的企业是资本应该关注的重点。

2. 与智能制造、车联网、智能家居等相关的基础软件成为投资热点

传统基础软件业务增长乏力，新兴领域（如智能制造、车联网、智能家居等）为基础软件企业的业务创新提供了新机遇。这些新兴应用的顺利运行所需要的平台和技术离不开基础软件，如实时操作系统、高效中间件、涉及海量数据存储的数据库，以及高效的资源管理平台和虚拟化平台等。为这些热点领域提供产品和服务支撑的基础软件企业值得资本关注。

3. 与大数据相关的基础软件创新是未来的投资机会点

大数据产业和数据驱动的人工智能产业是当前 ICT 领域的热点。与海量数据存储、计算、传输和资源管理相关的基础软件成为大数据和人工智能系统顺利运行的关键。相关的核心技术涉及虚拟化、分布式存储、分布式计算、网络管理和超融合架构等等。这些热点应用催生的基础软件创新是未来的投资机会点。

二十三、企业级应用软件

定义：企业级应用软件指可以在系统软件之外的所有应用软件上运行的满足企业需求、为企业级用户特定开发的软件。赛迪顾问定义的企业级应用软件市场包括财务管理软件、ERP 软件、CRM 软件、SCM 软件、HRM 软件、EAM 软件、OA 软件和 BI 软件等细分产品市场。

（一）赛迪重大研判

1. 2018 年市场规模延续增长，ERP 仍是最大细分市场
2. 人工智能和大数据技术使得企业级应用软件迎来发展机遇
3. 云端化、移动化将成为企业级应用软件发展趋势
4. 社交网络将与企业级应用软件进行深度结合
5. 更加智能化的 BI 软件将成为企业级应用软件投资热点领域
6. 智能化必将成为企业级应用软件的下一个趋势，应用前景广阔

（二）市场发展环境

1. 欧美主导，亚太地区将迎来新一轮发展

2018年，全球企业级应用软件区域市场上，美国、欧洲及亚太市场仍占据主体地位；亚太地区企业级应用软件市场以中国市场为主导，并在有利政策的驱动下，增长速度将稳步回升，预计会迎来新一轮发展期。

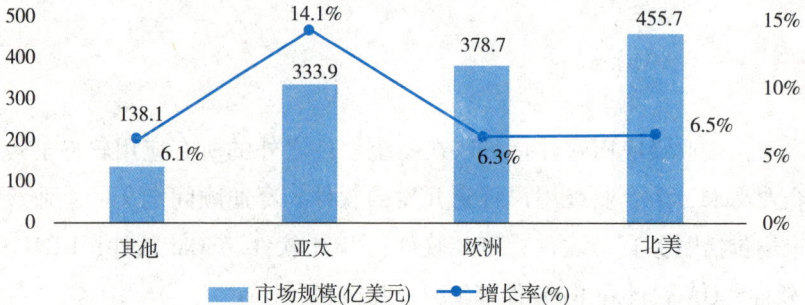

2018年全球企业级应用软件市场规模及增长率

数据来源：赛迪顾问，2017年12月。

2. 大数据推动市场智能化发展

企业级应用软件市场在多年发展中一直处于平稳增长阶段，行业波动与经济波动基本一致。随着大数据技术的应用深入化，企业级应用软件迎来新的发展机遇，尤其是业务分析软件在市场上需求增加，大企业倾向于购置高级应用软件辅助自身业务发展，中小企业则倾向于购买业务分析解决方案。

3. 云端化和移动化引领市场需求走向

随着企业及应用软件应用环境逐渐复杂化，云端化、移动化已经成为企业级应用软件的开发的必要需求，第三方平台的集成与云计算的软件结合模式转型，并结合多设备支持、应用，企业级应用软件在改善客户体验的同时，快速提高员工办公效率。云端化、移动化成为市场上厂商竞争的不可缺失的要素。

（三）产品结构图示

2017年企业级应用软件细分领域产品的增长速度并不均衡，BI、CRM市场仍然保持较高增速，2017年CRM市场规模达到25.2亿元，BI市场规模达到25.6亿元。

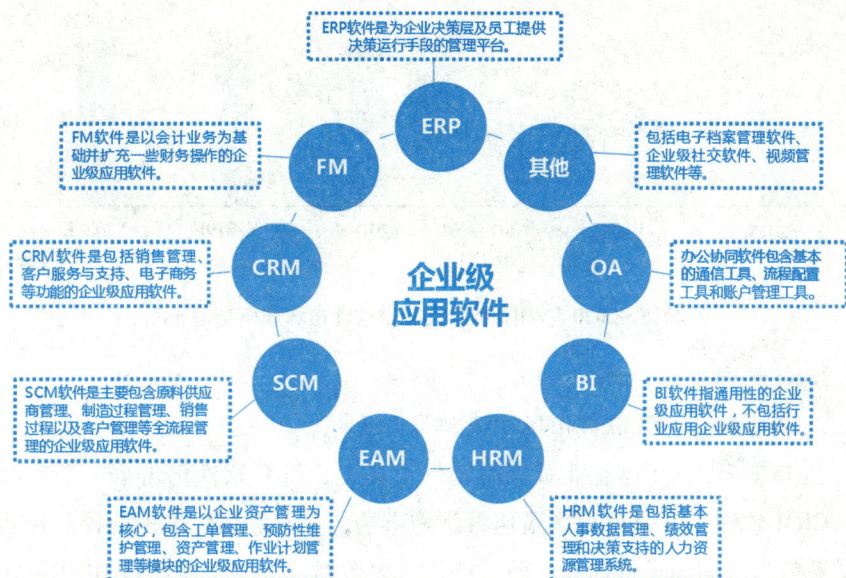

企业级应用软件产品结构

数据来源：赛迪顾问，2017 年 12 月。

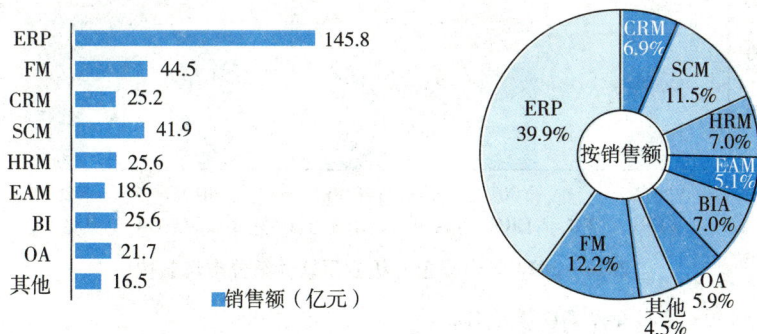

2017 年中国企业级应用软件市场产品结构

数据来源：赛迪顾问，2017 年 12 月。

（四）市场规模预测

1. 2018 年中国企业级应用软件市场增速稳步回升

2016 年起，云计算、大数据等技术实现落地应用，中国企业级应用市场保持平稳增长，且增速稳定上扬。2018 年，市场交易总规模预计达 414.6 亿元，且增速保持在 13% 以上。

151

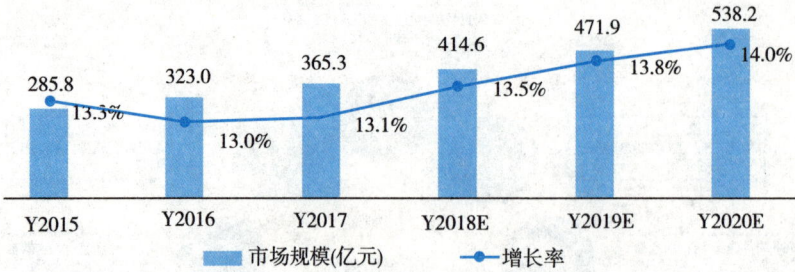

2015—2020 年中国企业级应用软件市场规模与增长

数据来源：赛迪顾问，2017 年 12 月。

2. CRM 软件、BI 软件市场增速领跑市场

在未来三年，中国企业级应用软件市场上，ERP 软件仍占据主要市场份额，CRM 软件、BI 软件市场增速将领跑市场，企业信息化水平的提高使得客户关系管理方面的投资加大，而云计算、大数据、深度学习使得 BI 领域应用发展迅速。

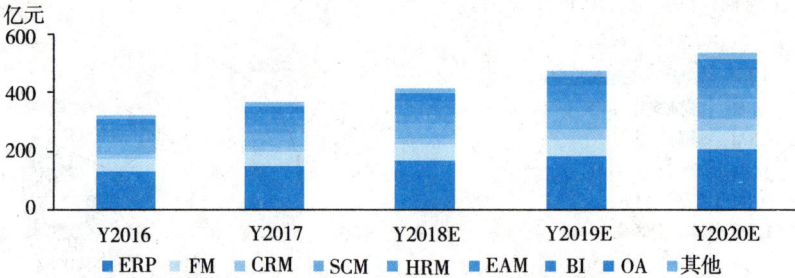

2016—2020 年中国企业级应用软件细分市场结构

数据来源：赛迪顾问，2017 年 12 月。

（五）市场发展趋势

1. 综合化、一体化解决方案将成为企业级应用软件发展趋势

随着企业信息化水平提高，越来越多的企业不再采购单独功能的企业管理软件，进而倾向于采购综合化、一体化解决方案。更加全面的、包含多功能应用模块的企业级应用软件将是未来市场上竞争的主体。在未来，企业级应用软件供应商应该更加关注软件功能的集成，多功能的综合解决方案将会在市场上具有更大的竞争力。

2. 大数据、AI 等技术应用，企业对智能化业务分析软件的投资加大

随着大数据、云计算、人工智能等技术的应用，企业级应用软件的功能更加智能化。市场上会有越来越多的企业投资部署智能化的企业应用软件，进而快速准确地提供业务数据分析及提出决策依据，帮助企业做出明智的业务经营决策。

3. 移动端、社交网络、云端化将与企业应用软件进一步结合

从 2017 年起，企业级应用软件的移动化、云端化趋势越加显现，多设备支持下的云服务体系解决方案将更加贴合市场需求。同时，随着社交网络的需求增加，社交网络与企业级应用软件的进一步结合，将是未来软件供应商更加关注的点，同时，也可以更好地提高客户的体验。

（六）投资价值榜单

ERP软件典型企业榜		CRM软件典型企业榜		HRM典型企业榜		BI典型企业榜	
1	用友	1	用友	1	用友	1	IBM
2	SAP	2	微软	2	东软	2	SAP
3	浪潮	3	东软	3	SAP	3	帆软
4	金蝶	4	Oracle	4	Oracle	4	Tableau
5	Oracle	5	润德实业	5	宏景软件	5	用友
6	鼎捷	6	SAP	6	明基逐鹿	6	Oracle
7	Infor	7	合力金桥	7	金益康	7	Qlik
8	航天信息	8	立友信	8	嘉扬	8	浪潮
9	金算盘	9	金蝶	9	普利斯奇正	9	永洪
10	东软	10	金算盘	10	万古科技	10	海致BDP

FM软件典型企业榜		SCM典型企业榜		EAM典型企业榜		OA典型企业榜	
1	用友	1	SAP	1	用友	1	泛微
2	浪潮	2	博科	2	IBM	2	致远
3	金蝶	3	浪潮	3	Infor	3	金和
4	东软	4	用友	4	东软	4	华天动力
5	久其软件	5	Oracle	5	SAP	5	通达科技
6	SAP	6	Infor	6	IFS		
7	航天信息	7	金蝶	7	海顿新科		
8	金算盘	8	富基融通	8	正泰		
9	Oracle	9	明基逐鹿	9	西门子		
10	新中大	10	金算盘	10	宝信		

2017 年中国企业级应用软件产业投资价值榜单

数据来源：赛迪顾问，2017 年 12 月。

为了总体把握我国企业级应用软件市场发展情况，赛迪顾问以各领域内企业 2016 年到 2017 年第三季度营收规模及相关技术指标综合评价作为标准，对中国企业级应用软件各产品领域内的企业进行梳理，最终形成"2017 中国企业级应用软件细分领域投资价值排行榜"。该榜单旨在反映中国市场上企业级应用软件发展现状，为了解市场技术、投资趋势等提供参考。

（七）产业投资风向

1. 云服务、移动应用和社交平台成为企业应用软件并购焦点

未来五年，企业级应用软件市场供应商，在云服务、移动应用等领域将延续并购的热度。例如在云服务解决方案方面，通过并购云服务解决方案提供商，从而完善自身云服务体系。越来越多的应用软件企业将不再局限于自身领域的深度研发，更加集成化的解决方案将是竞争的关键，因此通过并购实现云化、移动化，并增加社交功能模块，多元化并购将更加符合市场投资发展趋势。

2016—2017 年全球企业级应用软件市场并购大事件（部分）

时间	事件简介
2016 年	用友收购畅捷通支付
2016 年	Oracle 收购云服务解决方案供应商 NetSuite
2017 年	Micro Focus 完成慧与软件业务并购

数据来源：赛迪顾问，2017 年 12 月。

2. 基于探索式分析的智能化 BI 软件成为新一轮市场投资热点

商业智能从 2014 年起迎来投资热潮，无论是从投资额还是投资次数，增长都非常明显。未来，商业智能软件将在探索式分析、自然语言查询和探索等技术上取得突破，并与 AI 技术实现深度结合，在典型垂直行业进行数据整合和利用的企业将是未来投资的重点。

商业智能典型应用场景

广告营销

数据采集/打通

数据标签/客户画像

智能推荐/营销系统

供应链管理

库存优化解决方案，提升供应链系统的柔性与效率

智能客服

人机结合新模式下，提升客服质量、效率与服务能力

智能投顾

AI+投顾的新模式，提供个性化针对客户实际的最优资产配置方案

二十四、IT 服务

定义：IT 服务是指通过促进 IT 系统效能的发挥，来帮助用户实现自身目标的服务。一般包括辅助性的"运营服务"和承揽式的"外包服务"两大类。

（一）赛迪重大研判

1. 2018 年全球 IT 服务市场规模增速加快，信息产业 IT 服务化趋势明显
2. 受整体大环境影响，2018 年中国外包市场增长将持续放缓
3. 大数据和云计算等技术驱动 IT 服务软件企业加速转型
4. 未来 IT 服务将在交通、保险和电力等行业保持较快的增长
5. 在国产化浪潮的影响下，本土 IT 服务提供商竞争力逐步提高

（二）产业发展环境

1. 全球市场规模增长缓慢

2018 年，全球经济仍将保持缓慢增长。中国新兴经济体有较大的增长潜力，全球 IT 服务市场的也将保持低速增长。在此背景下国内 IT 服务增长也比较缓慢。

2. 新技术、新模式和新问题推动 IT 服务转型和增长

2017 年，云计算产业迎来了快速发展，IT 服务加速向云端迁移，云服务成为未来 IT 服务的主要范式。大数据安全、云安全和移动安全等诸多安全问题逐渐成为 IT 服务中亟待且必须解决的问题。

3. 安全可靠持续助力国产基础软件的发展

国际产业格局面临重大调整，围绕抢占制造业发展制高点的竞争愈演愈烈，两化融合发展迎来新空间。为应对新一轮科技革命和产业变革带来的挑战和机遇，以美国工业互联网、德国工业 4.0 为代表，发达国家纷纷实施以重振制造业为核心的"再工业化"战略，对高端制造业进行再布局。中国也紧跟时代步伐，提出了"中国制造 2025"，着力打造国家制造业新优势。

（三）细分领域全景

依照产品形态、用途和特点的不同，IT 服务市场可进一步分为运营服务和外包服务两大类。营运服务包括 IT 咨询、IT 培训、系统集成、IT 支持与维护、IT 投资保障服务等几大类服务，外包服务包括信息技术外包、业务流程外包、知识流程外包等几大类服务。

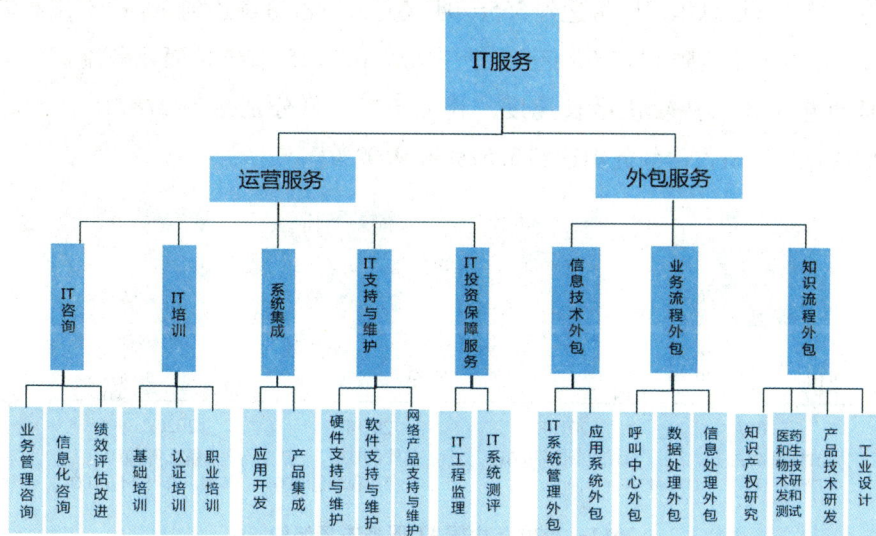

IT 服务市场类别

数据来源：赛迪顾问，2017 年 12 月。

157

（四）市场规模预测

1. 2020 年 IT 服务市场规模将近 9000 亿元

未来，随着"互联网＋""中国制造 2025"和智慧城市等战略的相继落地，以及云计算、物联网、移动互联网和大数据等新兴技术的兴起，中国 IT 服务市场将呈现稳定发展，预计到 2020 年，市场规模将达 8999.2 亿元。

2015—2020 年中国 IT 服务市场规模与增长

数据来源：赛迪顾问，2017 年 12 月。

2. 2020 年 IT 支持与维护市场占主导，所占份额超过半数

未来，中国 IT 服务各细分市场仍将保持持续增长。预计到 2020 年，IT 支持与维护市场总体规模将达到 3556.04 亿元，所占份额达到 50.13%，系统集成市场规模将达到 1210.75 亿元，所占份额达到 15.32%；而业务流程外包和 IT 外包市场保持较快增长速度，其市场规模将分别达到 278.21 亿元和 712.84 亿元，所占份额分别达到 3.52% 和 9.02%。

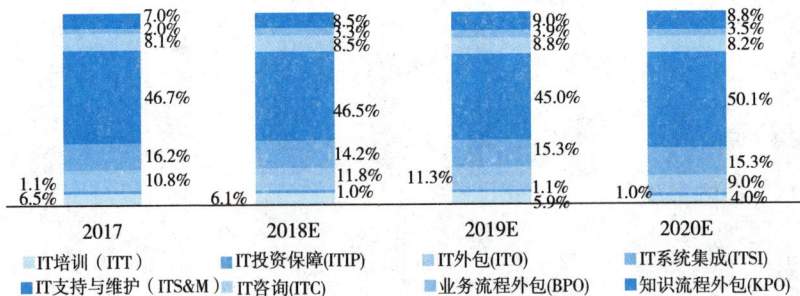

2017—2020 年中国 IT 服务市场结构

数据来源：赛迪顾问，2017 年 12 月。

（五）市场发展趋势

1. IT 服务加速向工业领域渗透

随着传感技术、网络通信技术、大数据、云计算等的快速发展，物联网不断向工业领域渗透融合，为工业和制造业企业的研发、生产、管理和服务等各环节带来了深刻变革。工业物联网体系下的 IT 服务作为核心，主要负责对工业数据的采集、存储、分析和呈现。

2. 云服务成为全球 IT 服务市场的新增长点

2017 年，国内云计算产业迎来了快速发展，IT 服务加速向云端迁移。随着国内基础设施即服务（IaaS）层的建设部署完毕，平台层（PaaS）和应用层（SaaS）的发展会引致大量的新产品和新服务。随着人工智能、Docker、物联网、区块链和大数据等技术的成熟落地，融合这些技术的云计算平台将成为主流的分析和服务基础设施，加速推进 IT 服务向云端的迁移，并使云服务成为未来 IT 服务的主要范式。

3. IT 服务提供商变为客户的合作伙伴

随着行业用户对信息化需求的不断提高，其对信息技术的认知也已经从"IT 工具论"转变到"以 IT 推动业务创新"。这就要求 IT 服务商不仅需要具备坚实的 IT 技术基础，还要拥有深厚的行业知识积淀。未来，IT 服务提供商必将逐步从单纯的乙方机构成为甲方的合作伙伴，从分享业务流的角度陪伴客户共同成长。

（六）投资价值 50 强

中国 IT 服务投资价值 50 强，通过建立评判指标体系，分营运服务和服务外包两类从企业估值、产品竞争力和企业潜力等多个维度对中国主流的 IT 服务企业进行综合评比排名，结果如下：

运营服务		服务外包	
1	神州数码集成系统有限公司	1	电讯盈科企业方案
2	北京华胜天成科技股份有限公司	2	武汉佰钧成技术有限责任公司
3	中国电信集团系统集成有限责任公司	3	大连华信计算机技术股份有限公司
4	亚通系统集成有限公司	4	上海中和软件有限公司
5	中国软件与技术服务股份有限公司	5	昆山颠峰云智网络科技股份有限公司
6	用友软件股份有限公司	6	南京富士通南大软件技术有限公司
7	东软集团股份有限公司	7	日电卓越软件科技(北京)有限公司
8	北京中软国际信息技术有限公司	8	NTT DATA(中国)信息技术有限公司
9	太极计算机股份有限公司	9	东软集团股份有限公司
10	高伟达软件股份有限公司	10	苏州工业园区凌志软件股份有限公司
11	金蝶软件(中国)有限公司	11	河南省863软件孵化器有限公司
12	亚信联创科技(中国)有限公司	12	北京新思软件技术有限公司
13	航天信息股份有限公司	13	日立解决方案(中国)有限公司
14	恒生电子股份有限公司	14	浙大网新科技股份有限公司
15	山东浪潮齐鲁软件产业股份有限公司	15	软通动力信息技术(集团)有限公司
16	北京市太极华青信息系统有限公司	16	博彦科技股份有限公司
17	北京中电广通科技有限公司	17	上海微创软件有限公司
18	联通系统集成有限公司	18	深圳市易思博软件技术有限公司
19	紫光软件系统有限公司	19	成都颠峰软件有限公司
20	北京神州泰岳软件股份有限公司	20	诚迈科技(南京)有限公司
21	同方股份有限公司	21	上海晟峰信息技术(集团)有限公司
22	长城计算机软件与系统有限公司	22	上海晟欧软件技术有限公司
23	北京富通东方科技有限公司	23	北京利达智通信息技术有限公司
24	中科软科技股份有限公司	24	戴尔服务(中国)有限公司
25	北京高信达通信科技股份有限公司	25	pFU上海计算机有限公司

2017 年中国 IT 服务产业投资价值 50 强

数据来源：赛迪顾问，2017 年 12 月。

（七）产业投资风向

1. 企业用户对云端 IT 服务的需求增长迅速，云计算服务商大有可为

与大型企业自建的 IT 基础设施不同，大量的中小企业和初创企业无法在成长早期付出如此高额的采购成本。对此，云计算提出了完美的解决方案。云计算的服务模式解决了长尾企业用户的 IT 需求，适应于现代企业业务快速变化的形势。云计算服务厂商在未来会有爆发式增长，值得投资方关注。

2. 信息安全问题日益凸现，安全类 IT 服务或成风口

随着云计算、大数据和移动互联网的广泛应用，信息安全问题日益凸显，使得整个 IT 服务产业的发展面临巨大挑战。对于投资机构而言，应关注信息安全 IT 服务的最新进展，可重点关注在信息安全领域具备优势技术的初创企业。

二十五、政府 IT 应用

定义：政府 IT 应用产业是指为实现政务信息资源共享和业务协同，中国政府各级各类机构信息化建设所需的 IT 硬件设备、软件和 IT 服务的研发、生产、销售等一系列经济活动的集合。

（一）赛迪重大研判

1. 2020 年政府 IT 应用产业规模将达到 2894.8 亿元，IT 服务所占比重将增至 41.1%

2. 中国电子政务建设即将进入共享协同期，政务云和政务大数据成为建设重点

3. 未来云平台迁移、大数据分析和政务 IT 安全管理将值得重点投资

（二）产业发展环境

1. 系列政策要求创新政府服务方式

"十三五"规划纲要明确指出：优化政府服务，提供公开透明、高效便捷、公平可及的政务服务和公共服务。政务信息化建设将迈入"集约整合、

全面互联、协同共治、共享开放、安全可信"的新阶段。

我国政府 IT 应用相关产业政策

年份	政策名称	颁布部门
2017	《"十三五"国家政务信息化工程建设规划》	国务院
2016	《关于全面推进政务公开工作的意见》	中共中央办公厅、国务院办公厅
2015	《关于积极推进"互联网＋"行动的指导意见》	国务院
2015	《关于促进云计算创新发展培育信息产业新业态的意见》	国务院
2015	《促进大数据发展行动纲要》	国务院
2015	《关于促进电子政务协调发展的指导意见》	国务院
2013	《关于进一步加强政务部门信息共享建设管理的指导意见》	国家发改委
2013	《基于云计算的电子政务公共平台顶层设计指南》	工信部

数据来源：赛迪顾问，2017 年 12 月。

2. 中国电子政务建设即将进入共享协同期

目前，大部分省市处于电子政务发展的全面应用期，北京、重庆、山东等信息化建设发达地区已经进入共享协同期；有效降低建设成本、解决信息孤岛、便捷公共服务和支撑政府决策。

中国电子政务建设阶段

数据来源：赛迪顾问，2017 年 12 月。

3. 政务云将实现集约、共享、服务和安全

中国电子政务的基础建设已初具规模，但仍存在信息孤岛、应用单一的问题。政务云将有效克服传统电子政务弊端，实现推动政务系统集约建设、实现信息资源共享、支撑服务型政府转型建设和保障政务平台安全可靠。

（三）产业链全景图

政府IT应用产业链包含基础环境提供商、云服务提供商、建设运维提供商和政府用户。基础环境提供商主要包括机房环境和网络基础提供商；云服务提供商主要包括IaaS、PaaS和SaaS服务提供商；建设运维包含规划咨询、系统集成等建设服务提供商和运维、安全等运维服务提供商。

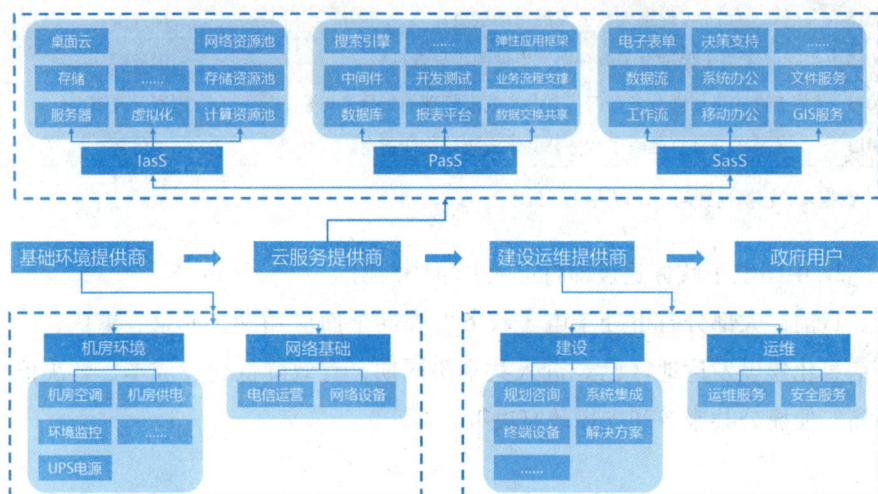

政府IT应用产业链

数据来源：赛迪顾问，2017年12月。

未来突破点：

√ 基础环境：呈现部署集群化、机柜模块化、电源绿色化和运维自动化

√ 云服务：建设重点由IaaS和PaaS转向SaaS

√ 建设运维：云安全趋向可视化、联动化和云服务化

（四）产业规模预测

1.2020年政府IT应用产业规模将达到2894.8亿元

随着电子政务协调发展、基础信息资源库、信息安全基础设施、重要信息系统等方面重大工程项目建设的不断深入，以及云计算、大数据、物联网、

信息安全等技术在政府领域的广泛应用，预计 2020 年中国政府 IT 应用产业规模将达到 2894.8 亿元，复合增长率为 10.3%。

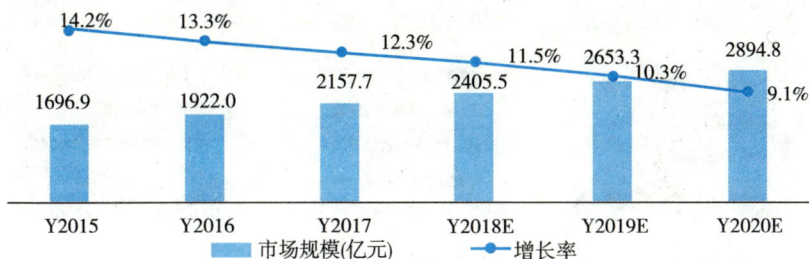

2015—2020 年中国政府 IT 应用产业规模与增长

数据来源：赛迪顾问，2017 年 12 月。

2. 2020 年硬件所占比重将降至 32.4%，IT 服务所占比重将增至 41.1%

政府 IT 应用中硬件产品所占比例将随着基础设施建设的逐步完善逐渐下降；随着政务云平台、政务大数据中心等项目的深入建设，政府对综合解决方案和运维服务的重视程度提高，IT 服务所占比重不断增长。

2015—2020 年中国政府 IT 应用产业结构

数据来源：赛迪顾问，2017 年 12 月。

（五）产业演进趋势

1. 从统一资源、统一应用走向统一数据

政务云建设需要历经资源云化、应用云化和数据云化三个发展阶段。未来将在实现计算和存储资源集中的基础上，实现应用开发的统一支撑，最后实现数据大集中，打破部门壁垒，达到横向数据互通互联。

165

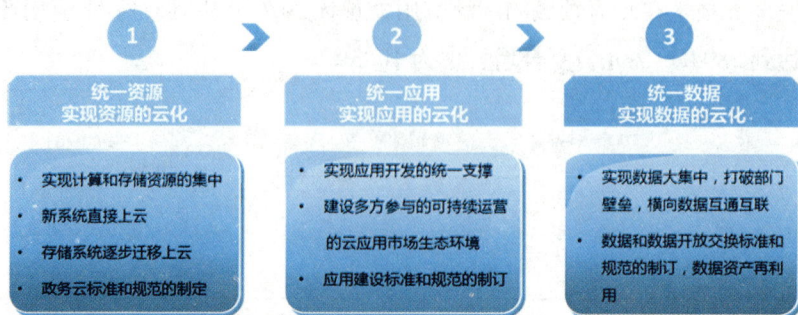

1	2	3
统一资源 实现资源的云化	统一应用 实现应用的云化	统一数据 实现数据的云化
· 实现计算和存储资源的集中 · 新系统直接上云 · 存储系统逐步迁移上云 · 政务云标准和规范的制定	· 实现应用开发的统一支撑 · 建设多方参与的可持续运营的云应用市场生态环境 · 应用建设标准和规范的制订	· 实现数据大集中，打破部门壁垒，横向数据互通互联 · 数据和数据开放交换标准和规范的制订，数据资产再利用

2. 信息资源共享共用成为建设重点

未来建设重点将强化国家基础信息资源开发利用、政府数据开放和社会化利用。首先实现人口、法人单位、空间地理、宏观经济等国家基础信息资源库共建共享；并推动基础信息资源库分别在国家电子政务内网、外网平台上部署。信用、交通、医疗、卫生、就业、社保、地理、文化、教育、科技、资源、农业、环境、安监、金融、质量、统计、气象、海洋、企业登记监管等重要领域实现公共数据资源合理适度向社会开放。

3. 安全趋向可视化、联动化和云服务化

大规模的云数据中心需要云安全管理产品更加注重安全状态的细粒度的、可视化的呈现以及策略快速部署能力，因而对不同安全厂商产品之间的联动化需求更高。各种安全功能将云服务化，构建于云端而非用户本地的安全防护功能，以云服务的方式对用户进行防护。

（六）投资价值百强

中国政府IT应用百强榜通过建立评判指标体系，从企业估值/市值、营收状况、产品＆方案竞争力、企业潜力、领导层能力等多个维度进行定量与定性结合的评比。经过专家打分，对中国政府IT应用的主流企业分为7个领域进行排名对比。

序号	综合服务	序号	综合服务	序号	软件&安全
1	浪潮	36	超图软件	70	网神信息
2	华为	37	蓝汛	71	蓝盾
3	中国电信	38	南威软件	序号	网络设备
4	新华三	39	榕基软件	72	中兴
5	阿里云	40	九鼎图业	73	思科
6	神州数码	41	慧点科技	74	迈普通信
7	中国移动	42	天地超云	75	星网锐捷
8	中国联通	43	北斗星科技	76	斐讯数据
9	东软集团	44	普元信息	77	瑞斯康达
10	大唐电信	45	中控科技	78	迪普科技
11	太极	46	广通软件	79	鸿阳飞锐
12	腾讯	47	延华智能	序号	数据中心IDC服务
13	航天信息	48	联科集团	80	世纪互联
14	紫光股份	49	普金科技	81	鹏博士
15	华胜天成	50	未来国际	82	万国数据
16	方正国际	序号	服务器&存储&终端	83	光环新网
17	中软国际	51	联想	84	上海数讯
18	用友	52	清华同方	序号	数据中心环境设备
19	浙大网新	53	曙光	85	伊顿
20	东华软件	54	宝德	86	维谛（艾默生）
21	银江股份	55	惠普	87	施耐德
22	文思海辉	56	戴尔	88	科华
23	网宿科技	57	EMC	89	阿尔西
24	金山云	58	NetApp	90	佳力图
25	楚天云	59	长城计算机	91	依米康
26	天云融创	60	海康威视	92	世图兹
27	英立讯	61	浙江大华	93	易事特
28	鼎鼎科技	排名	软件&安全	排名	数据中心运维
29	万达信息	62	Oracle	94	中铁信
30	中地数码	63	SAP	95	亚信
31	航天科工	64	启明星辰	96	银信科技
32	达实智能	65	天融信	97	中航信
33	天玑科技	66	绿盟科技	98	中亦安图
34	软通动力	67	卫士通	99	新明星
35	汉王科技	68	深信服	100	高新兴
		69	北信源		

2017 年中国政府 IT 应用产业投资价值百强

注：排名不分先后。

数据来源：赛迪顾问，2017 年 12 月。

（七）产业投资风向

1. 从应用成熟度和市场发展空间分析，云平台迁移值得投资

目前，已建电子政务系统云迁移是政务云的建设关键和难点，迁移的成效将直接影响智慧政府一体化架构与传统政务系统的衔接，进而影响传统政

务运行模式到一体化协同政务运行模式的过渡；而且云迁移尚在探索阶段，尚未形成成熟的、成体系的解决方案。云平台迁移业务发展空间大，从方案创新到服务产品化隐含着较大的市场空间。

2. 从技术成熟度和应用前景分析，大数据分析值得投资

国务院《关于促进大数据发展的行动纲要》明确提出到 2018 年构建国家层面的统一数据开放平台。政务大数据数据规模大、数据来源和结构复杂、数据价值高但利用率低。随着政务大数据开放步伐的加快，包括天气、GPS、金融、教育、交通、能源、医疗、政府投资、农业等领域脱敏数据将作为公共资源进行使用，大数据分析将广泛应用。

3. 从技术自主度和应用价值分析，政务 IT 安全管理值得投资

政府 IT 应用不仅需要利用服务提供商所提供的基础设施来运行业务系统和服务平台，更需要借助其专业运维管理来提高运维管理水平和降低成本；购买服务的模式使得服务提供商对政府 IT 系统中的资产和数据具有很高的访问和控制权限，同时，政府 IT 资产和网络都会随着业务需求而发生改变和调整，无论是传统安全设备还是虚拟化形态的安全设备自身都无法发现这种变化，所以政务 IT 安全管理的独立性尤为重要。

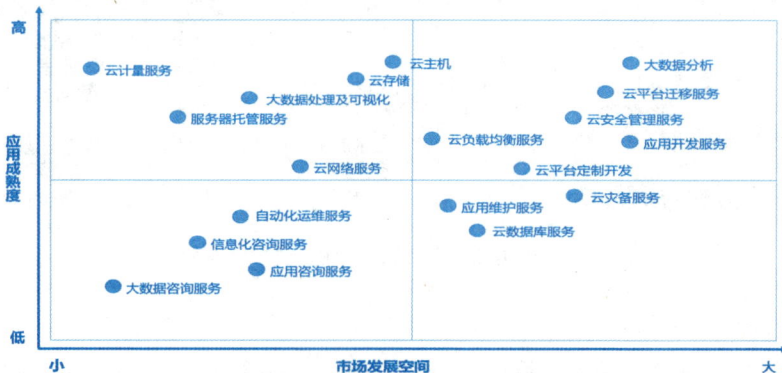

政府 IT 应用投资领域价值矩阵图

数据来源：赛迪顾问，2017 年 12 月。

二十六、集成电路

定义：集成电路是半导体产品的一种类型，一般指采用一定的工艺，把一个电路中所需的晶体管、电阻、电容和电感等元件及布线互连一起，制作在一小块或几小块半导体晶片或介质基片上，然后封装在一个管壳内，成为具有所需电路功能的微型结构。

（一）赛迪重大研判

1. 2017 年中国集成电路产业持续快速增长，制造业规模有望在 2020 年超过封装测试业

2. 中国集成电路产业发展将面临严峻的国际环境，跨国并购、人才引进等将进一步收紧

3. 中国集成电路企业实力进一步增强，存储芯片等关键产品取得突破

4. 国际巨头纷纷抢滩中国市场，国内企业竞争压力空前

5. 人工智能、无人驾驶等概念持续火热，基础芯片产业迎来发展良机

（二）产业发展环境

1. 美国发布《持续巩固美国半导体产业领导地位》，抑制中国产业发展

成首要任务

2017 年 1 月，美国总统科技顾问委员会（PCAST）发布了《持续巩固美国半导体产业领导地位》（Ensuring Long – Term U. S. Leadership in Semiconductors）报告，报告提出的首要战略即为"抵制中国创新抑制型产业政策"。

2. 中国出台《国家集成电路产业发展推进纲要》，大基金成立，产业发展全面提速

2014 年，国务院印发《国家集成电路产业发展推进纲要》，将集成电路产业发展上升为国家战略，明确了"十三五"期间国内集成电路产业发展的重点及目标。同年 9 月，国家集成电路产业投资基金成立，首期总金额超1300 亿元。

3. 国际巨头加紧布局中国，国内企业竞争压力加剧

4. 地方政府发展产业热情高涨，各方资本掀起产业投资高潮

（三）产业链全景图

集成电路产业链分为设计、制造、封测三个主要产业环节，以及相关的设备制造和材料等支撑产业环节。根据中国半导体行业协会统计，截至 2017 年，国内集成电路产业包含设计企业 1380 家、制造企业 58 家（含事业单位）、封装测试企业 89 家（规模以上）。其中，入围全球前 20 的设计类企业有华为海思、紫光展锐、中兴微、华大；入围全球前 10 的制造类企业有中芯国际、华虹宏力；入围全球前 10 的封测类企业有江苏新潮、南通华达、天水华天。

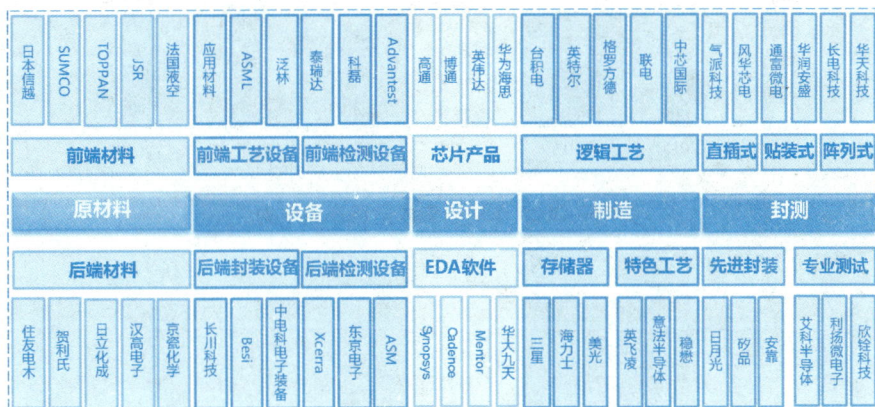

集成电路产业链全景图

数据来源：赛迪顾问，2017 年 12 月。

（四）产业规模预测

1. 产业规模持续快速攀升，2020 年超过 9000 亿

2015—2020 年中国集成电路产业规模与增长

数据来源：赛迪顾问，2017 年 12 月。

根据中国半导体行业协会统计，2017 年前三季度，中国集成电路产业销售额为 3646.1 亿元，同比增长 22.4%。赛迪顾问预测 2017 年中国集成电路产业全年销售额将达到 5427.2 亿元，同比增长 25.2%，至 2020 年，中国集成电路产业规模将超过 9000 亿元，2017—2020 年年均复合增长率高达 20.8%。

2. 产业结构持续优化，2020 年制造业超过封测业

随着国内集成电路新增产线的陆续投产，到 2020 年国内集成电路制造业增速将一直高于产业平均水平，并有望在 2020 年超过封测业。

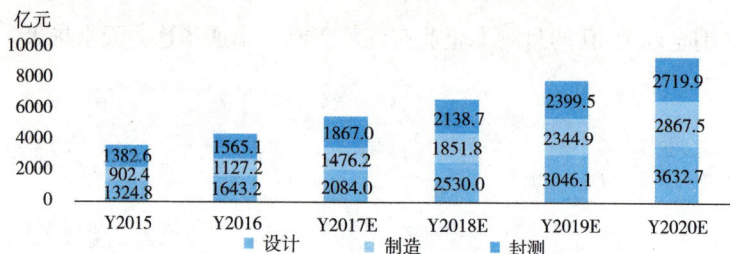

2015—2020 年中国集成电路产业结构

数据来源：赛迪顾问，2017 年 12 月。

（五） 产业演进趋势

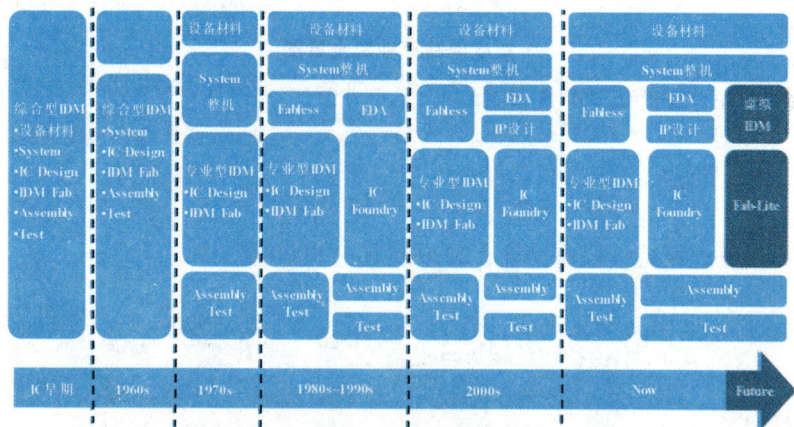

集成电路产业演进趋势

数据来源：赛迪顾问，2017 年 12 月。

从工艺制程角度，半导体业目前已逐渐逼近物理定律的极限，随着工艺的推进以及对芯片性能提升的要求，制造与封测将结合得更加紧密，封测厂

商将更多地参与到 Foundry 的后道工艺开发中。

从产业投资角度，集成电路制造业具有投资大、回报周期长等特点，在全球经济疲软的情况下，国际资本对制造业的投资显得十分谨慎，集成电路行业由 IDM 模向 Fab‒Lite 模式的调整趋势日益明显。

从企业研发角度，随着研发费用迅速上升，未来建厂费用巨大，对于 Fabless 而言，产品的设计与掩膜费用也成倍增长，导致每年新开发的产品数量减少，企业联合开发的模式将成为规避这一风险的有效办法。

（六）投资价值 50 强

设计业		制造业	
1	华为海思	21	中芯国际
2	紫光展锐	22	华润微电子
3	豪威	23	华虹宏力
4	中兴微电子	24	华力微
5	华大半导体	25	杭州士兰
6	比特大陆	装备业	
7	北京智芯微	26	北方华创
8	深圳汇顶科技	27	中微半导体
9	杭州士兰微	28	上海微电子装备
10	兆易创新	29	沈阳拓荆
封装业		30	长川科技
11	江苏新潮	材料业	
12	南通华大	31	浙江金瑞泓
13	天水华天	32	宁波江丰
14	华润安盛	33	有研亿金
15	晶方科技	34	上海新阳
16	沛顿科技	35	江阴江化微
17	气派科技	测试业	
18	风华芯电	36	艾科半导体
19	华进半导体	37	上海华岭
20	华越芯装	38	利扬微电子
潜力企业			
39	寒武纪	45	福州瑞芯微
40	深鉴科技	46	泰凌微电子
41	地平线	47	上海矽睿科技
42	上海灿芯半导体	48	澜起科技
43	高云半导体	49	集创北方
44	唯捷创新	50	厦门优迅

2017 年中国集成电路产业投资价值 50 强

注：排名不分先后。

数据来源：赛迪顾问，2017 年 12 月。

中国集成电路产业投资价值 50 强榜通过建立评判指标体系，从企业营收状况、专利数量、产品竞争力、企业潜力等多个维度进行定量与定性结合的分析，对国内主要的集成电路企业进行对比，包含设计、制造、封装、测试、材料、装备共 6 个大类。此外，根据企业市场潜力从目前营收规模尚不足以上榜的企业中评出最具潜力新星企业。

（七）产业投资风向

1. 人工智能热力不减，AI 芯片成市场宠儿

人工智能被看做是又一项将改变人类社会发展进程的重要技术，而人工智能芯片则是人工智能产业发展的基础。国际人工智能巨头企业都在着力发展基础硬件——AI 芯片，而国内人工智能领域的投资目前还主要集中在应用层。随着寒武纪、深鉴科技等 AI 芯片企业的发展，中国人工智能芯片产业将乘势而上。

2. 存储器国产化箭在弦上，2018 成关键之年

多年以来，中国存储器市场一直处于被国外企业高度垄断的状态，自给率几乎为零。在长江存储、合肥长鑫、福建晋华等存储项目经过一两年的建设期之后，2018 年各家企业将陆续进入试产或是试量，国内存储器产业终于将迎来决定性的时刻。

3. 5G 通信持续预热，物联网应用进一步渗透

5G 通信开始进入实质性商用阶段，从运营商到终端企业均已经在积极地布局 5G 相关技术与产品。此外，基于 5G 技术的物联网应用，将在国内消费升级和工业转型的双重利好带动下，迎来新一轮的发展高潮。

二十七、手机芯片

定义：手机芯片是指应用于手机通信、运算、拍摄、存储等功能的芯片，主要包括处理器芯片、基带芯片、射频芯片、存储器芯片、传感器芯片、模拟芯片等。

（一）赛迪重大研判

1. 2017 年中国手机产量平稳增长，全年产量将维持在 21 亿部左右
2. 2017 年中国手机芯片市场需求将持续提升，预计将突破 3400 亿元
3. 在"高性能、多功能、新应用"的趋势下，手机芯片市场持续开拓，功能及性能需求进一步提升
4. 多类芯片产品费用持续提升，导致智能手机成本及销售费用高居不下
5. 人工智能（AI）等热点应用倒逼，手机芯片发展将迎来重大变革
6. 手机芯片巨头加速收并购进程，进一步补全高端功能业务，提升竞争实力

（二）产业发展环境

1. 多项国家政策推进国产芯片实现自主供给能力

《2015年工业强基专项行动实施方案》指出，"通过10年左右的努力，力争实现70%的核心基础零部件（元器件）、关键基础材料自主保障，部分达到国际领先水平"。《中国制造2025》提出，"到2020年，40%的核心基础零部件、关键基础材料实现自主保障""到2025年，70%的核心基础零部件、关键基础材料实现自主保障"。

2. 全球最大手机制造基地不断开拓芯片市场空间

2017年，中国的手机产量基本保持平稳增长态势，全年手机产量将维持在21亿部左右，其中智能手机约为15亿部。在以中国为代表的手机制造大国的带动下，全球手机芯片市场维持了良好的增长势头。

3. 人工智能、大数据、物联网等新兴应用热潮持续升温

随着全球电子技术水平的不断提升，人工智能、大数据、云计算、物联网、机器人等新兴应用领域热潮不断升温，持续涌现出越来越多的智能产品制造及应用企业。

4. 手机芯片巨头以并购整合方式加速提升业务竞争力

近年来，全球手机芯片巨头企业不断通过并购整合的方式，开拓芯片产品功能，提升业务竞争力。

近年来全球手机芯片企业并购情况

交易买方	交易标的	交易总价值	交易时间
苹果（APPLE）	RealFace	200万美元	2017.02
联发科（MTK）	络达科技	26.66亿元新台币	2017.02
高通（Qualcomm）	恩智浦（NXP）	470亿美元	2016.10
软银（SoftBank）	ARM	320亿美元	2016.07
微芯（Microchip）	爱特梅尔（ATMEL）	35.6亿美元	2016.01
联发科（MTK）	立锜科技（Richtek）	约56亿元人民币	2015.09
高通（Qualcomm）	CSR	24亿美元	2015.08
安华高（Avago）	博通（Broadcom）	370亿美元	2015.05

数据来源：赛迪顾问，2017年12月。

（三）产业链全景图

手机芯片产业链主要分为设计、制造、封测以及应用等环节。其中，设计是手机芯片产业链中利润率最高、技术需求最强的环节；制造是产值规模最大、自主能力需求最迫切的环节；封测是技术门槛最低、国内竞争力最强的环节；应用则是市场带动性最强、能实现创新功能的环节。

	手机芯片设计	手机芯片制造	手机芯片封测	创新功能应用
处理器芯片: CPU GPU DPU NPU	Qualcomm / MTK / Apple / NVIDI / 海思(HiSilicon) / Samsung	TSMC / UMC / 中芯国际(SMIC)	ASE / Amkor / 长电科技(JCET)	高速运算 / 人工智能 / VR/AR
存储器芯片: DRAM NAND Flash Nor Flash	ISSI / 北京兆易(GigaDevice) / Powerchip / Nanya / 长江存储 / SPIL / Powertech / WALTON / Samsung / SK-Hynix / Micron / Western Digital / TOSHIBA / Intel			大数据 / 云计算 / 大容量存储
基带芯片: GSM CDMA WCDMA HSPA LTE	Qualcomm / MTK / 海思(HiSilicon) / 紫光展锐 / 中芯国际(SMIC) / 长电科技(JCET) / Samsung / TI	TSMC / UMC	ASE / Amkor	5G通信 / 多频多模 / 增强信号
射频芯片: WIFI Bluetooth GPS FM Radio	Infineon / Qorvo / 唯捷创芯(Vanchip) / 紫光展锐 / 华大半导体 / 中兴微电子	WIN Semiconductors / AWSC / GCS / 三安光电 / Skyworks / Avago	菱生精密 / 长电科技(JCET) / 天水华天(TSHT)	高速传输 / 短距离传输 / 安全识别
模拟芯片: PMIC ADC/DAC Driver I/O	圣邦微电子 / 全志科技 / 瑞芯微电子 / 昂宝电子	中芯国际(SMIC) / 华润微电子 / TI / ST / 士兰微电子(Silan)	长电科技(JCET) / 虹扬宏久 / 天水华天(TSHT)	智能电源控制 / 节能控制 / 智能驱动
传感器芯片: CMOS Image Sensor Opto-sensor Pressure Transducer Acoustic sensor	华灿光电 / 深迪半导体 / 汇顶科技 / 高德红外	中芯国际(SMIC) / 华润上华 / 先进半导体 / Honeywell / SONY / 士兰微电子(Silan)	歌尔声学(Goertek) / 精材科技	面部识别 / 4K影像拍摄 / 智能操控

手机芯片产业链全景图

数据来源：赛迪顾问，2017年12月。

（四）产业规模预测

1. 关键芯片产品价格上涨，促使中国手机芯片市场销售额规模持续提升

2017 年，虽然中国手机制造业增速有所放缓，但在新兴功能持续带动以及存储器等芯片产品价格上涨因素的影响下，手机芯片市场依旧保持强增长态势，市场规模将突破 3400 亿元。

2015—2020 年中国手机芯片市场规模与增长

数据来源：赛迪顾问，2017 年 12 月。

2. 需求以及成本波动，成为影响手机芯片产品结构调整的最大因素

从产品结构上来看，2017 年手机芯片产品总体销售量状况与手机产量基本保持一致，各类手机芯片占比结构相对稳定。由于存储器等相关芯片产品价格持续上涨，使得各类手机芯片产品销售额占比结构变化较大。

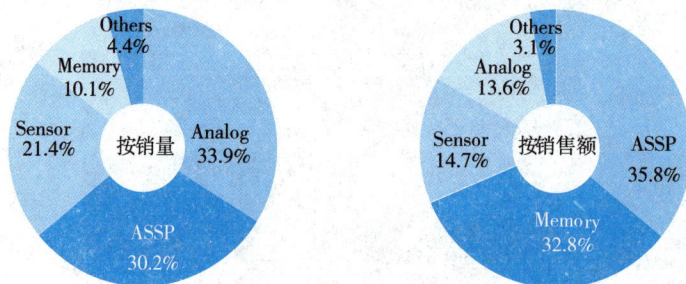

2017 年中国手机芯片市场产品结构预测

数据来源：赛迪顾问，2017 年 12 月。

（五）产业演进趋势

1. 全球手机芯片巨头通过并购整合方式持续拓展业务

全球手机芯片企业不断通过并购整合的方式增强自身业务实力。特别是 Qualcomm、MTK、Samsung 以及华为海思等手机 CPU 芯片企业，不断通过研发、并购、整合等手段，拓展基带芯片、射频芯片等关键芯片业务。

2. 人工智能等新兴应用领域与手机芯片持续融合发展

随着双摄像头技术、大容量存储、指纹识别等功能的加速普及，人工智能、面部识别、AR/VR 等功能的尝试应用，高端处理器、高性能传感器及大容量存储器等芯片产品已成为手机芯片市场上的主要增长极。

3. 国内芯片企业持续发力，加速实现对国内手机制造企业的芯片供给能力

面对中国手机制造业的巨大芯片市场需求，华为海思、中芯国际、紫光展锐、兆易创新、士兰微电子等国内重点芯片企业，不断布局手机芯片业务。此外，随着手机终端产品的带动，相关 CPU、Nor Flash、PMIC、RFIC、5G 基带等相关芯片产品将率先实现国内自主供应能力。

（六）投资价值企业

2017 年中国手机芯片产业最具投资价值企业

数据来源：赛迪顾问，2017 年 12 月。

（七）产业投资风向

1. 手机创新功能发展趋势明显，新兴芯片产品市场未来可期

随着技术的发展，各类人工智能、大数据、面部识别等热点创新功能都

在手机中得以应用，这也为新兴芯片产品开拓出了巨大的市场空间。以人工智能手机芯片领域为例，无论是 NVIDIA、Intel、Qualcomm、ARM 等国际芯片巨头，还是华为海思、寒武纪、深鉴科技、地平线机器人等国内重点人工智能芯片企业，在人工智能的热潮下都得到了快速发展，相关产品也得到了快速应用。

> 华为海思最新的**麒麟970手机芯片**，采用了异构计算架构，通过集成寒武纪的人工智能IP的方式获得更好的AI应用的处理能力，在处理同样的AI应用任务时，可以获得50倍能效和25倍性能优势。

2. 关键手机芯片国产化进程加速，国内重点芯片企业未来可期

随着国家扶持集成电路产业发展的力度持续提升，相关重点芯片企业发展迅速。处理器、存储器以及传感器芯片将成为国内手机芯片产业的发展重点。中芯国际、长江存储等关键芯片制造企业也将在未来几年实现快速突破，全面进入全球芯片制造竞争行列。

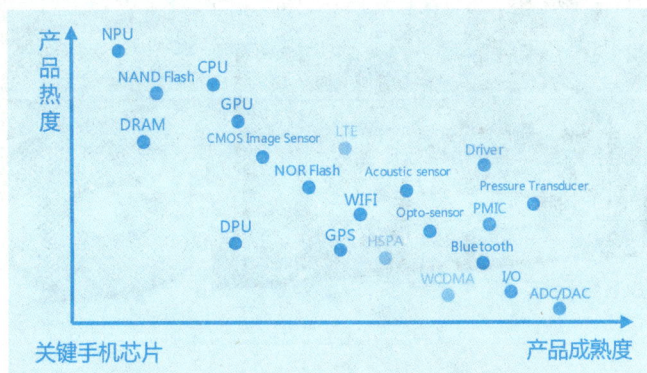

3. 跨界融合发展呈现新形态，手机芯片应用模式未来可期

多领域跨越融合发展趋势越发明显，手机芯片产业也迎来了全新的发展形态。"虚拟 IDM"模式逐步延伸，开启"芯片 + 终端应用"的全产业生态合作模式，未来芯片企业与终端企业将实现更加深入、更加紧密的合作模式。

> Samsung的**Exynos系列**、苹果的**A系列**芯片产品在自有终端产品的带动下，发展迅速；
> 华为海思的**麒麟系列手机芯片**，为华为手机提供全面的芯片配套；
> 小米旗下松果科技借助联芯科技开发的SDR1860平台技术，自主研发出"澎湃S1"芯片；
> 百度联合ARM、紫光展锐和汉枫电子发布**DuerOS智慧芯片**。

二十八、MEMS

定义：MEMS 全称 Micro Electromechanical System，即微机电系统，是集微传感器、微执行器、微机械结构、微电源微能源、信号处理和控制电路、高性能电子集成器件、接口、通信等于一体的微型器件或系统，是一个独立的智能系统，可大批量生产，其系统尺寸在几毫米乃至更小，其内部结构一般在微米甚至纳米量级。本文研究的是基于 MEMS 技术的传感器、执行器或模块，所涉及的数据不包括中国的台湾及港澳地区。

（一）赛迪重大研判

1. 2020 年市场规模持续高速增长，市场规模有望突破 700 亿元
2. 受益于 5G 商用的逐步推进，射频 MEMS 是增长最快的产品类别
3. 网络 & 通信领域仍领跑产品和应用领域细分市场
4. 国内 MEMS 公司多处于起步阶段，销售规模普遍偏小
5. 惯性传感器和光学传感器有望成为 MEMS 市场投资热点

（二）产业发展环境

物联网已成为技术及产业创新的重点方向，为我国 MEMS 产业发展营造了良好环境。

主要政策 2015年至今

政策

- 《中国制造2025》
- 《国务院关于深化制造业与互联网融合发展的指导意见》
- 《"十三五"国家科技创新规划》
- 《智能硬件产业创新发展专项行动（2016—2018年）》
- 《"十三五"国家战略性新兴产业发展规划》
- 《"十三五"国家信息化规划》
- 《信息通信行业发展规划物联网分册(2016—2020年)》

政策方向

- 以促进物联网规模化应用为主线，以创新为动力，以产业链开放协作为重点，以保障安全为前提，加快建设物联网泛在基础设施、应用服务平台和数据共享服务平台，持续优化发展环境，突破关键核心技术，健全标准体系，创新服务模式，构建有国际竞争力的物联网产业生态。
- 推进物联网感知设施规划布局，发展物联网开环应用。实施物联网重大应用示范工程，推进物联网应用区域试点，深化物联网在城市基础设施、生产经营等环节中的应用。

物联网各项政策的出台为我国MEMS产业营造了良好的发展环境。

对生态链发展的影响

政策 产业

- 物联网发展已经成为国家层面技术及产业创新的重点方向，推进物联网产业化、规模化发展的技术环境已基本具备，然而为了保障物联网产业化规模化发展，尤其在技术标准规范、自主知识产权、信息安全等方面相关政策成为加快推进物联网发展的主要动力之一。
- 物联网已成为技术及产业创新的重点方向。其中，MEMS作为物联网感知层里面重要的组成部分，要积极结合下游应用的个性化需求，努力创新技术研发设计，同时加速提高制造和封测环节的工艺技术水平，强化我国MEMS产业生态的国际竞争力，带动全产业协同联动发展。

（三）产业链全景图

设计研发——国内 MEMS 重点设计企业相对分散，产品技术不够成熟，市场认可度不高；

生产制造——国内 MEMS 生产线主要分成中试线、代工、IDM 三种，相互之间差异较大；

封装测试——国内 MEMS 封装技术起步较早，封装环节相对完善，具有一定的国际竞争能力；

系统应用——国内 MEMS 应用领域主要集中在智能手机、汽车电子、智能工业等领域。

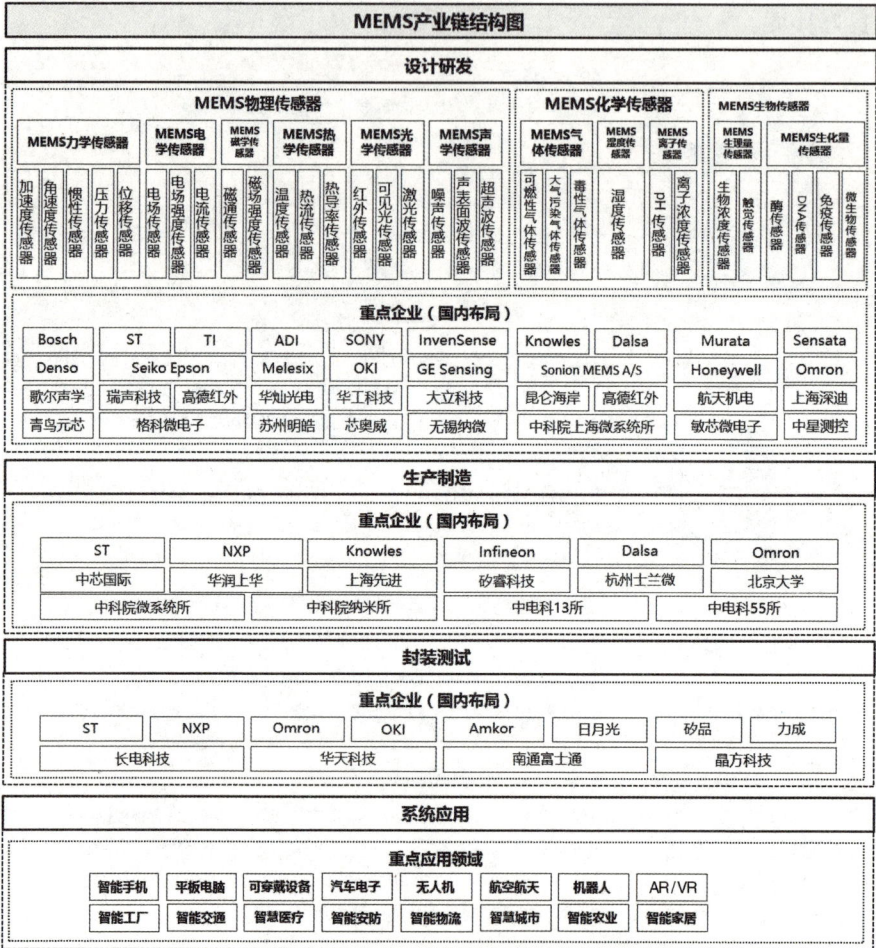

MEMS产业链结构图

设计研发

MEMS物理传感器						MEMS化学传感器			MEMS生物传感器	
MEMS力学传感器	MEMS电学传感器	MEMS磁学传感器	MEMS热学传感器	MEMS光学传感器	MEMS声学传感器	MEMS气体传感器	MEMS湿度传感器	MEMS离子传感器	MEMS生理量传感器	MEMS生化量传感器
加速度传感器 / 角速度传感器 / 惯性传感器 / 压力传感器 / 位移传感器	电场强度传感器 / 电流传感器	磁通强度传感器 / 磁场强度传感器	温度传感器 / 热导率传感器	红外传感器 / 可见光传感器 / 激光传感器	噪声传感器 / 声表面波传感器 / 超声波传感器	可燃性气体传感器 / 大气污染气体传感器 / 毒性气体传感器	湿度传感器	pH传感器 / 离子浓度传感器	生物浓度传感器 / 触觉传感器	剪切传感器 / DNA传感器 / 免疫传感器 / 微生物传感器

重点企业（国内布局）

Bosch	ST	TI	ADI	SONY	InvenSense	Knowles	Dalsa	Murata	Sensata
Denso	Seiko Epson	Melesix	OKI	GE Sensing	Sonion MEMS A/S		Honeywell		Omron
歌尔声学	瑞声科技	高德红外	华灿光电	华工科技	大立科技	昆仑海岸	高德红外	航天机电	上海深迪
青鸟元芯	格科微电子	苏州明皓	芯奥微	无锡纳微	中科院上海微系统所		敏芯微电子		中星测控

生产制造

重点企业（国内布局）

ST	NXP	Knowles	Infineon	Dalsa	Omron
中芯国际	华润上华	上海先进	矽睿科技	杭州士兰微	北京大学
中科院微系统所		中科院纳米所	中电科13所		中电科55所

封装测试

重点企业（国内布局）

ST	NXP	Omron	OKI	Amkor	日月光	矽品	力成
长电科技		华天科技		南通富士通		晶方科技	

系统应用

重点应用领域

智能手机	平板电脑	可穿戴设备	汽车电子	无人机	航空航天	机器人	AR/VR
智能工厂	智能交通	智慧医疗	智能安防	智能物流	智慧城市	智能农业	智能家居

MEMS 产业链全景图

数据来源：赛迪顾问，2017 年 12 月。

（四）市场规模预测

1. 2020 年中国 MEMS 市场规模有望突破 700 亿元

2017 年，中国 MEMS 市场规模将达到 437.6 亿元，增长 20.5%。到 2020

年，在物联网和人工智能等应用需求带动下，中国 MEMS 市场有望突破 700 亿元。

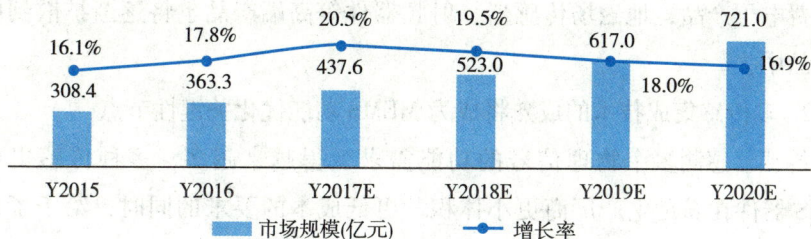

2015—2020 年中国 MEMS 市场规模与增长

数据来源：赛迪顾问，2017 年 12 月。

2. 压力传感器以及网络 & 通信领域仍领跑产品和应用领域细分市场

在工业、汽车、医疗和以智能手机和可穿戴设备为代表的 3C 产品快速增长的带动下，压力传感器以及网络与通信将成为中国 MEMS 细分市场最为活跃产品和应用领域之一。

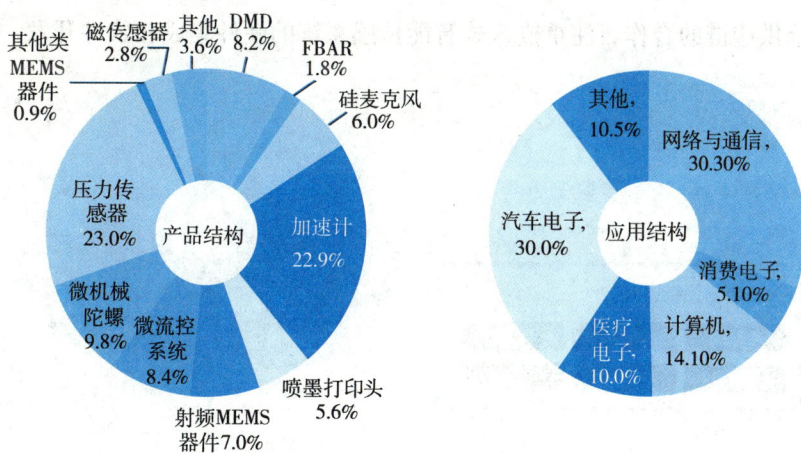

2020 年中国 MEMS 市场产品结构

数据来源：赛迪顾问，2017 年 12 月。

（五）产业演进趋势

1. 消费电子领域的普及将成为 MEMS 实现爆发式增长突破口

惯性传感器已经成为了智能手机、平板电脑和可穿戴设备的标配，并且

185

其他各种类型的 MEMS 传感器在消费电子领域的应用正在逐步普及。仍在研发的新产品也都在手机等消费电子领域试水，未来将有更多的 MEMS 器件进驻消费电子产品，地磁场传感器、射频器件等高端产品也将逐渐扩散到中低端产品中去。

2. 多传感集成技术的成熟将成为 MEMS 功能优化关键性节点

传感器感测多个物理信号的功能需求变得越来越多，多种传感集成的 MEMS 器件在满足生产厂商更小体积、更低成本的要求的同时，给予了用户更加丰富的用户体验。密闭封装集成传感器、开放腔体集成传感器和光学窗口集成传感器这几大集成方向无论从生产端还是用户端都在逐渐满足越来越多新出现的需求。

3. MEMS 生态系统的建设将进一步得到完善

各种传感器将与其他电子组件集成，并结合相关软件，使得系统集成商更容易使用，为情境感知应用奠定基础。市场战略正在转向建立一个生态系统，让系统集成商很容易为其产品增加一些智能传感器功能。这就意味着需要整个供应链的合作，注重嵌入式智能传感系统的硬件集成和软件开发。

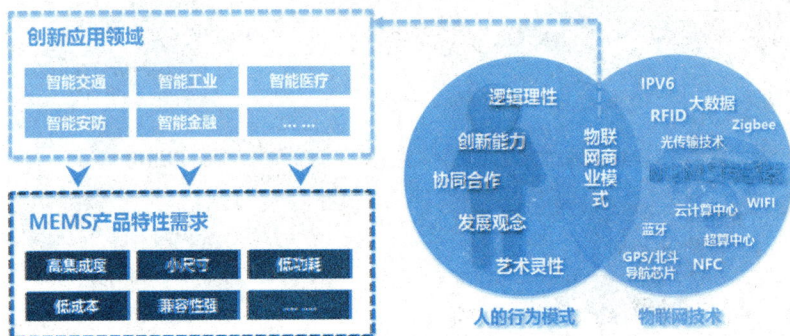

（六）投资价值企业

国内 MEMS 企业的销售额普遍偏小，其中歌尔股份和瑞声科技进入全球 MEMS 排名前三十，其他 MEMS 企业除共达电声和美新半导体每年营收过亿元外，苏州敏芯、无锡芯奥微、南京高华等少数企业 MEMS 收入为千万级，其余绝大多数企业是百万级或尚未开始产品销售。

序号	设计环节	序号	设计环节	序号	制造环节
1	歌尔股份	23	苏州明皜传感	45	中电科第13研究所
2	瑞声科技	24	苏州敏芯微	46	中电科第55研究所
3	共达电声	25	江苏英特神斯	47	中芯国际
4	耐威科技	26	张家港多维科技	48	无锡华润上华
5	博奥生物	27	苏州微纳含光	49	上海先进
6	水木智芯	28	南京高华	50	上海华虹宏力
7	青鸟元芯	29	中电科55所	51	杭州士兰微电子
8	时代民芯	30	北方夜视	52	中航（重庆）微电子
9	必创科技	31	杭州士兰微	53	北京大学
10	深迪半导体	32	浙江大立	54	清华大学
11	芯敏微系统	33	中星测控	55	中科院微电子所
12	矽睿科技	34	知微传感	56	中科院纳米所
13	艾普柯微电子	35	中航微电子	57	苏州纳米园
14	天英微系统	36	高德红外	序号	封测环节
15	丽恒光微	37	瑞芯科微电子	58	歌尔股份
16	巨哥电子	38	郑州炜盛电子	59	瑞声科技
17	美新半导体	39	力盛芯电子	60	共达电声
18	无锡芯奥微	40	河南汉威电子	61	长电科技
19	无锡纳微电子	41	罕王微电子	62	华天科技
20	无锡康森斯克	42	比亚迪微电子	63	南通富士通
21	元创华芯	43	华普微电子	64	晶方科技
22	微奥科技	44	戴维莱传感		

2017 年中国 MEMS 产业最具投资价值企业

注：排名不分先后。

数据来源：赛迪顾问，2017 年 12 月。

（七）产业投资风向

1. 汽车、安防、工业等领域广泛应用惯性传感器

惯性传感器相关产品的市场基础雄厚，应用的潜力还没有得到完全开发，如果相关国内重点企业及科研机构能够在惯性 MEMS 传感器的技术、制造、应用解决方案及成本等方面实现突破，那么必将存在在短期时间内实现产值规模快速提升的可能。

2. CMOS 图像传感器和环境光传感器成为光学传感器增长点

CMOS 图像传感器是一种典型的固体成像传感器，CMOS 图像传感器在消费电子、生物医学、汽车电子以及智能安防等各领域的广泛应用也使得其成为最大的细分市场领域。

环境光传感器主要由光敏元件组成。目前光敏元件发展迅速、品种繁多、应用广泛。环境光传感器可以感知周围光线情况，并告知处理芯片自动调节显示器背光亮度，降低产品的功耗，将广泛应用于智能手机、汽车电子等领域。

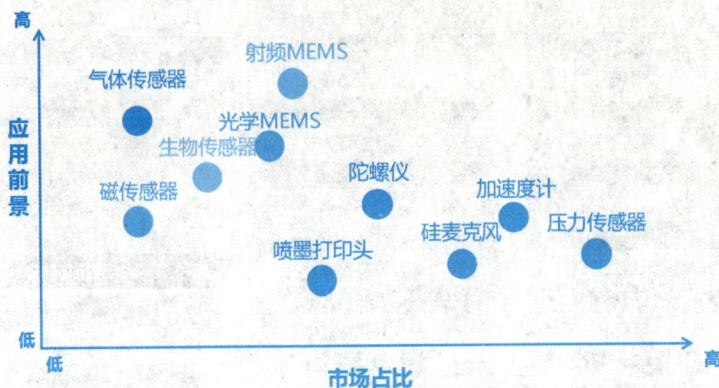

二十九、功率器件

定义：主要用于电子电力的开关、功率转换、功率放大、线路保护等，是在电力控制电路和电源开关电路中必不可少的电子元器件，是介于电子整机行业和原材料行业之间的中间产品，是电子信息产业的基础和核心领域之一。

2018 功率器件

（一）赛迪重大研判

1. 《中国制造2025》等政策助力功率器件产业强劲增长

2. 2017年预计中国功率器件市场规模突破1600亿元

3. 电源管理IC、晶闸管、MOSFET、IGBT、达林顿管、大功率晶体管为主要产品，占功率器件市场86%以上的份额

4. 汽车电子和网络通信领域仍为拉动功率器件市场增长的主力

5. 欧美日厂商依旧把控高端市场，中低端市场中国厂商替代率稳步上升

6. 碳化硅器件有望"弯道超车"重塑行业格局，国内已形成较完整产业链

（二）产业发展环境

1. 功率器件作为国家之重，战略主导地位愈发突出

2015 年 5 月，国务院发布《中国制造 2025》等政策使得功率器件战略地位日益突出，关系着高铁动力系统、汽车动力系统、消费及通信等领域实现自主可控的核心零部件。

2. 国外厂商具有明显优势，国内厂商力图自主可控

IGBT 以及中高压 MOSFET 市场主要由欧美日三地企业把控，欧美日生产厂商在中高端产品市场对国内厂商形成较大压力，目前我国功率器件龙头企业处于加速整合海外优质资源、加速向中高端市场迈进的进程。

国外主要厂商类型及优势领域

国家、地区	美国	日本	欧洲
厂商类型	IDM	IDM	IDM
优势领域	功率 IC	分立功率器件	功率 IC、分立功率器件

数据来源：赛迪顾问，2017 年 12 月。

3. 汽车和通信是主要推动力，国有竞争力进一步强化

从下游应用产品的需求来看，通信和汽车领域是推动功率器件市场增长的主要驱动力；尤其在汽车领域，新能源汽车由于采用纯电动驱动，内部的功率器件数量将大幅增长，且汽车电子对质量和可靠性的要求极高，产品单价高，因此将产生较大的市场驱动力。

（三）产业链全景图

功率器件产业链分为三个层面：上游原材料，与整体半导体产业相似，晶圆供应商在上游产业链中仍占据重要地位；中游生产，国内功率半导体生产基本为 IDM 模式，即厂商具备从设计、制造到封装测试完整生产链；下游应用，功率 IC 多用于电源管理芯片、消费电子、家用电器、电源设备等。功率模组多用于新能源汽车、智能电网、轨道交通等各传统和新兴产业中。

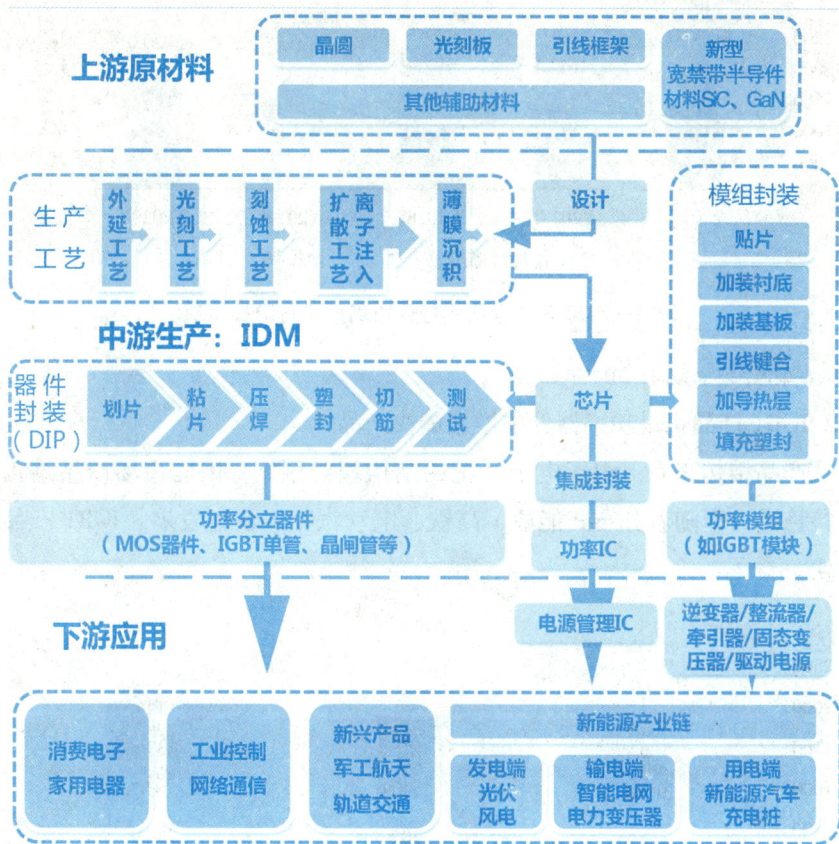

功率器件产业链

数据来源：赛迪顾问，2017 年 12 月。

（四）市场规模预测

1. 2020 年我国功率器件市场规模将突破 2000 亿元

2017 年我国功率器件市场规模将达到 1611.1 亿元，增速为 7.8%。未来三年，中国功率器件将继续保持较高速度增长，2020 年预计物联网已经逐步进入成熟期，功率器件产品将迎来快速增长，市场规模将突破 2000 亿元，达到 2020.0 亿元，增速预计达到 9.0%。

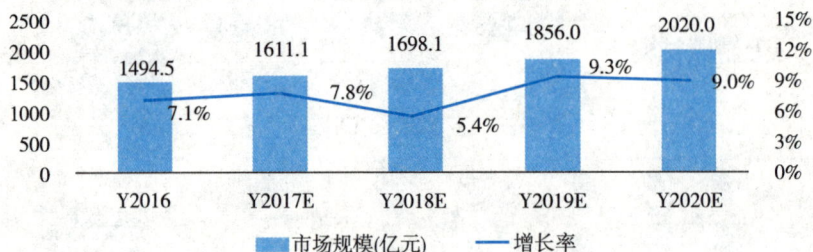

2016—2020 年中国功率器件市场规模与增长预测

数据来源：赛迪顾问，2017 年 12 月。

2. IGBT 产品仍是功率器件中增速最快产品

从产品结构来看，由于电子系统的结构相对稳定，因此市场产品结构仍将保持稳定。但随着分布式能源、高铁、电动汽车的快速发展，IGBT 产品增速较快。

2018—2020 年中国功率器件产品市场结构预测

数据来源：赛迪顾问，2017 年 12 月。

（五）产业演进趋势

1. 全球半导体产业景气，预计 MOSFET 将要上调价格

2017 年全球半导体产业景气，受此影响，9 月开始，功率 MOSFET 出现供不应求现象，国内 MOSFET 厂商纷纷上调价格，长电科技对旗下所有 MOS-FET 产品全面上调 20%，随后深圳德普电子上调 MOSFET 产品价格，预计未来各大厂商将上调价格。

2. 下游应用范围广阔，汽车功率器件未来进入高增期

目前功率器件的应用范围已从传统的工业控制和4C产业（计算机、通信、消费类电子产品和汽车），扩展到新能源、轨道交通、智能电网等新领域。受益于我国新能源汽车产业的强势发展，近年来国内功率器件/模组市场需求加速提升，有望成为我国半导体产业中一个特色增长点。

3. 国内已有完整产业链，碳化硅器件未来有望弯道超车

碳化硅器件具有能量转换效率、耐高温、耐高压，将为电力电子带来重要的技术革新。国内外厂商在碳化硅领域起步差距较小，目前国内也已逐步形成了从衬底、外延到器件的垂直产业链，使得国内厂商有望借助碳化硅材料实现功率领域的"弯道超车"。

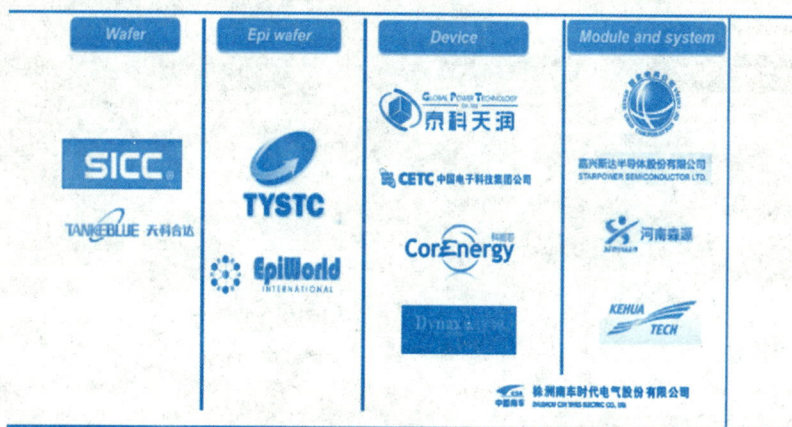

中国碳化硅产业链企业

数据来源：赛迪顾问，2017年12月。

（六）投资价值企业

对中国功率器件市场的企业建立评判指标体系，从企业估值/市值、营收状况、专利数量、产品竞争力、企业潜力、领导层面等多个维度进行定量与定性结合的评分，列出了中国功率器件十大企业。并对占比较高的三个细分领域：电源管理IC、IGBT以及MOSFET企业进行了梳理（排名不分先后）。

排名	中国功率器件十大企业	19	圣邦微电子(北京)股份有限公司	38	江苏中科君芯科技有限公司	56	扬州国宇电子有限公司
1	吉林华微电子股份有限公司	20	珠海全志科技股份有限公司	39	西安芯派电子科技有限公司	57	汕头华汕电子器件有限公司
2	扬州扬杰电子科技股份有限公司	21	钰泰科技（上海）有限公司	40	达新半导体有限公司	58	乐山无线电股份有限公司
3	苏州固锝电子股份有限公司	22	无锡华润华晶微电子有限公司	41	无锡同方微电子有限公司	59	广东风华高新科技股份有限公司
4	无锡华润华晶微电子有限公司	23	瑞能半导体有限公司	42	无锡新洁能股份有限公司	60	惠州市乾野微纳电子有限公司
5	瑞能半导体有限公司	24	深圳深爱半导体股份有限公司		中国MOSFET领先企业	61	天津中环半导体股份有限公司
6	常州银河世纪微电子股份有限公司	25	中国振华集团永光电子有限公司（国营第八七三厂）	43	江苏长电科技股份有限公司	62	江苏东晨电子科技有限公司
7	北京燕东微电子有限公司		中国IGBT领先企业	44	安世半导体有限公司	63	苏州固锝电子股份有限公司
8	中国振华集团永光电子有限公司（国营第八七三厂）	26	株洲中车时代电气股份有限公司	45	杭州士兰集成电路有限公司	64	上海芯导电子科技有限公司
9	无锡新洁能股份有限公司	27	深圳比亚迪微电子有限公司	46	深圳比亚迪微电子有限公司	65	谷峰电子有限公司
10	深圳深爱半导体股份有限公司	28	杭州士兰集成电路有限公司	47	上海光宇鑫芯微电子有限公司	66	深圳市可易亚半导体科技有限公司
	中国电源管理IC领先企业	29	吉林华微电子股份有限公司	48	南京微盟电子有限公司	67	深圳市扬晶微电子有限公司
11	深圳芯智汇科技有限公司	30	中航（重庆）微电子有限公司	49	深圳市锐骏半导体有限公司	68	深圳市浩畅半导体有限公司
12	深圳市华之美半导体有限公司	31	天津中环半导体股份有限公司	50	苏州东微半导体有限公司	69	深圳深爱半导体股份有限公司
13	深圳比亚迪微电子有限公司	32	西安中车永电电气有限公司	51	无锡芯朋微电子股份有限公司	70	深圳市嘉岷电子有限公司
14	矽力杰半导体技术(杭州)有限公司	33	西安爱帕克电力有限公司	52	西安芯派电子科技有限公司	71	佛山市蓝箭电子股份有限公司
15	南京微盟电子有限公司	34	威海新佳电子有限公司	53	天水华天微电子有限公司	72	佛山市合芯半导体有限公司
16	上海贝岭股份有限公司	35	江苏宏微科技股份有限公司	54	吉林华微电子股份有限公司	73	佛山市实力通电子有限公司
17	芯朋微电子股份有限公司	36	嘉兴斯达半导体股份有限公司	55	无锡华润华晶微电子有限公司	74	惠州市千野微纳电子有限公司
18	苏州易能微电子科技有限公司	37	南京银茂微电子制造有限公司			75	东莞市凌讯电子有限公司

2017 年中国功率器件产业最具投资价值企业

数据来源：赛迪顾问，2017 年 12 月。

（七）产业投资风向

1. 广泛关注全球产能发展的趋势，要抓住扩产机会

目前全球功率器件产能吃紧，加之功率器件厂商以 IDM 模式为主，多向 Fab – Lite 模式发展，导致部分产能溢出。中国 Foundry 应抓住机遇，引进战略投资，购买相关技术专利，承接功率器件的 Foundry 产能。一方面，制造工艺相对稳定，工艺研发和投入小；另一方面在生产过程中可以进一步消化吸

收先进制造工艺与技术。

2. 国内企业多聚焦于中低端市场，其势头依旧强劲

中低端功率器件是成熟型产业，国内龙头企业拥有较明显的规模优势和成本优势，国产替代率不断提升。海外及中国台湾地区厂商的产能扩张近几年基本停滞，中国厂商依然保持强劲的产能扩张势头，全球中低端功率器件产能向中国转移的趋势非常明确。

3. 高端功率器件仍是发展的重点，其地位不容小视

功率器件关系到我国智能电网、高铁动力系统、汽车动力系统等关键零部件的国产化进程，是关系到高铁工业、汽车工业自主可控的战略性产业。国家资本的支持将加速我国高端功率器件的发展进程，加速 IGBT、MOSFET 等高端功率器件芯片生产工艺的研制和开发进程，其地位不容小视。

4. 碳化硅器件具有非常明显优势，是未来发展方向

碳化硅是下一代功率器件的核心技术方向，但因为成本因素，其市场渗透率不到1%。但随着技术进步将推动碳化硅成本快速下降，从长期看碳化硅将是功率器件市场的主流产品。

三十、化合物半导体

定义：化合物半导体是区别于硅（Si）和锗（Ge）等单质的一类半导体材料，主要包括砷化镓（GaAs）、磷化铟（InP）、氮化镓（GaN）、碳化硅（SiC）、氧化锌（ZnO）、钙钛矿（$CaTiO_3$）、氧化镓（Ga_2O_3）等化学元素组成为化合物的材料。

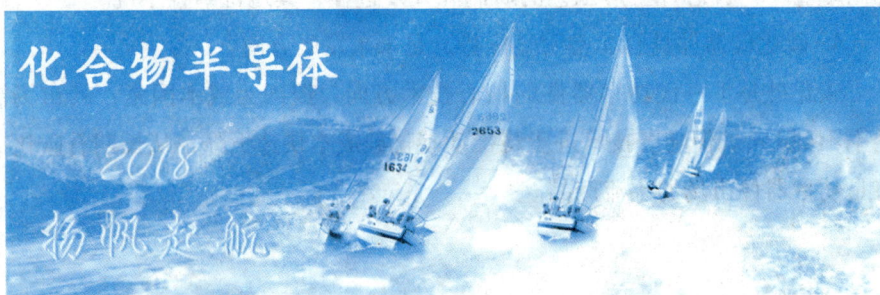

（一）赛迪重大研判

1. 化合物半导体是未来半导体产业发展的重要方向
2. 政策扶持将加速砷化镓/氮化镓半导体的国产化
3. 技术禁运凸显化合物半导体国产化意义重大
4. 国内应用市场巨大使得化合物半导体产品国产化需求强烈
5. 5G、物联网、智能汽车等应用领域的兴起将带动化合物半导体器件市场大幅增长
6. 化合物半导体作为"超越摩尔定律"新材料，为半导体产业发展带来新机遇

（二）产业发展环境

1. 政策引导助力化合物半导体产业加速发展

《〈中国制造2025〉重点领域技术路线图》已将第三代半导体等关键战略材料列入十大重点领域。2016 年，科技部将第三代半导体列入国家重点研发计划"战略性先进电子材料"重点专项，国家发展改革委将化合物半导体器件列入集成电路重大生产力布局工程。国家已发布的《信息技术产业"十三五"规划》等规划中，明确将基于化合物半导体的集成电路特色制造工艺作为我国半导体产业发展的重点方向和关键突破口。

2. 集成电路产业变革驱动化合物半导体发展

集成电路产业所遵循的"摩尔定律"演进开始放缓，半导体产业需要在新型材料和新型器件上寻求突破。化合物半导体作为"超越摩尔定律"的重要发展内容，成为集成电路产业新的发展重心。作为新材料和新器件，化合物半导体在微波通信器件、光电子器件和功率器件中有着同类硅器件所不具备的优异性能，在多个领域拥有广阔的应用空间。同时我国集成电路产业正处于大发展时期，可为化合物半导体产业提供先进技术支撑。

3. 技术禁运凸显化合物半导体国产化意义重大

近几年来，国际化合物半导体并购案频发。由于化合物半导体可用于军事用途，是有源相控阵雷达等军事装备的核心组件，多国对中国实行技术禁运。中国金沙江财团收购美国 Lumileds 公司、宏芯基金收购德国 Aixtron 公司、三安光电收购美国 GCS 公司三起国际收购案先后被美国外资投资委员会（CFIUS）严格审查并以危害国家安全为由予以否决。因此，中国发展自主可控化合物半导体对于维护国家安全具有重大的战略意义。

4. 消费需求拉动化合物半导体产业加速发展

重点应用领域和国产化替代需求为产业发展提供巨大市场。化合物半导体因具备超高速、频率响应佳、耐温性强等特点在高功率器件、光电子器件等方向有重要的应用。我国的光伏、风能、4G/5G 移动通信、高速铁路、电动汽车、智能电网、大数据/云计算中心、半导体照明等产业蓬勃发展，是化合物半导体广泛应用的主要领域。然而我国消费着 60% 的功率器件，却只有

20%的自给率，从消费大国向制造强国转变是我国化合物半导体产业发展的必由之路。

（三）产业链全景图

对于大多数化合物半导体器件，其产业链各环节与硅基半导体器件相似，包括单晶衬底材料制造、外延生长、设计、芯片加工和封装测试五个部分。

	衬底	外延片	设计	制造	IDM
砷化镓	中国中科晶电 中国大庆佳晶能 日本住友电工 德国 Freiberger	英国 IQE 中国台湾全新光电 日本住友化学 中国台湾英特磊 美国贰陆	中国清华紫光展锐 中国中科汉天下 中国中普微电子 中国唯捷创芯 美国 Custom MMIC 美国 Micro Mobio 中国台湾朗弗科技	美国环宇通讯半导体 欧洲联合微波半导体 中国台湾稳懋半导体 中国台湾宏捷科技 中国台湾联颖光电 中国三安集成 中国成都海威华芯	中国中电13所 中国中电55所 美国 Skyworks 美国 Qorvo 美国博通 美国镁可微波
磷化铟	中国中电13所 日本住友电工 日本JX日矿 法国 Inpact 日本昭和电工 美国AXT	英国 IQE 中国台湾全新光电 日本住友化学 中国台湾英特磊	美国 Custom MMIC 中国台湾朗弗科技	美国环宇通讯半导体 中国台湾稳懋半导体 中国台湾宏捷科技	中国中电13所 美国 Qorvo 美国博通 美国镁可微波 美国 Skyworks
氮化镓	中国苏州纳维科 中国东莞中镓 日本住友电工 日本住友化学 日本三菱化学 日本古河电气 美国 Kyma	中国苏州晶湛 日本同和 日本NTT-AT 日本住友化学 德国世创 中国台湾嘉晶 比利时 EpiGaN 英国 IQE	中国 Ampleon 美国宜普电源转换 美国 Custom MMIC 美国镁可微波 美国 Transphorm 美国 Navitas 比利时 Dialog Semiconductor 加拿大 GaN system	中国成都海威华芯 中国三安集成 美国环宇通讯半导体 中国台湾稳懋半导体 中国台湾嘉晶 中国台湾积电 日本富士通 欧洲联合微波半导体	中国苏州能迅高能 中国中电13所 中国中电55所 中国江苏能华微电子 日本住友电工 法国 Exagan 荷兰恩智浦 德国英飞凌 日本三菱电机
碳化硅	中国山东天岳晶体 中国北京天科合达 中国河北同光晶体 中国中电46所 美国 Cree 美国贰陆 美国道康宁 瑞典 Norstel 德国 SiCrystal	中国东莞天域 中国瀚天天成 瑞典 Norstel 中国台湾嘉晶 美国道康宁 日本新日铁住金 日本昭和电工	中国台湾瀚薪 美国联合SiC	瑞典 Ascctron 美国雷神 法国离子束	中国中电13所 中国中电55所 中国株洲中车时代电气 中国北京世纪金光 中国扬州扬杰 美国 GE 德国英飞凌 日本三菱电机 日本东芝

化合物半导体产业链全景图

数据来源：赛迪顾问，2017 年 12 月。

（四）市场规模预测

1. 2020 年化合物半导体市场规模将超过 3600 亿元

以 GaN 和 SiC 为代表的第三代半导体器件的物理性能优势已为业界所公认，受限于成本及技术因素，其大规模商业化进程稍显迟滞。预计到 2020 年，在下一代通信、新能源汽车等下游应用领域的强劲带动下，化合物半导体市场规模将达到 3624.1 亿元，2016—2020 年复合增长率达到 23.7%。

2015—2020 年中国化合物半导体市场规模与增长

数据来源：赛迪顾问，2017 年 12 月。

2. GaN 器件稳占最大市场份额

预计到 2020 年，GaN 器件市场规模将达到 2301.3 亿元；其次是 GaAs 市场，市场规模将达到 937.0 亿元；SiC 器件市场规模将达到 20.5 亿元。

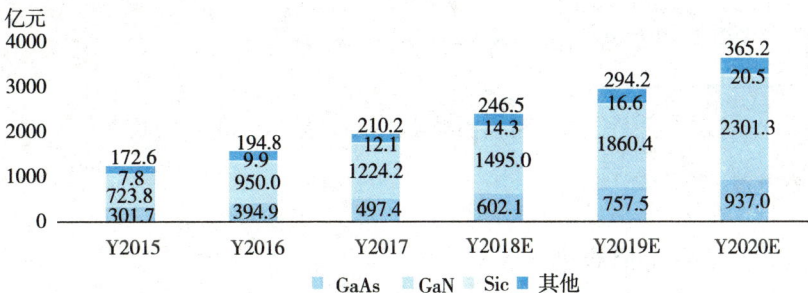

2015—2020 中国化合物半导体市场结构

数据来源：赛迪顾问，2017 年 12 月。

（五）产业演进趋势

● GaAs 微波通信器件在移动终端的无线 PA 和射频开关器领域占主导

地位，未来高集成度和低成本制造将成为产业发展趋势，GaAs 器件将在无线通信、消费电子、汽车电子、物联网等应用领域得到广泛应用。

● GaN 产品未来将在新能源、智能电网、信息通信设备和消费电子领域得到广泛应用。随着通信系统对频率、带宽、尺寸及效率等要求的提高，GaN 器件将可能取代 LDMOS，成为大功率射频放大器的主流器件。

● SiC 半导体潜在应用领域较为广泛，对新能源汽车、轨道交通、智能电网和电压转换等领域都具有重大意义。随着下游行业对半导体功率器件轻量化、高转换效率、低发热特性需求的持续增加，SiC 在功率器件中取代 Si 成为行业发展的必然。

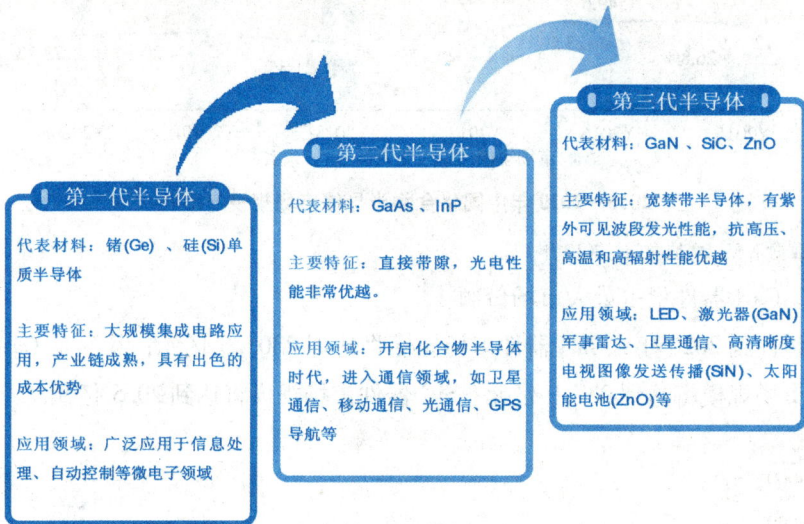

第一代半导体

代表材料：锗(Ge)、硅(Si)单质半导体

主要特征：大规模集成电路应用，产业链成熟，具有出色的成本优势

应用领域：广泛应用于信息处理、自动控制等微电子领域

第二代半导体

代表材料：GaAs、InP

主要特征：直接带隙，光电性能非常优越。

应用领域：开启化合物半导体时代，进入通信领域，如卫星通信、移动通信、光通信、GPS 导航等

第三代半导体

代表材料：GaN、SiC、ZnO

主要特征：宽禁带半导体，有紫外可见波段发光性能，抗高压、高温和高辐射性能优越

应用领域：LED、激光器(GaN)军事雷达、卫星通信、高清晰度电视图像发送传播(SiN)、太阳能电池(ZnO)等

化合物半导体演进趋势

数据来源：赛迪顾问，2017 年 12 月。

（六）投资价值企业

化合物半导体，尤其是第三代半导体 GaN 和 SiC 尚处于发展的初级阶段，下表分别评选了 GaAs、GaN、SiC 产业链各环节中具有投资价值的企业。

细分领域	No.	企业名词	地区	主要产品
GaAs 衬底	1	中科晶电信息材料(北京)有限公司	北京	2—6英寸衬底
	2	大庆佳昌晶能信息材料有限公司	大庆	砷化镓抛光片
	3	云南临沧沧鑫圆锗业股份有限公司	昆明	2—4英寸衬底
GaAs 设计	4	深圳国民飞骧科技公司	深圳	手机PA
	5	北京中科汉天下电子有限公司	北京	手机射频PA
	6	清华紫光展锐公司	上海	手机、LNA
	7	唯捷创芯(天津)电子技术股份有限公司	天津	手机PA
	8	无锡中普微电子公司	无锡	手机PA发射模块
	9	广州智慧微电子公司	广州	4G手机PA
	10	宜确半导体(苏州)有限公司	苏州	手机PA
GaAs 制造	11	三安集成电路公司	厦门	0.4—0.1μm pHEMT、HBT
	12	成都海威华芯科技有限公司	成都	0.25μm pHEMT
GaAs IDM	13	中国电子科技集团13所	石家庄	GaAs射频器件
	14	中国电子科技集团55所	南京	GaAs射频器件
细分领域	No.	企业名词	地区	主要产品
GaN 衬底	15	东莞市中镓半导体科技有限公司	东莞	2英寸HVPE衬底
GaN 外延	16	苏州纳维科技有限公司	苏州	1.5—4英寸HVPE衬底
GaN 设计	17	Ampleon 公司	北京	射频器件
GaN 制造	18	三安集成电路公司	厦门	SBD、POWER FET、0.25—0.4μm HEMT
	19	成都海威华芯科技有限公司	成都	GaN HEMT
GaN IDM	20	能讯高能半导体有限公司	苏州	GaN 射频器件
	21	江苏能华微电子科技发展有限公司	苏州	GaN 电力电子器件
	22	中国电子科技集团55所	南京	GaN 射频器件
细分领域	No.	企业名词	地区	主要产品
SiC 衬底	23	北京天科合达蓝光半导体有限公司	北京	SiC 衬底
	24	山东天岳晶体材料有限公司	济南	SiC 衬底
	25	河北同光晶体有限公司	保定	SiC 衬底
	26	中国电科装备公司	北京	SiC 衬底
SiC 外延	27	瀚天天成电子科技(厦门)有限公司	厦门	SiC 外延片
	28	东莞市天域半导体科技有限公司	东莞	SiC 外延片
SiC IDM	29	北京世纪金光半导体有限公司	北京	SBD、MOSFET
	30	株洲中车时代电气股份有限公司	株洲	SBD、MOSFET
	31	扬州扬杰电子科技股份有限公司	扬州	SBD、模组
	32	泰科天润半导体科技(北京)有限公司	北京	SBD、MOSFET
	33	国家电网智能电网研究院	北京	模组
	34	中国电子科技集团13所	石家庄	SBD、MOSFET
	35	中国电子科技集团55所	南京	JBS、JFET

2017 年中国化合物半导体产业最具投资价值企业

数据来源：赛迪顾问，2017 年 12 月。

（七）产业投资风向

由于化合物半导体下游市场尚未完全打开，尤其是 GaN 和 SiC 产品仍处于市场验证期，企业融资渠道不够通畅，企业规模小、发展慢。建议重点关注以下几类企业：

▶　主要投资成长型特色企业

GaN 和 SiC 是新兴产业，国际上同样正处于布局阶段，一方面传统半导体龙头企业通过兼并重组发展相关业务，另一方面成长型和初创企业不断涌现。国内资本收购或入股所需龙头企业时，资金量要求高同时可能会受到当地政府的技术保护；而成长型企业资金体量较小，因为处于初创期，对资金的需求量大，也十分看重中国市场的发展，中国资本在注入时受到的阻碍较小。

▶　重点投资核心设备制造企业

国内化合物半导体产业的发展离不开基础核心设备，而很多关键设备受制于国外企业，如 MOCVD 设备、SiCLPE 设备等。如果能成功注资设备企业，除了保障未来收益外，还为我国化合物半导体产业的发展排解了后顾之忧。

▶　重点关注欧洲标的企业

美国对技术流失和国防安全的担忧导致其对化合物半导体企业的收购审查愈发严格，欧洲在化合物半导体领域技术基础雄厚，国家干预相对较少。

三十一、机器人

定义：机器人是自动执行工作的机器装置，既可以接受人类指挥，又可以运行预先编排的程序，也可以根据以人工智能技术制定的原则纲领行动。根据国际机器人联合会（IFR）的分类，机器人可分为工业机器人和服务机器人。

（一）赛迪重大研判

1. 到 2020 年，中国机器人产业规模将超过 600 亿元，服务机器人产值规模占比逐渐增大

2. 应用范围已经向农业、电力等多领域拓展，针对商业服务场景的机器人有望迅速崛起

3. 资本市场对机器人的热情持续高涨，机器人发展步入"黄金时代"

4. 企业从产品供应商向系统解决方案提供商转型，加速布局机器视觉技术的产业化应用

5. 受益于人工智能技术的发展，机器人产品有望在感知、认知和行为控

制方面得以提升。

（二）产业发展环境

1. 国家利好政策持续推进，为产业发展奠定新支撑

国家不断出台各项政策和行业标准，推动机器人产业理性、协调、健康发展。其中，《机器人产业发展规划（2016—2020 年）》的出台，为我国机器人产业进一步发展指明了方向，2016—2017 年陆续出台的《"十三五"国家战略性新兴产业发展规划》《工业机器人行业规范条件》《关于促进机器人产业健康发展的通知》等文件引领产业有序发展，《"智能机器人"重点专项2017 年度项目申报指南》围绕智能机器人基础前沿技术、新一代机器人、关键共性技术、工业机器人、服务机器人、特种机器人六个方向部署实施，激活了业内企业加速做大做强的热情。

2. 劳动力成本不断上升，为产业发展提供驱动力

我国制造业的发展很大程度上依赖于劳动力庞大的规模和低廉的成本，然而，伴随着人口结构老龄化的趋势加剧，劳动力供给形势越发严峻，并且，我国制造业劳动力平均工资已经超过越南、马来西亚等国家，这也导致众多企业已经纷纷引进现代化生产装备进行技术改造。而与此同时，伴随着技术的提高，机器人的成本在逐渐下降，机器换人的成本优势开始得到体现，这为机器人的发展及普及提供驱动力。

3. 资本市场热情持续高涨，为产业发展注入新机遇

随着人工智能概念的广泛传播，我国机器人和人工智能技术成为投资领域的新热点，众多传统制造企业、互联网企业纷纷涉足机器人领域；各类风险投资、产业基金也将关注点聚集于机器人企业。资本市场的快速导入将大大缩短产业发展的蛰伏期，同时，资本流入的方向更贴近下游市场的需求导向，与传统产业自上而下的灌输式发展模式大相径庭。随着资本市场的快速导入，机器人市场有望在短期内时间实现跨越式的增长。

（三）产业链全景图

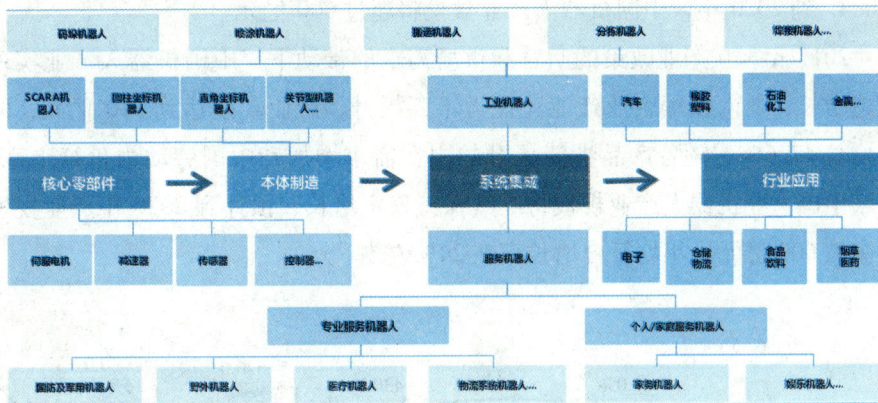

机器人产业链

数据来源：赛迪顾问，2017 年 12 月。

机器人产业链可分为上游、中游、下游三大环节。产业链上游主要包括零部件、电子设备、电子元器件以及原材料等；产业链中游是指本体制造及集成环节，主要包括整机制造和工装夹具等完整系统的开发调试；下游应用主要分为以汽车、电子等领域为代表的工业应用和以医疗、教育、娱乐等领域为代表的服务应用。整体来看，机器人产业链结构比较清晰，且具有多维化的特点，各环节对产业发展具有重要的影响，缺一不可。

核心零部件	本体制造	系统集成	行业应用
未来将着力布局减速机、伺服系统等核心零部件，以期取代进口产品，从而实现产业链的完整化和自主化；大力推进发展驱动系统、传感系统、可视化和智能决策系统等软件领域，保证各类机器人的需要。	生产企业仍会持续增加，技术趋势将向更加灵活的方向发展。	各行业迫切需要提升数字化、智能化的生产环境，未来发展空间广阔，可结合企业自身的生产工艺及工作效率，配合相关产业的更新升级。	汽车制造及电子行业仍会产生对工业机器人的大量需求，塑料、橡胶等高污染行业以及民生相关的食品饮料和制药等行业将是工业机器人"十三五"阶段的重要应用领域；服务机器人主要涉及家务、娱乐、医疗、安防、救援等领域，未来成长可期，其中，医疗领域以辅助外科手术的机器人为主，主要生产商、出货量都集中在欧美地区，对于想进入医疗机器人领域的国内企业而言，在精度与视觉系统方面，有较高的技术门槛。

（四）产业规模预测

1. 到2020年，中国机器人产业规模将超过600亿元

2017年，在产业政策的激励和市场需求的带动下，中国机器人产业实现快速增长，业内领军企业产业化能力不断提升，产业规模达到310亿元，同比增长47.6%；随着产品性能提升的内在需求增加和中国劳动力价格上涨，未来中国工业机器人产业规模将继续保持稳定增长，预计到2020年产业规模将突破600亿元，年均复合增长率在24%左右。

2015—2020年中国机器人产业规模与增长

数据来源：赛迪顾问，2017年12月。

2. 服务机器人产值规模占比逐渐增大

随着物联网、大数据、人机交互等关键技术的加速突破，服务机器人应用也日趋广泛，预计到2020年服务机器人产值规模占比将增加至35%以上。

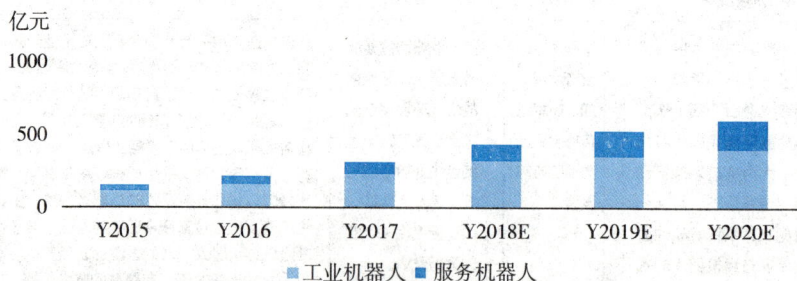

2015—2020年中国机器人产业结构

数据来源：赛迪顾问，2017年12月。

（五）产业演进趋势

1. 资本关注度持续升温，机器人步入"黄金时代"

机器人的蓬勃发展与强大的资金支持密不可分，随着制造业高端化、自动化、低碳化的发展趋势越发明显，机器人作为工业自动化的典型代表，发展开始步入"黄金时代"，以百度、阿里为代表的互联网企业也在加速向机器人领域迁移。2017 年以来，共有 10 余家机器人企业在新三板挂牌上市，对提升企业形象和外部资源获取能力具有重要意义。

2. 生产装配环节的新机遇，"工业机器人 2.0"开启

具备灵活性、适应性和解决问题的能力的协作机器人为生产装配环节带来新的机遇。在行业需求变迁，柔性化要求提升等影响下，国内外机器人知名企业纷纷推出柔性化程度更高、感知能力更强的人机协作型机器人。其具备工序轻量化、小型化、精细化的特点，能够满足未来消费电子产业对机器人的供应需求和要求，还可以通过被示范训练来学习执行各类任务。

3. 企业加速布局机器视觉，智慧工厂建设掀开新篇章

随着机器视觉技术的日益成熟，软硬件产品不断丰富，其逐步在工业生产中发挥着重要作用。相关企业加速布局机器视觉硬件产品和软件服务，重点研发针对电子制造、汽车制造、机械加工等具体行业应用的专业视觉系统，在加工、装配、检测、包装、物流等环节嵌入机器视觉技术，布局机器视觉技术的产业化应用，提高系统集成度，加速研发与生产线配合使用的工业视觉解决方案，推动智慧工厂的升级。

（六）创新企业 50 强

赛迪顾问依据建立的机器人创新企业综合竞争力指标体系遴选出机器人创新企业 50 强，体系共包括 4 个一级指标和 10 个二级指标，其中一级指标包括创新能力、成长能力、竞争力以及影响力。

排名	细分领域	企业简称	排名	细分领域	企业简称
1	工业机器人	新松机器人	26	工业机器人	哈工大机器人
2	工业机器人	埃斯顿	27	工业机器人	博实自动化
3	工业机器人	均胜电子	28	工业机器人	徕斯机器人（上海）
4	工业机器人	ABB（中国）	29	服务机器人	中鸣数码
5	服务机器人	未来伙伴	30	服务机器人	祈飞
6	核心零部件	华中数控	31	服务机器人	人智信息
7	工业机器人	埃夫特	32	工业机器人	德梅柯
8	核心零部件	广州数控	33	服务机器人	智能佳
9	工业机器人	库卡机器人（上海）	34	工业机器人	安川首钢机器人
10	核心零部件	上海机电	35	工业机器人	史陶比尔（杭州）
11	工业机器人	发那科（广东）	36	服务机器人	鲁能智能技术
12	工业机器人	新时达	37	工业机器人	佳士
13	服务机器人	康力优蓝	38	核心零部件	哈默纳科（上海）
14	核心零部件	汇川技术	39	工业机器人	铭赛机器人
15	工业机器人	那智不二越（江苏）	40	工业机器人	拓斯达
16	核心零部件	双环传动	41	工业机器人	翼菲自动化
17	服务机器人	优必选	42	服务机器人	小鱼儿
18	工业机器人	川崎机器人（天津）	43	工业机器人	连硕自动化
19	服务机器人	科沃斯	44	工业机器人	问鼎机器人
20	工业机器人	松下（唐山）	45	核心零部件	南通振康
21	核心零部件	纳博特斯克（中国）	46	工业机器人	浙江瑞宏
22	工业机器人	快克锡焊	47	工业机器人	福德机器人
23	工业机器人	柯马（上海）	48	工业机器人	北京时代
24	工业机器人	沃迪自动化	49	工业机器人	广州启帆
25	工业机器人	蓝英工业自动化	50	服务机器人	西安超人

2017 年中国机器人产业创新企业 50 强

数据来源：赛迪顾问，2017 年 12 月。

（七）产业投资风向

1. 针对商业服务场景的机器人有望迅速崛起

机器人的应用范围现已开始向多个领域扩展，机器人的触角广泛地伸向农业、电力、测绘、影视、物流、建筑等多元化场景的应用。机器人技术的应用将会扩展至更多行业，推动各行业进行深刻的智能技术变革。互联网＋人工智能技术与硬件设备的完善，能够满足和支撑商业机器人发展。

2. 关注在核心零部件环节有重点布局的企业

核心零部件是工业机器人的利润中心，特别是在减速机领域，是制约降低国产工业机器人成本最重要的因素。目前国产工业机器人核心零部件性能与国际水平还存在差距，但整体产品的质量在逐步提高，国内部分上市公司已经开始积极布局精密减速机业务。

3. 深入挖掘人工智能与机器人融合的产品需求

人工智能是机器人一种技术支持手段，机器人产业有望受益于人工智能技术的发展从而实现产品升级。比如家用机器人得益于人工智能技术的进步，将在产品感知、认知和行为控制方面都得以提升，从单一功能向多功能发展，成为真正的实用化、智能化的家庭服务机器人。

三十二、无人机

定义：无人机是指由控制站管理（包括远程操纵或自主飞行）的航空器。无人机产业包括无人机设计、制造、运营活动的总和。

（一）赛迪重大研判

1. 2017 年无人机市场规模达到 56.5 亿元，消费级无人机仍占主导
2. 续航能力、飞控技术是整机制造突破的焦点
3. "智能空中机器人"将成为无人机的未来形态
4. 专业级无人机是下一个投资蓝海
5. 数据和运营服务将成为投资重要关注点

（二）产业发展环境

1. 政策环境利好，无人机迎来发展新机遇

2016 年 11 月，国务院发布《"十三五"国家战略性新兴产业发展规划》，明确提出大力开发市场需求大的工业级无人机，推进民用飞机产业化。2017 年，我国出台了《无人驾驶航空器专项整治方案》《关于进一步加强无人驾驶航空器管理工作的通知》等多项政策文件，以规范无人机市场秩序。产业政

策的支持和监管政策的健全，将保障无人机快速稳定发展。

2. 核心技术突破，产品性能将会持续提升

随着无线充电、视觉避障、手势控制、5G 通信、集成芯片等关键技术的不断突破，无人机性能将实现大幅提升，随身携带、简易操作、长续航能力、自主反应将成为主要特点。另外，人工智能、虚拟现实等前沿技术与无人机的融合趋势日益显著，消费体验将逐步提升。

3. 飞行文化普及，市场需求有望全面释放

目前，国内部分高校已经设置了无人机研究所，开设了无人机相关专业，对无人机的重视程度日益提升。无人机产业联盟、无人机系统标准化协会等行业组织相继成立，各地兴起建设无人机航空文化小镇、无人机研发制造基地，社会组织开展了航拍、无人机设计、无人机竞技等赛事，无人机产业迎来新热潮，市场需求有望得到全面释放。

南阳国际无人机航空文化小镇　台州无人机航空小镇

溧阳无人机特色小镇　　西安"翱翔小镇"

（三）产业链全景图

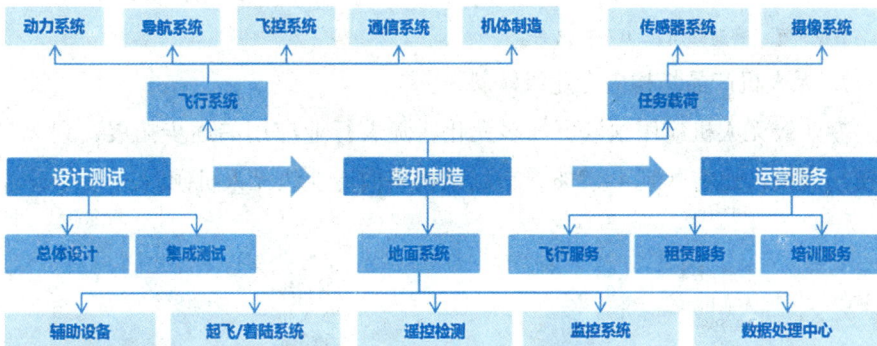

无人机产业链

数据来源：赛迪顾问，2017 年 12 月。

无人机主要包括设计测试、整机制造和运营服务三个环节。设计测试包括总体设计和集成测试两个方面；整机制造包括飞行系统、地面系统、任务载荷三个方面，是无人机制造的关键部分；运营服务主要包括飞行服务、租

赁服务、培训服务等。

▶ 设计测试环节尚不成熟，特别是在专业级无人机领域，自主开发能力不足。

▶ 续航能力、飞控技术是整机制造突破的焦点。

▶ 运营服务市场潜力较大，航拍、农业植保有望率先爆发。

（四）市场规模预测

1. 无人机市场保持高速增长态势

2017年，中国无人机市场规模达到56.5亿元，同比增长56.4%。随着行业应用的不断拓展以及消费级市场渗透率的日益提高，未来几年无人机市场规模增长率将维持在50%以上。

2015—2020年中国无人机市场规模与增长

数据来源：赛迪顾问，2017年12月。

2. 无人机产品结构向专业级倾斜

专业级无人机应用领域更加多元化，随着行业应用的逐步拓展，到2020年市场规模占比将达到44.2%，市场结构将向专业级无人机倾斜。

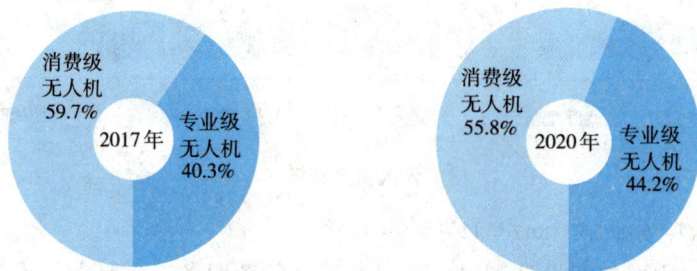

2017年和2020年中国无人机产品市场结构

数据来源：赛迪顾问，2017年12月。

（五）产业演进趋势

1. "智能空中机器人"将成为无人机的未来形态

随着人工智能、物联网、云计算、大数据、虚拟现实等技术与无人机的不断融合，无人机将集成先进的机器人技术和算法技术，成为具备智能视觉、深度学习的"智能空中机器人"，能够自适应、自诊断、自决策、重规划，实现飞行轨迹、操作控制的全程数字化和智能化。

2. 消费级无人机趋向微型化和易操控

消费级无人机最主要的应用场景是航拍，在消费需求的驱动下，微型化、便携化、轻量化、可折叠、可拆卸将成为重要趋势。另外，人脸识别和手势操控的功能也有望进一步突破，以增强消费级无人机的娱乐性。

3. 服务市场有望成为专业级无人机的重要增长点

专业级无人机价格较高，若任务使用不频繁，可通过购买飞行服务或者租赁服务来满足工作需求，目前在航拍和农业植保领域，已经有较为成熟的业务模式。另外，围绕无人机应用衍生的维修保养服务、培训服务、金融保险服务、大数据服务等一系列新型商业模式也将逐步推广普及。专业级无人机服务市场前景广阔，有望成为重要增长点。

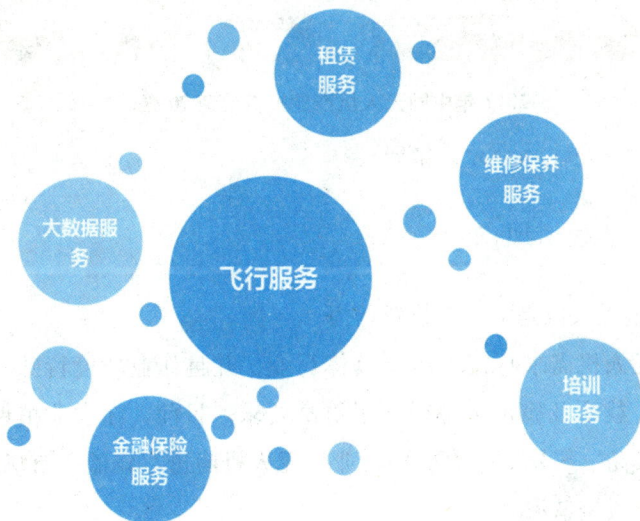

（六）投资价值 20 强

针对消费级无人机和专业级无人机两个领域，从企业规模、技术能力、创新能力、发展潜力等多个维度建立评判指标体系，通过定量和定性分析相结合，对企业进行评估，最终评选出 2017 年中国无人机投资价值 20 强，榜单如下（企业排名不分先后）：

消费级无人机		专业级无人机	
序号	企业名称	序号	企业名称
1	大疆创新	1	极飞科技
2	零度智控	2	易瓦特
3	亿航	3	艾特航空
4	华科尔	4	普洛特
5	零零无限	5	一电科技
6	昊翔	6	科比特
7	飞豹科技	7	中科遥感
8	九鹰电子	8	智能鸟
9	曼塔智能	9	极翼
10	基石信息	10	科卫泰

2017 年中国无人机产业投资价值 20 强

数据来源：赛迪顾问，2017 年 12 月。

（七）产业投资风向

1. 专业级无人机是下一个投资蓝海

专业级无人机需求直接来源于具体行业，并且作业环境特殊，对无人机的续航里程、载重及稳定性都提出了更高要求。目前，在农业植保、电力巡检、物流、安防、警用等垂直应用行业，无人机渗透率较低，市场潜力巨大，将成为下一个投资蓝海。

农业植保　　电力巡检　　物流　　　安防　　　警用

2. 数据和运营服务将受到重点关注

从产业链来看，无人机的主要驱动力将向数据和运营服务倾斜。在行业应用方面，数据分析、智能决策、平台运营和整体解决方案将成为未来的重要趋势，资本方将更加关注商业模式的创新，与此相关的业务将成为投资热点。

三十三、3D 打印

定义：3D 打印是以数字模型文件为基础，通过软件与数控系统将专用的金属材料、非金属材料以及医用生物材料，按照挤压、烧结、熔融、光固化、喷射等方式逐层堆积，制造出实体物品的制造技术。

（一）赛迪重大研判

1. 3D 打印产业规模和产值持续增加
2. 工业级 3D 打印成主流方向
3. 与传统加工制造方法的融合发展将助推规模化应用
4. 3D 打印应用的深度和广度持续拓展
5. 传统制造业巨头加速 3D 打印应用的场景
6. 中国 3D 打印应用将在工业领域迎来突破

（二）产业发展环境

1. 多项政策出台，加大对 3D 打印产业扶持力度在工业 4.0 背景下，《中国制造 2025》的出台使得 3D 打印得到较大重视；2017 年 11 月工信部印发《高端智能再制造行动计划》，2017 年 12 月工信部等十二部门印发《增材制造产业发展行动计划（2017—2020 年）》，多项政策支持、引导下，我国 3D 打印产业将实现快速发展。

2. 国际竞争日益激烈，3D 打印将成我国制造业转型升级突破口

我国宏观经济面临下行压力，传统制造业亟待转型升级；在欧美日等发达国家"再工业化，制造业回流"以及发展中国家低成本优势显现的大背景下，加快发展 3D 打印是我国由制造大国迈向制造强国的重要途径之一。

3. 下游市场需求旺盛，3D 打印产品将提高有效供给

我国劳动力成本上升，亟待创新生产方式提高生产效率，这为 3D 打印的发展提供机遇；消费者个性化需求增多，3D 打印契合这样的趋势；受全球 3D 打印热潮席卷以及媒体和政府关注度的提高，中国 3D 打印热掀起，企业和民众对 3D 打印的认知度提高。

4. 引进消化吸收再创新模式，增强国内 3D 打印技术实力

国外 3D 打印相关核心技术专利陆续到期，为我国发展 3D 打印提供了技术便利；政产学研用结合更加紧密，国内龙头 3D 企业都很好地将高校/科研院所研究成果转化为商业价值。

（三）产业链全景图

3D 打印产业链包含基础配件、辅助运行、3D 打印材料、3D 打印设备和产品应用五个环节。基础配件层包括步进电机、芯片、控制电路板、打印喷头、激光器、振镜系统；辅助运行层包括三维扫描仪、控制软件、建模软件、切片软件；3D 打印材料主要包括树脂基材料、金属材料、生物材料；3D 打印设备主要包括桌面级打印机和工业级打印机；应用 3D 打印应用领域主要包括工业领域、军用领域和民用领域。

未来突破点：

√　基础配件层：3D 打印专用激光器和打印喷头快速普及，多维控制器信息一体化集成。

√ 辅助运行层：软件从专用到通用，智能化程度不断提高。

√ 3D打印材料：聚焦3D打印金属材料，解决复杂金属构件的制备。

√ 3D打印设备：聚焦3D工业级打印机，助力制造业转型升级。

√ 产品应用：聚焦直接制造领域，降低规模化制造成本，期待市场爆发。

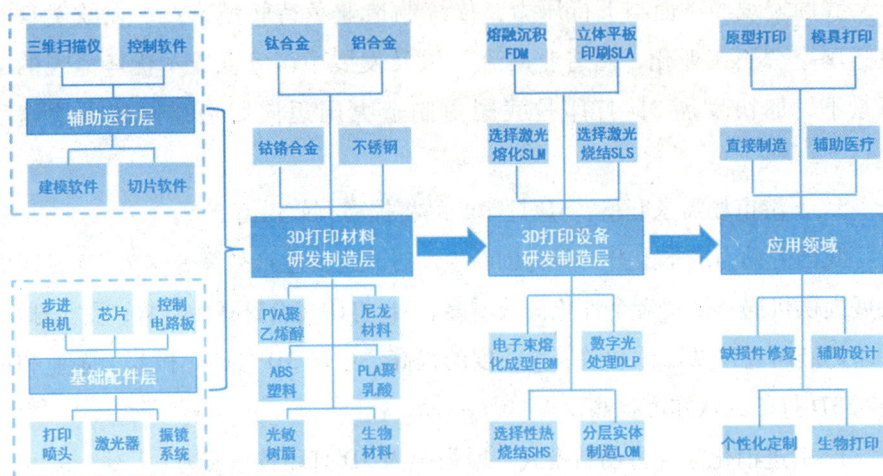

3D打印产业链

数据来源：赛迪顾问，2017年12月。

（四）产业规模预测

1. 2020年中国3D打印产业规模将达到240亿元

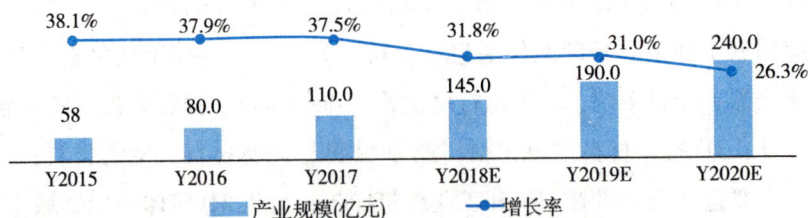

2015—2020年中国3D打印产业规模与增长

数据来源：赛迪顾问，2017年12月。

2017年，中国3D打印产业规模将超过110亿元，随着国家规划的出台，各地纷纷将3D打印作为未来发展新的增长点重点培育，并加速与信息网络技术、新材料技术、新设计理念加速融合，力争抢占未来科技和产业的制高点。预计到 2020 年，中国 3D 打印产业规模将达到 240 亿元，年均增速在 30% 以上。

2. 2020 年中国工业类 3D 打印产品占比超过 50%，直接制造类产品比重大

3D 打印产业结构中，工业产品（全部使用工业级 3D 打印机）占比达到 55%，民用产品（部分使用工业级 3D 打印机）较为丰富，产值规模不断提升。直接制造、模型打印和原型打印占比较高。

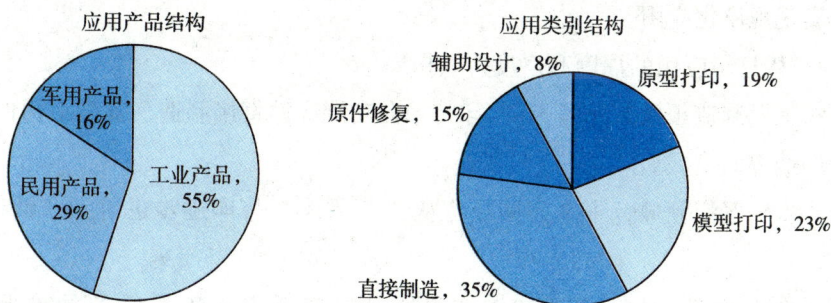

应用产品结构

军用产品，16%
民用产品，29%
工业产品，55%

应用类别结构

辅助设计，8%
原件修复，15%
原型打印，19%
模型打印，23%
直接制造，35%

2020 年中国 3D 打印市场结构

数据来源：赛迪顾问，2017 年 12 月。

（五）产业演进趋势

1. 产品生产方式加速变革，"整""分"制造携手共进

我国传统制造以"全球采购、分工协作"为主要特征，而 3D 打印则是以"整体制造、一次成型"为特征，省去物流环节，节约时间和成本。我国传统制造以生产线为核心，以工厂为主要载体，生产设备高度集中。3D 打印则体现了以大数据、云计算、物联网、移动互联网为代表的新一代信息技术与制造业的融合，生产设备分散在各地，实现了分布式制造，省去仓储环节。

2. 工业级增材制造成主流方向

工业级 3D 打印将广泛应用于中国传统产业转型升级和战略性新兴产业发展，尤其在金属 3D 打印领域，已经展现出强劲的增长势头。2017 年中国金

属3D打印设备销量预计增长30%，未来金属3D打印技术将在装备制造、生物医疗、航空航天及汽车等领域扩大使用范围，并在应用端呈现快速扩张的趋势。

3. 与传统加工制造方法的融合发展将助推规模化应用

我国3D打印技术并非是对传统制造技术的取代与挑战，而是通过与传统制造的融合，对现有生产模式、供应模式、商业模式加以补充和革新。随着我国3D打印技术的成熟和软件系统完善，将会在设计、生产过程控制、后处理等当前生产系统的各个环节实现无缝对接，推动3D打印融入现有生产体系，实现规模化应用。

4. 3D打印应用的深度和广度持续拓展

在工业制造领域，我国3D打印技术向功能部件直接制造、复杂结构件设计及制造方向发展。

在生物医疗领域，未来我国或将从"非活体"打印逐步进阶到"活体"打印。

在航空航天领域，我国3D打印技术将广泛应用于航空器的维保体系中。

在文化创意领域，我国3D打印相关课程将全面进入义务教育和高等教育阶段。

（六）投资价值百强

中国3D打印产业投资价值百强榜通过建立判断指标体系，从企业竞争力、产品竞争力、技术创新力、发展潜力和领导层力等多个维度进行定量与定性结合的评比。对中国主流的3D打印企业分为6个领域进行排名对比。包含辅助运行类、基础配件类、材料类、设备类、应用类，以及3D打印综合性企业榜单。

序号	3D打印综合性企业
1	先临三维
2	三帝科技
3	浙江迅实
4	吴江中瑞
5	西锐三维
6	极光尔沃
7	尤尼科技
8	奥尔克特
9	河南速维
10	杭州喜马拉雅
11	广东智维
	3D打印基础配件类
1	光韵达
2	中航天地激光
3	中科煜宸
	3D打印辅助运行类
1	新拓三维
2	亿辰电子
3	天远三维
4	惟景三维
5	非白三维
6	中望龙腾
7	微深科技
8	知象光电
	3D打印材料类
1	西安赛隆
2	钢研高纳
3	飞而康
4	顶立科技
5	福建海源
6	中航迈特
7	康普锡威
8	鑫达企业
9	威拉里新材料
10	银禧科技

11	河南泛锐
12	燕山石化高科
13	亚通焊材
14	深圳微纳
15	光华伟业
16	银邦股份
17	南通金源
	3D打印设备类
1	华曙高科
2	铂力特
3	闪铸三维
4	太尔时代
5	联泰科技
6	滨湖机电
7	永年激光
8	陕西恒通
9	陕西瑞特
10	华科三维
11	森工科技
12	信达雅
13	安徽恒利
14	清研智束
15	汉邦激光
16	创想三维
17	汇天威
18	中科镭泰
19	数造机电
20	维示泰克
21	磐纹科技
22	普利生机电
23	凯宁电气
24	捷和电子
25	上海探真
26	江苏时间环
27	易立创
28	威宝仕

序号	3D打印应用类
1	三迪时空
2	北京煜鼎
3	盈创建筑
4	嘉一三维
5	智拓固相
6	峰华卓立
7	鑫精合
8	东望科技
9	南方增材
10	三的部落
11	航星利华
12	迈普再生医学
13	航天智造
14	点云生物
15	西迪技术
16	捷诺飞
17	武汉天昱
18	苏州诺普
19	铭展网络
20	福沃德
21	杭州德迪
22	普锐特
23	易速普瑞
24	辉锐光电
25	南极熊
26	萨普汽车
27	优克多维
28	康硕电气
29	鉴衡认证中心
30	上海复志
31	悦瑞三维
32	紫光卓越
33	江苏豪然

2017 年中国 3D 打印产业投资价值百强

数据来源：赛迪顾问，2017 年 12 月。

（七）产业投资风向

1. 桌面级市场已陷入"红海"，掘金工业级正当时

2017 年，桌面 3D 打印机出货量将增长 27%，其中约 95% 是个人或桌面打印机，其平均价格低于 1000 美元。桌面级市场竞争已经"白热化"，加之利润低、精度差、实用性欠佳，天花板效应明显。2017 年工业级 3D 打印机

出货量增长了5%，但营收占总收入的80%。虽然消费级设备支撑了出货量，但工业级设备支撑了整个销售收入，未来工业级3D打印设备是行业收入增长的主力军。

2. 国际巨头启示录：得生态者得天下

2017年前三季度，全球3D打印龙头企业营收同比增长，好于预期，股价实现上涨。参考国外3D打印龙头企业发展路径，我们认为中国3D打印产业作为刚刚起步的行业，应用端还没有完全成熟，提前布局直接制造的技术和产业，能够为企业迅速整合现有资源，形成合理的商业模式，在未来的市场竞争中，掌握一定的主动权。

三十四、石墨烯

定义：石墨烯材料是指由少于 10 层的石墨烯为基本结构单元构成的碳材料，包含但不限于单层石墨烯、双层石墨烯、少层石墨烯、氧化石墨烯、石墨烯微片、石墨烯薄膜。

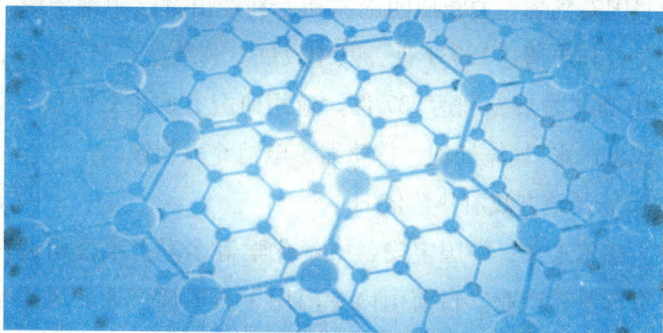

（一）赛迪重大研判

1. 2020 年中国石墨烯产业规模将超过百亿元
2. 2020 年石墨烯触控屏产品占比将达到 15%，石墨烯粉体产品占据主要市场
3. 未来五到十年，石墨烯产业将进入快速增长期，下游市场将分级释放
4. 行业并购整合力度将进一步加大
5. 石墨烯锂电池应用中，导电剂应用将率先突破规模供货

（二）产业发展环境

1. 政策助力石墨烯成为先导产业

2012 年以来我国累计出台 10 余项石墨烯相关政策。2015 年《关于加快石墨烯产业创新发展的若干意见》将石墨烯产业打造成先导产业。到 2020

年，形成完善的石墨烯产业体系。2017年《新材料产业发展指南》将石墨烯作为前沿新材料产业之一。

2. 标准体系进一步完善

2014年我国正式开启石墨烯相关国家标准的制定工作。2016年国家标准编制组发布的《石墨烯材料的术语、定义及代号》中指出石墨烯相关材料为不多于10个碳原子层的二维碳材料。另外，由江南石墨烯研究院主导起草的第一部石墨烯检测方法标准《石墨烯层数测定扫描探针显微镜法》（草案）也已获得国家标准委立项。

3. 论文和专利产出量已领跑全球

目前，我国石墨烯相关领域的论文和专利产出量已领跑全球。2017年我国石墨烯相关专利申请达18931件，其中发展专利数量达17306件，实用新型1616件，其中PCT发展专利达737件。应用研究方面主要侧重于储能、复合材料、电子信息、水/气体处理、传感器、电池6大领域。

4. 资本市场及地方政府热情依旧

近年来，德尔未来、中国宝安、中泰化学等多家上市公司通过收购或投资等形式进军石墨烯产业。目前国内专门用于石墨烯产业的风投基金已超过30支，过去五年来公开的创投活动也多达百起。同时地方政府也纷纷出台若干扶持政策及专项资金用于对石墨烯的扶持。

（三）产业链全景图

石墨烯产业链包括石墨烯粉体和石墨烯薄膜类别。石墨烯粉体由1—10层不等的石墨烯微片构成，可应用于导电添加剂、复合材料、散热导热、导电油墨、储能、防腐材料等；石墨烯薄膜是相对大尺寸的石墨烯单晶或多晶薄膜，主要应用于触摸屏、传感器、发热膜、海水淡化等领域。

产业突破点：

√　石墨烯粉体：石墨烯防腐涂料应用市场广阔，风电船舶等防腐涂料应用将成为重点突破方向；石墨烯锂电池应用中，导电剂应用率先突破规模供货。

√　石墨烯薄膜：柔性触控在触控领域加速渗透，将率先进入产业化；石墨烯传感器和半导体器件、高端复合材料等应用将成为产业中长期聚焦方向。

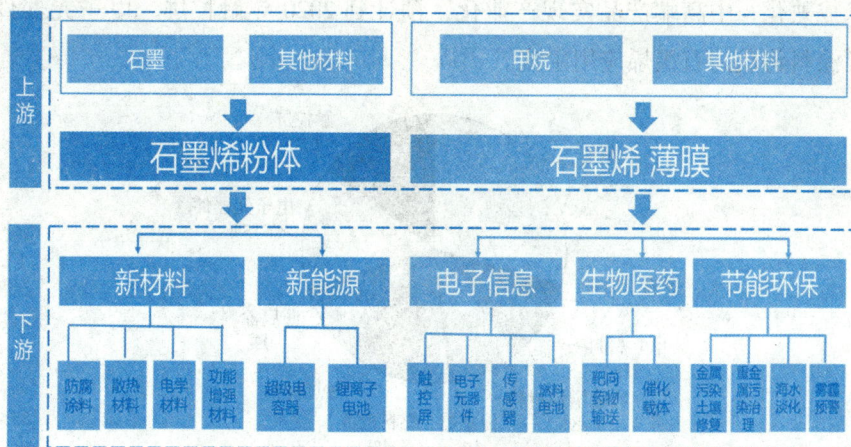

石墨烯产业链

数据来源：赛迪顾问，2017 年 12 月。

（四）产业规模预测

1. 2020 年中国石墨烯产业规模将超过 150 亿元

2017 年中国石墨烯产业规模为 50.3 亿元，比 2016 年同期增长 36.7%，随着石墨烯产业政策不断出台，石墨烯优异性能和潜在价值被逐步挖掘，预计 2020 年中国石墨烯产业规模将超过 150 亿元，年均复合增长率达到 42.5%。

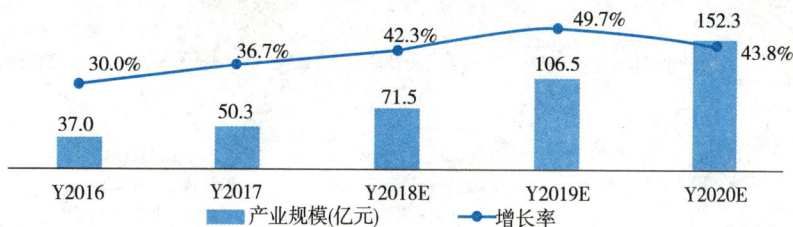

2016—2020 年中国石墨烯产业规模与增长

数据来源：赛迪顾问，2017 年 12 月。

2. 2020 年石墨烯触控屏产品占比将达到 15%，石墨烯粉体产品占据主要市场

未来三年，是石墨烯实现一个快速增长的阶段，在这个阶段将实现制备

技术成熟化，中高端产品实现产业化，预计到 2020 年触控屏、电子元器件、防腐涂料将成为石墨烯应用主流。

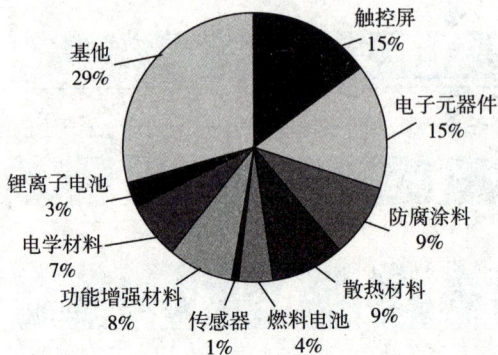

2020 中国石墨烯主要下游应用的市场结构预测

数据来源：赛迪顾问，2017 年 12 月。

（五）产业演进趋势

1. 下游市场将分级释放

未来五到十年，石墨烯超级电容、触摸屏、电子器件、导电电极等中高端产品将实现产业化，下游需求市场的快速打开将带动石墨烯产业加速发展。

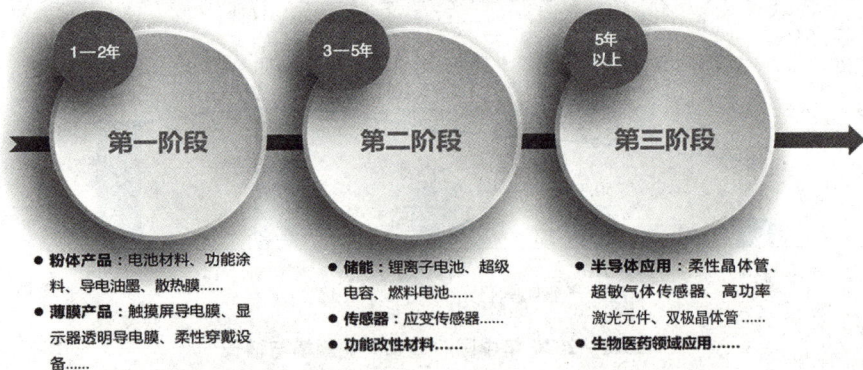

石墨烯下游应用趋势预测

2. 产业生态系统逐渐形成

未来在国家多项政策引导下，骨干企业将加速布局高端领域应用，产业链将进一步完善，同时各地区的产业联盟和创新平台的建设，将对整合石墨烯产业上下游资源发挥重要作用，石墨烯产业生态系统将逐步形成。

3. 行业并购整合力度将进一步加大

石墨烯属于技术密集型行业，具备较高的制备壁垒，需要依靠强大技术实力的研究团队经过长期的技术、经验积累实现规模化、高品质石墨烯的生产。因此，并购具有技术累积的中小型石墨烯制备企业成为具备较强资金实力的大中型企业想要进入石墨烯领域的重要选择，行业并购整合力度将不断加大。

（六）投资价值 20 强

中国石墨烯 20 强榜通过建立评判指标体系，从企业估值/市值、营收状况、专利数量、产品竞争力、企业潜力、领导层能力等多个维度进行定量与定性结合的评比。经过专家打分，对中国主流的石墨烯生产企业进行综合排名对比。

排名	企业名称
1	第六元素
2	二维碳素
3	生美鸿业
4	碳世纪
5	瑞利特新材料
6	济南圣泉
7	华高墨稀
8	墨稀集团
9	厦门凯纳
10	德阳烯碳
11	宝泰隆
12	吴鑫新能源
13	烯旺科技
14	碳时代
15	新池能源
16	超碳石墨烯
17	先丰纳米材料科技
18	利物盛集团（安固强能源）
19	正泰集团
20	悦达墨特瑞

2017 年中国石墨烯产业投资价值 20 强

数据来源：赛迪顾问，2017 年 12 月。

(七) 产业投资风向

1. 从市场进展和技术难度分析，石墨烯在锂离子正极材料领域最具备投资价值

目前石墨烯导电剂研发技术已经相对成熟，石墨烯导电添加剂显著提高充放电及导电性能，且具备量产条件。石墨烯导电浆料技术成熟，且成本优势凸显，已批量供货。目前已有多家公司将石墨烯应用于锂电池生产中。

2. 从产业投资回报率分析，石墨烯在传感器、半导体领域应用最具备投资价值

面对石墨烯竞争低端化、同质化的现状，投资者应提高投资门槛，瞄准石墨烯下游差异化应用的研发项目上，例如：传感器、半导体等石墨烯高端应用。石墨烯在传感器、半导体领域虽然仍处于起步阶段，但诸如中兴、华为等具有创新实力的企业先后涉足该领域。因此，该领域的市场前景较好，未来势必成为新的竞争热点。

三十五、轨道交通

定义：广义上的轨道交通是指运营车辆需要在特定轨道上行驶的一类交通工具或运输系统，包括一切传统铁路系统（普通铁路和高铁）和新型轨道系统。狭义上的轨道交通则是指城际轨道和城市轨道交通两大类。

（一）赛迪重大研判

1. 轨道交通产业投资规模持续保持增长态势
2. 轨道交通机车以电力机车为主内，燃机车占比持续降低
3. 系统集成将成为未来轨道交通装备市场焦点
4. 新一代信息技术将引领轨道交通智能化发展
5. 轨道交通后市场空间巨大有望实现爆发
6. 建设施工领域竞争程度将逐步增强

（二）产业发展环境

1. 海外市场需求激增，将为中国轨道交通产业发展提供新的增长点

随着区域经济一体化的发展，跨区域互联互通基础设施的需求日益增长，全球基础设施建设正迎来一轮发展新机遇。铁路建设作为基础设施建设的重

要组成，在基础设施建设新机遇下，全球铁路建设浪潮持续升温，包括美洲、澳洲、亚洲等地区掀起了世界范围内建设高速铁路的热潮，多国政府制定了全国性的整体修建规划，铁路网络的建设打开了轨道交通装备在海外的市场需求，有望成为我国轨道交通产业发展的又一增长点。同时在我国"一带一路"倡议的推动下，中国轨道交通装备企业迎来了国际业务上的"黄金期"，并实现了从亚非拉传统市场到欧美澳发达地区市场的飞跃。以中国中车为例，从订单数量上来看，中车国际业务签约额从 2012 年的 35.58 亿美元增加至 2016 年的 81 亿美元，增长了 125.8%。

2. 国家政策密集出台，为产业发展提供有力支撑

《关于加强城市轨道交通规划建设管理的通知》下放城市轨道交通建设审批权，鼓励民间资本介入城市轨道交通建设和管理，促进了国内城市轨道交通建设的进程，有利于中国轨道交通整体产业的蓬勃发展。《中长期铁路网规划》目标到 2020 年铁路规模达到 15 万公里，其中高速铁路 3 万公里覆盖80% 以上的大城市；到 2025 年，铁路网规模达到 17.5 万公里左右，高速铁路达到 3.8 万公里的发展目标。"一带一路"倡议将积极推动中国轨道交通装备走出国门，全面提升国际影响力。《中国制造 2025》将先进轨道交通列为未来重点发展的十大领域之一。

（三）产业链全景图

轨道交通产业拥有庞大的产业链条，其产业链上游主要包括勘察设计和建设施工等环节；整车及关键零部件制造、信号通信及控制系统等环节处于产业链的核心；运营管理及售后运维服务等环节处于产业链下游。

未来方向：

√ 轨道交通系统：列车控制技术、检测系统联动技术、故障管理技术、乘客监督和管理技术等关键技术不断突破，轨道交通无人驾驶技术逐步成熟。

√ 轨道交通装备：智能制造装备和先进工艺应用不断普及，助力轨道交通装备产品质量提升。

√ 运营/检修服务：轨道交通融资模式加速创新，民营资本在轨道交通后市场参与程度不断提高。

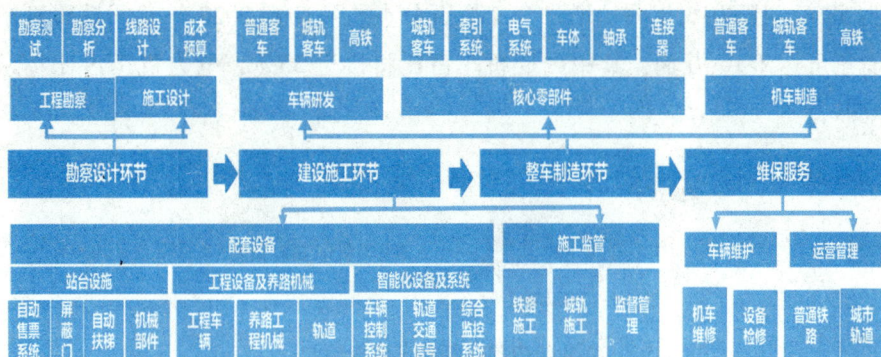

轨道交通产业链

数据来源：赛迪顾问，2017 年 12 月。

（四）投资规模预测

1. 轨道交通产业投资规模持续保持增长态势

随着国内新型城镇化建设的不断加速，市场对于轨道交通产业的需求愈加旺盛。《"十三五"规划纲要》提出建设高效密集轨道交通网，强化干线铁路建设，加快建设城际铁路、市域（郊）铁路并逐步成网，充分利用现有能力开行城际、市域（郊）列车，客运专线覆盖所有地级及以上城市。这表明我国仍将大力发展轨道交通产业并持续加大固定投资，未来三年全国轨道交通固定投资规模将稳步攀升，预计到 2020 年投资规模可达到 9500 亿元。

2015—2020 年中国轨道交通固定投资规模

数据来源：赛迪顾问，2017 年 12 月。

2. 轨道交通机车以电力机车为主，内燃机车占比持续降低

2016 年全国铁路机车拥有量为 2.1 万台，比上年增加 87 台，其中，内燃机车 0.87 万辆占 42%，比 2015 年同比下降 0.9 个百分点，电力机车 1.22 万

辆占 58%，比 2015 年同比增加 0.9 个百分点。预计到 2020 年我国铁路机车拥有量可达 2.16 万辆，其中内燃机车占比将接近 35%，电力机车占比将超过 65%。

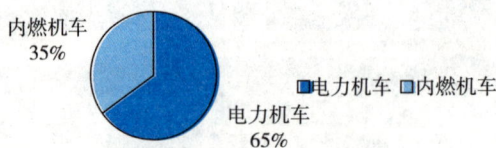

2020 年中国铁路机车结构预测

数据来源：赛迪顾问，2017 年 12 月。

（五）产业演进趋势

1. 系统集成将成为未来轨道交通装备市场焦点

轨道交通设备涵盖了当代各领域的高新技术、新工艺和新材料的应用，其行业特点决定了它更需要走集约、集聚、高科技发展的道路，因此，系统集成成为今后轨道交通装备制造业发展的主流趋势。

2. 轨道交通后市场空间巨大，有望实现爆发

随着我国高铁走出去战略的深化实施，海外市场对中国轨道交通装备需求持续扩大，海外需求的扩张将促进"产品+服务"出口模式的成熟发展，海外市场对我国轨道交通运维服务的需求也将随之大幅提升，轨道交通后市场发展潜力巨大。

3. 新一代信息技术将引领轨道交通智能化发展

我国正处于轨道交通建设的高速发展阶段，轨道交通网络宏图逐年扩大，与此同时乘客对轨道车辆运行安全方面提出了更高要求，与车载 WiFi、移动互联、大数据等众多高端信息技术深度融合发展的"智慧交通"成为了我国轨道交通可持续化发展的重要保障，将引领我国轨道交通智能化发展。

4. 建设施工领域竞争程度将逐步增强

中国中铁和中国铁路"双铁"巨头占有全国轨道交通工程建设市场份额的 80%，但随着隧道股份、腾达建设、宏润建设等地方勘查企业项目经验的积累和业务领域的不断拓展，"双铁"的龙头地位弱化趋势明显，市场竞争程

度将日益激烈。

（六）重点企业分析

针对轨道交通产业整车制造、零部件制造、外围部件制造、控制信号、通信系统以及维保服务等环节，根据企业规模、营收状况、产品竞争力、市场份额等多个维度，选取各领域极具代表性的龙头企业，并对代表企业近期动向进行简要介绍。

2017 年中国轨道交通重点企业分析

企业名称	细分领域	企业最新动向	主营业务收入（2016）
中国中车	整车制造	● 2017 年 11 月与瑞士霍派公司在位于瑞士的基亚索签订供货合同，标志着中国中车首次迈入瑞士市场； ● 2017 年 6 月中国中车自主研发的中国标准动车组"复兴号"批量投入京沪高铁运营； ● 2017 年 7 月公司研发的耐高寒抗风沙 CRH5G 动车组亮相宝兰高铁； ● 2017 年公司研发的时速 160 公里动力集中动车组完成样机试制和厂内联调试验； ● 公司完成了时速 250 公里中国标准动车组方案设计。	2297.22 亿元
晋亿实业	零部件制造	● 2017 年上半年公司继续加强技术研发，积极投入汽车发动机连杆螺栓生产技术研发、车用轮毂螺栓冷镦直齿技术研发、高强度螺栓金属束杆塑形技术研发、WJ8 型扣件系统高抗疲劳技术研发、低温耐冻钢架性能研究等项目，提升公司技术水平； ● 2017 年 4 月公司利用自有资金引进先进设备酸洗自动生产线进行技术改造，改造完成投产后年均可实现精线销售收入 12000 万元，年均利税 1680 万元。	22.8 亿元
方大集团	外围部件制造	● 2017 年上半年公司先后中标签约深圳万科滨海置地大厦、深圳万科云城、深圳金利通金融中心、广州凯达尔枢纽国际广场等一批高端幕墙工程及铝板材料项目； ● 截至 2017 上半年方大高端幕墙系统已累计创下数十个行业第一，在超高难度异形幕墙系统的设计、生产、施工方面水平领先； ● 2017 年公司与比亚迪签署了《云轨站台屏蔽门采购合同》，将为比亚迪云轨广安线、汕头线及西安线项目提供屏蔽门产品及相关服务，进一步巩固行业龙头地位。	42 亿元

续表

企业名称	细分领域	企业最新动向	主营业务收入（2016）
中国通号	通信系统	● 2017 年 11 月中国通号负责全线通信、信号、信息、防灾工程建设的莞惠城际东莞段正式进入联调联试阶段，标志着全球首条时速 200 公里自动驾驶城际铁路全线贯通进入倒计时； ● 2017 年 10 月中国通号自主研发、拥有完全自主产权的五模块智能电力 100% 低地板现代有轨电车在湖南长沙全球首发； ● 2017 年 10 月中国通号打通国内首条自动计时磁悬浮线（北京 S1 线）。	294 亿元
神州高铁	维保服务	● 2017 年上半年公司独创性开发的数据修车系统在铁路检修基地正式应用； ● 2017 年 1 月海淀国投与公司签署了战略合作协议，将通过资本合作、资源合作等方式促进公司长期健康、稳定发展； ● 2017 年公司推出的高速列车入库智能检测系统、智能化动车组空心车轴探伤机等已在客户现场安装使用，并通过了主管部门的评审鉴定。	18.7 亿元

数据来源：赛迪顾问，2017 年 12 月。

（七）产业投资风向

从轨道交通产业结构来看，在全球高端装备制造产业逐渐复苏的大背景下，中国高铁积极拓展海外市场，因此中国在未来还会将重点布局在整车制造环节。但从整车设计、整车制造、机车维修等重点环节来看，市场均处于中国中车寡头垄断的局面，为确保轨道交通装备运行安全及性能的可靠性，民营企业很难进入中国中车整车供应链体系，因此民营企业直接投资轨道交通整车环节的难度较高。但从产业链价值来看，随着我国轨道交通产业发展日益成熟，轨道交通装备维护市场将逐步打开，处于产业链后端的运维服务环节具备较高的投资价值。

从市场需求角度分析，轨道交通装备维保服务具备投资价值。轨道交通装备具有一定的周期性，在使用一定时间后需对装备进行维护和检修，因此售后服务就成为了提升核心竞争力的关键因素。按照轨道交通建设周期测算，2010 年之前投入应用的轨道、车辆及设备即将进入集中检修和维护阶段，为轨道交通装备维保服务提供了巨大的市场空间。

三十六、通用航空

定义：通用航空是指除军事、警务、海关缉私飞行和公共航空运输飞行以外的航空活动，包括从事工业、农业、林业、渔业、矿业、建筑业的作业飞行和医疗卫生、抢险救灾、气象探测、海洋监测、科学实验、遥感测绘、教育训练、文化体育、观光旅游等方面的飞行活动。本文所研究的通用航空产业既包括上述通用航空运营与服务，也包括通用航空制造。

（一）赛迪重大研判

1. 2020 年中国通用航空产业规模将超 1100 亿元，航空制造业规模依旧占较大比重
2. "互联网＋"推动云端制造，推进通航制造服务化进程
3. 通航基建引导通航机场建设高潮，有效带动市场规模增长
4. 通用航空发展模式从投资驱动向消费驱动升级
5. 增材制造的融合、租赁业务的开展、专业人员的培训将成为未来投资

风向与热点

（二）产业发展环境

1. 国家出台多项政策鼓励通用航空产业发展

2016年5月，国务院印发《关于促进通用航空业发展的指导意见》，明确到2020年要建成500座以上通用航空机场，并将低空空域真高1000米范围调整至3000米，扩大低空空域开放。2017年2月，民航局印发《通用航空发展"十三五"规划》，第一次出台通用航空五年专项规划，也是对《关于促进通用航空业发展的指导意见》的具体落实。2017年以来，国家发改委、交通部、民航局等部门发布通用航空类政策文件超40条，明确了未来通航的发展路径与规划。

2. 我国通用航空快速发展的客观经济条件已具备

2016年中国人均GDP达到8123美元。根据国际经验，人均GDP突破4000美元，通用航空市场将从以农林、工业为主逐渐过渡到以公司和个人商务、短途运输、体验娱乐等为主。当人均GDP达到8000美元时，商务和个人飞行将占到通用航空的60%以上。2017年1月，中国民用航空局发布《2017年通用航空专项资金预算方案》，公示了2017年民航局将对136家通用航空公司进行作业补贴和执照补贴，补贴金额共计3.26亿元。

3. 基于市场需求的通用航空社会发展环境良好

受自然条件影响，西部地区生态环境急需通航作业提供飞播造林、森林防火等生态环境保护；受居民消费观念影响，通航将向以飞行娱乐、旅游观光、私人飞行等现代服务业发展；西部地区公路、铁路相对较少，对速递等物流服务的短途运输需求尤为迫切，通航物流优势明显。

（三）产业链全景图

通用航空产业链包括航空新材料、通用航空装备制造、通用航空运营、通用航空服务四个环节。其核心业务是通用航空装备制造、通用航空运营与服务方面。通用航空装备制造包括公务机、小型固定翼飞机、直升机、特种飞机的整机制造，发动机、航电设备等的零部件制造和机场设备制造；通用航空运营与服务包括通用航空运营、通用航空培训、通用航空维修，以及周边的租赁、飞机拆解等业务。

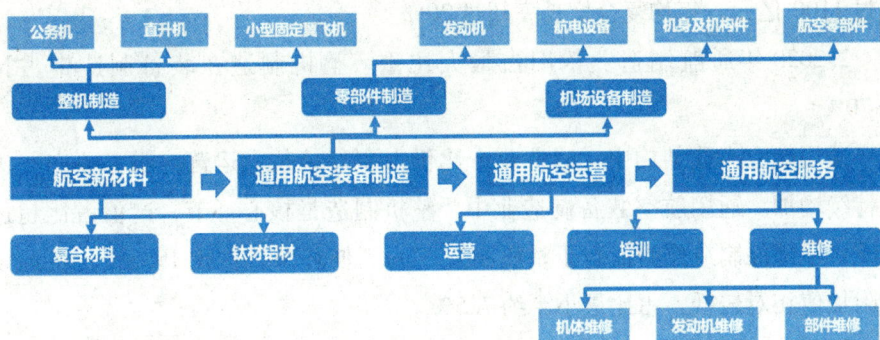

通用航空产业链

数据来源：赛迪顾问，2017 年 12 月。

未来突破点：

√ 航空新材料：以有机高分子材料和复合材料的普及应用为切入点，向轻质化、高强度、高模量、耐高温方向突破。

√ 通用航空装备制造：由传统制造向融合新技术、新科技的智能制造突破。

√ 通用航空运营与服务业：以航空基础和人气聚集的航空小镇，以及专业人员培训为突破点，带动通航产业发展。

（四）产业规模预测

1. 2020 年通用航空产业规模将超过 1100 亿元

2015—2020 年中国通用航空产业规模与增长

数据来源：赛迪顾问，2017 年 12 月。

2017年中国通用航空产业规模达667.7亿元，随着国家政策的频频出台，各地通用航空相关建设逐步启动，预计到2020年，中国通用航空产业规模将超过1100亿元，年均复合增长率超过20%

2. 2020年通航制造业依旧占最大比重，整机制造在装备制造中占比超70%

通用航空产业结构中，制造业占比仍占主导地位，运营与服务业产业规模持续增加。通用航空装备制造业中，整机制造是核心环节，产值占比超过70%；零部件制造作为依附于整机制造厂的延伸环节，占比19.5%；机场设备附加值相对较低，占比最小，约7.5%。

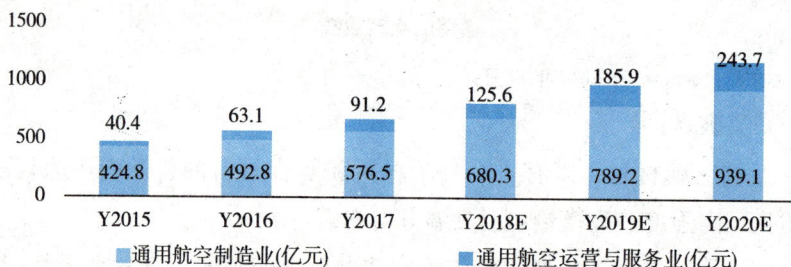

2015—2020年中国通用航空产业结构

数据来源：赛迪顾问，2017年12月。

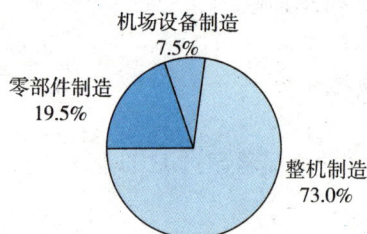

2020年中国通用航空装备制造业结构

数据来源：赛迪顾问，2017年12月。

（五）产业演进趋势

1. "互联网＋"推动云端制造，推进通航制造服务化进程

"互联网＋"与制造业的相互融合，使通航制造业的设计环节与用户需求

联系紧密，借助互联网资源开放共享平台，未来通航制造业有望实现基于互联网的云端制造。"制造即服务"的云端制造核心，为通航制造业产品提供全球化制造的系统服务，使通航制造业实现灵活生产、零库存的云端制造，加快通航制造向服务型制造转型的步伐。

2. 通航基建引导通航机场建设高潮，有效带动市场规模增长

在政策引导下，到 2020 年，我国将建成 500 个通用机场，基本实现地级以上城市拥有通用机场或兼顾通用航空服务的运输机场。通航机场数量的增长将带动相关的基础建设以及航管、机场设备、通航飞机、飞行员、通航运营、维修、租赁等领域的快速发展，从而促进通用航空市场规模的迅速增长。

3. 通用航空发展模式从投资驱动向消费驱动升级

通航产业的发展模式正在逐步从早期的政府扶持、产业园建设投资等投资驱动方式转变为市场需求驱动的产业发展模式，即从投资驱动向消费驱动模式发展。通航消费市场应用将更加贴合消费者从应付生活向经营生活、享受生活的转变，新型的发展型、服务型消费也使得通用航空市场未来呈现快速增长。

（六）投资价值 50 强

中国通用航空产业投资价值 50 强榜单通过建立评判指标体系，从企业年产规模、营收状况、产品竞争力等多个方向进行综合评定，对国内通用航空整机制造、零部件制造、通航培训院校、通航运营等四大领域的企事业单位进行多个维度定量与定性结合的评比，得出以下投资价值 50 强名单。

序号	单位名称	序号	单位名称
1	中航飞机股份有限公司	26	北京华龙商务航空有限公司
2	中航工业哈尔滨飞机工业集团有限责任公司	27	中一太客商务航空有限公司
3	四川成发航空科技股份有限公司	28	南山公务机有限公司
4	中航江西洪都航空工业股份有限公司	29	香港商务航空
5	四川海特高新技术股份有限公司	30	耀莱通用航空有限公司
6	中航工业西安航空发动机（集团）有限公司	31	北京航空有限责任公司
7	湖南博云新材料股份有限公司	32	北大荒通用航空公司
8	西安航空动力股份有限公司	33	民生国际通用航空有限责任公司
9	中航工业沈阳飞机工业（集团）有限公司	34	北京首航直升机股份有限公司
10	中航工业沈阳黎明航空发动机（集团）有限责任公司	35	西安航空基地金胜通用航空有限公司
11	中航工业南方航空工业集团	36	中航通用飞机有限责任公司
12	中电科芜湖钻石飞机制造有限公司	37	中国飞龙通用航空有限公司
13	中国飞龙通用航空有限公司	38	新疆通用航空有限责任公司
14	河北致远通用航空公司	39	湖北蔚蓝国际航校
15	海南航空学校有限责任公司	40	安阳通用航空有限责任公司
16	南航艾维国际飞行学院（南京）	41	中信海洋直升机股份有限公司
17	中国民航飞行学院	42	中国飞龙通用航空有限公司
18	新疆天翔航空学院	43	上海金汇通用航空股份有限公司
19	珠海中航飞行学校	44	国网通用航空有限公司
20	陕西凤凰国际飞行学院	45	南航通用航空有限公司
21	青岛九天国际飞行学院	46	广东白云通用航空有限公司
22	中国民航大学	47	广州穗联直升机通用航空有限公司
23	金鹿公务航空有限公司	48	西林凤腾通用航空有限公司
24	亚联公务机有限公司	49	湖北同诚通用航空有限公司
25	东方公务航空服务有限公司	50	重庆通用航空有限公司

2017 年中国通用航空产业投资价值 50 强

注：以上排名不分先后。

数据来源：赛迪顾问，2017 年 12 月。

（七）产业投资风向

1. 增材制造助力通航制造业突破技术瓶颈

增材制造即 3D 打印，能够对复杂通航结构件实现快速制造响应、无模具自由成型、复杂异形结构加工、多种材料任意复合制造，可为制造商节约大量成本。3D 打印可提高原材料利用率，如制造风扇叶片环节，可提高原材料利用率 10 倍以上。通用航空器由于在飞行过程中机身结构受力较小，适航标准普遍也低于运输航空器，将成为 3D 打印在航空领域最好的试验和推广平台。

2. 飞机租赁业务挖掘通航运营市场巨大潜力

通航飞机租赁可降低购机成本，其经营性租赁由于具有灵活性强、风险较低的优势，将成为更多运营商的选择。通航飞机租赁租期短，交易结构为简单的双边交易，可为通航运营商避免较高的税额，会直接扩大通用航空器的需求量，挖掘出国内通用航空租赁的巨大潜力和市场。

3. 通航产业带动飞行员等专业人员培训服务业快速发展

随着开放式的市场化人才培养体制的建立，个人自费学习飞行技术的趋势，飞行员等专业人员的学习人数将在未来有所增长，而对这类人员的培训行业的大门也随之打开。随着通航产业的发展，通航飞行器快速增加，通航飞行员等专业人员的资源短缺等问题备受关注，受到刚性需求的驱动，通航飞行员等专业人员的培养将成为投资新蓝海。

三十七、智能网联汽车

定义：搭载了先进的感知系统、控制系统、执行系统，可连接车联网平台，通过通信网络技术实现车与X（车、人、交通基础设置、后台等）智能信息交换共享，具备环境感知、智能决策、自主控制等功能，可实现安全、舒适、节能、高效行驶，并最终可替代人来操作的新一代汽车。

（一）赛迪重大研判

1. 2025年中国有望大规模普及部分自动化驾驶技术，部分高档品牌车型推出有条件自动化驾驶技术，综合技术水平将进入L2－L3阶段

2. 2020年智能驾驶新车市场渗透率将为15%左右，ADAS市场规模将近900亿元

3. 自主式技术和协同式技术加速融合成为未来发展的主流趋势

4. 自动驾驶技术与新能源汽车相结合，促进汽车智能化、电动化的普及加速

5. 以消费者出行体验为导向的商业模式风起云涌，基于智能互联的共享出行将成风口

（二）产业发展环境

1. 国外智能网联汽车起步较早，多数发达国家已进入产业化及市场部署阶段

欧、美、日等发达地区经过近10年的国家项目支持，已基本完成了V2X通信及控制的大规模道路测试评价，并从国家标准法规方面提出了 ADAS 系统强制装配时间表，现已进入产业化及市场部署阶段。

美国：2017年7月美国国会通过了一项针对智能汽车的立法草案

欧盟：发布一系列政策法规引导各成员国的智能网联汽车产业发展

日本：2016年成立专项研究小组，目标是2025年形成完全自动驾驶汽车市场

2. 中国发布智能网联汽车技术路线图，并搭建智能网联汽车测试示范区

工信部已先后出台了汽车产业中长期发展规划、智能网联汽车技术路线图、车联网和5G发展行动方案等一系列指导性文件，推动成立车联网产业发展专项委员会，支持关键技术的研发和应用测试，并搭建了上海、重庆、北京等测试示范区。

3. 产学研各界及地方政府积极响应，多角度共同谋求突破

自 2015 年国务院发布《中国制造 2025》，明确将发展智能网联汽车提升至国家战略高度，在过去两年里，产学研各界及政府纷纷围绕这项新技术，从各个角度谋求突破，包括研发新技术、完善智能网联技术的顶层设计、制定相关的法规标准。

4. 汽车保有量持续增加，智能网联汽车市场前景广阔

截至 2017 年 6 月底，我国机动车保有量达 3.04 亿辆，与 2016 年底相比，增加 938 万辆，增长 3.18%。交通拥堵、事故频发、城市道路通行效率低，消费者迫切期待更智能、更高效的出行方式。智能网联汽车是追随消费者诉求的产物，也是汽车产业发展的必然趋势，蕴藏丰富的投资机会。我国作为全球最大的汽车生产和消费国，智能网联汽车市场前景广阔。

（三）产业链全景图

从智能网联汽车产业链看，产业链前端核心主要由三大核心系统、一个平台和一套总成组成，其中三大核心系统指感知系统、控制系统和执行系统；一个平台指车联网平台；一套总成系统指动力总成系统，包括动力电池包、电机、电控等。产业链的下游即后市场，涵盖了车辆保险、保养、维修、共享租赁等服务。

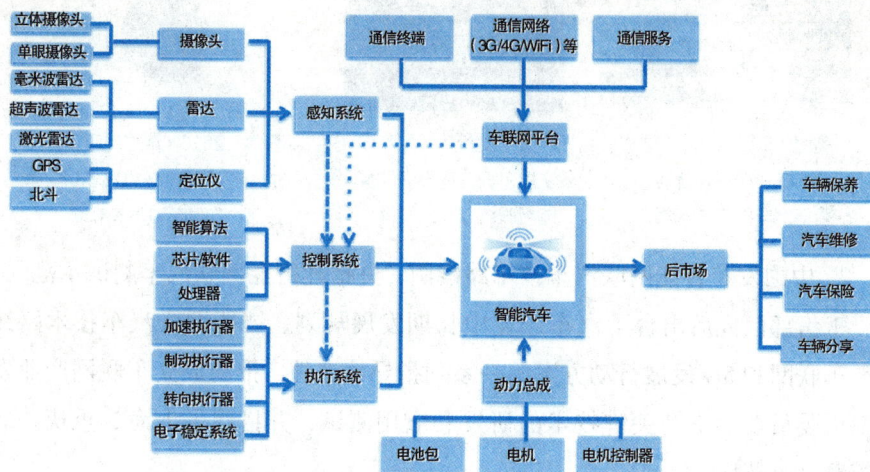

智能网联汽车产业链

数据来源：赛迪顾问，2017 年 12 月。

未来突破点：

√ 感知系统：发展毫米波雷达成像技术将强化感知系统的引领作用。

√ 控制系统：芯片和算法需协同进化，并行推动智能网联汽车发展。

√ 执行系统：发展 IBS（智能刹车系统）是实现无人驾驶的最优选择。

√ 车联网平台：搭建数据交互平台是实现 V2X 的必由之路。

（四）市场规模预测

1. 2020 年中国智能网联汽车市场规模将达近 900 亿

基于我国年汽车销量平均增速为 6% 的预测，到 2020 年我国汽车销量将达 3000 万辆左右。赛迪顾问以 2020 年智能网联新车市场 DA、PA、CA 系统渗透率为 50%，网联式驾驶辅助系统渗透率为 10% 进行预计，市场充分竞争后，相关配件价格下降，智能网联产品单车配套价格低至 5000 元，则未来市场将近 900 亿元，市场潜力巨大。

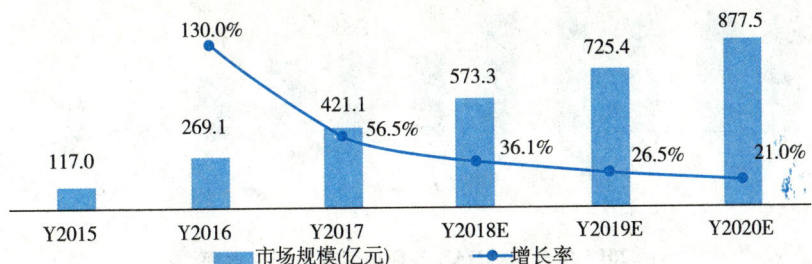

2015—2020 年中国智能网联汽车市场规模与增长

数据来源：赛迪顾问，2017 年 12 月。

2. 车道驾驶辅助、障碍识别等智能类产品占比逐年上升

车道驾驶辅助、障碍识别等智能类产品占比逐年上升，2020 年达到35%，防碰撞、危险警告等汽车安全性产品占比基本不变，资讯娱乐、导航等汽车服务类产品占比不断下降。

2015—2020 年智能网联汽车产品市场份额

数据来源：赛迪顾问，2017 年 12 月。

（五）产业演进趋势

1. ADAS 渗透率的提升空间巨大

中国的汽车市场销量占全球销量的三成以上，但 ADAS 的普及率仅在 3%—6%，而欧美国家的市场渗透率已达 8%—10%。相比于国外，ADAS 在中国的渗透情况与市场地位极不相符，国内 ADAS 渗透率还有非常大的提升空间。

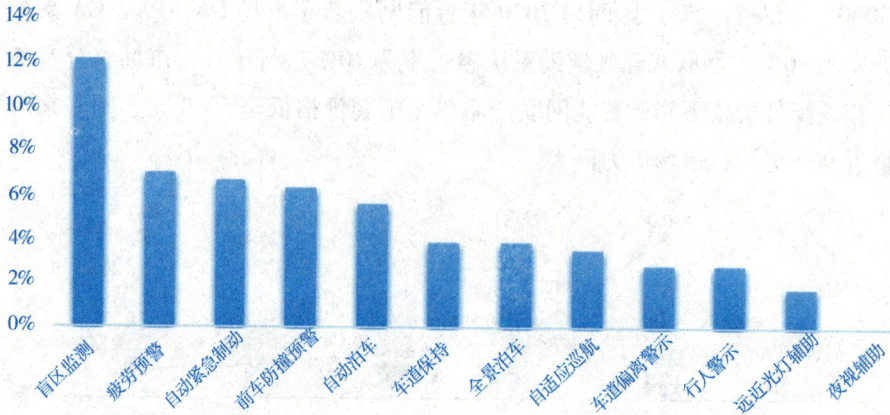

2017 年全球 ADAS 各项功能的市场渗透率

数据来源：赛迪顾问，2017 年 12 月。

2. 自主式和协同式加速融合，提升智能化水平

自主式技术和协同式技术的加速融合，聚焦于打造更先进的定位技术、更精确的数字地图、更具人性化的人机交互界面，快速提升我国智能网联汽车的智能化水平。在取得消费者信任之前，毫米波雷达、高精度地图、人工智能芯片和算法等关键技术的突破是智能网联汽车行业面临的最紧要的挑战。

3. 智能网联汽车与共享出行产生叠加效应，推动汽车产业价值转移

在汽车智能化、网联化、电动化和共享化的"四化"大趋势下，汽车产业的收入和利润重点也在逐渐转移。一方面，智能网联汽车与共享出行的叠加效应推进了汽车产业的转型升级；另一方面，消费者的数字化趋势反向推动市场需求从产品转向服务。数字化服务、共享出行、新技术、金融科技等所占利润比例逐渐升高。

（六）投资价值百强

中国智能网联汽车产业百强榜通过建立评判指标体系，从企业总体规模、技术水平、成长潜力、成果显现等维度进行定量与定性结合的评比，经过打分，将中国的智能网联汽车企业分为 11 个领域进行排名对比。包含 3 类综合性车企榜单、8 个重点技术产品领域。

综合类		10	苏州豪米波科技	10	好好开车（那狗）
1	百度	**定位导航**		11	灵动飞扬
2	阿里巴巴	1	四维图新	12	极目智能
3	腾讯	2	高德地图	13	中科慧眼
新兴车企		3	百度地图	**通信服务**	
1	蔚来汽车	4	凯立德	1	中国移动
2	云度新能源	5	北斗星通	2	中国电信
3	电咖汽车	6	超图软件	3	中国联通
4	前途汽车	7	千寻位置	4	华为
5	威马汽车	8	易图通	5	中兴
6	小鹏汽车	**算法软件**		6	大唐电信
7	奇点汽车	1	地平线	7	科大讯飞
8	零跑汽车	2	图森未来	**车联网**	
9	车和家	3	Momenta	1	启明信息
10	爱驰亿维	4	景驰科技	2	飞驰镁物
11	FMC	5	驭势科技	3	东软集团
12	汉腾汽车	6	寒武纪科技	4	江苏天泽
激光雷达		7	禾多科技	5	上海宝信软件
1	思岚科技	8	小马智行Pony.ai	6	北京易华录
2	禾赛科技	9	智行者科技	7	银江股份
3	镭神智能	**芯片**		8	亿阳信通
4	北科天绘	1	全志科技	9	皖通科技
5	速腾聚创	2	大唐电信	10	荣之联
6	北醒光子科技	3	瑞芯微	**运营**	
7	EAI	4	海思	1	滴滴出行
8	巨星科技	5	杰发科技	2	神州优车
9	沈阳承泰科技	6	展讯	3	首汽租车
10	大族激光	7	中科微	4	易到
毫米波雷达		**ADAS**		5	Gofun
1	纳雷科技	1	Minieye	6	EVCARD
2	行易道	2	Maxieye	7	TOGO
3	雷博泰克	3	苏州智华	**车载硬件类**	
4	厦门意行	4	前向启创	1	均胜电子
5	智波科技	5	纵目科技	2	路畅科技
6	南京隼眼	6	南京创来科技	3	航盛电子
7	深圳卓泰达	7	北京双髻鲨	4	经纬恒润
8	森思泰克	8	北京智眸科技	5	保千里
9	西科微波	9	中天安驰		

2017 年中国智能网联汽车产业投资价值百强

数据来源：赛迪顾问，2017 年 12 月。

（七）产业投资风向

1. 从投资回报看，可关注人工智能算法、环境感知融合技术等领域

高精度地图、人工智能算法、车载智能芯片和环境感知融合技术正处于关注爆发期，成为新兴技术企业抢占未来市场的制高点和突破点。高端技术不断涌现，但仍未进入产品量产阶段，具备很高的投资价值。

2. 从应用和技术自主度看，可关注 ADAS、摄像头、毫米波雷达等领域

ADAS 作为现阶段智能网联汽车成果的商业化成品，稳居智能网联汽车投资榜前列，仅 2017 年就占据了总投资额的近六成。此外，感知系统中的摄像头、毫米波雷达等领域也备受关注。高昂的价格造成博世等国外零部件巨头难以打开中国市场，同时也使得国内企业有望通过技术迭代更新降低产品成本，最终形成竞争优势。

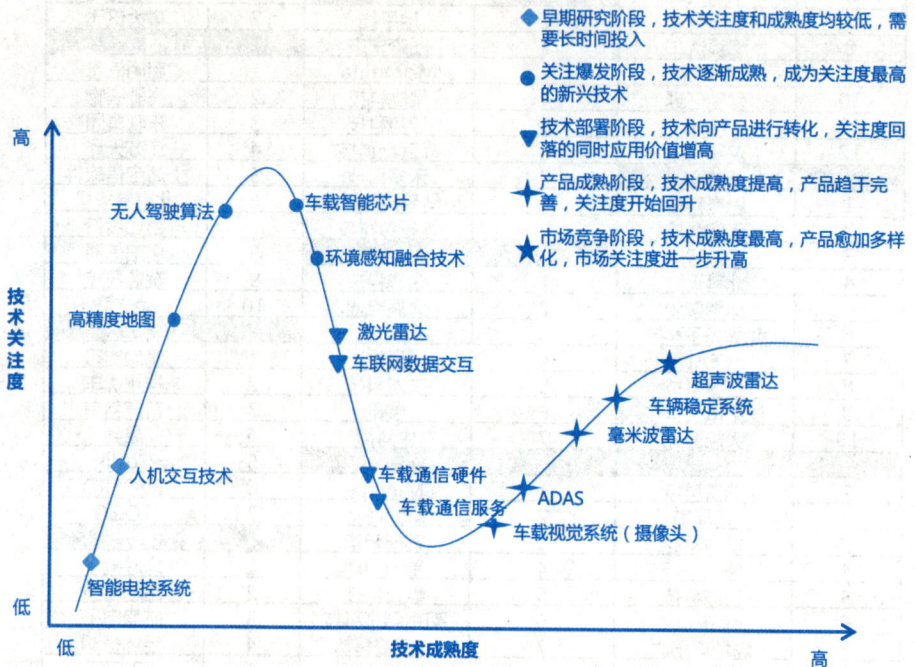

◆ 早期研究阶段，技术关注度和成熟度均较低，需要长时间投入

● 关注爆发阶段，技术逐渐成熟，成为关注度最高的新兴技术

▼ 技术部署阶段，技术向产品进行转化，关注度回落的同时应用价值增高

★ 产品成熟阶段，技术成熟度提高，产品趋于完善，关注度开始回升

★ 市场竞争阶段，技术成熟度最高，产品愈加多样化，市场关注度进一步升高

三十八、新能源汽车

定义：新能源汽车是指采用非常规的车用燃料作为动力来源，综合车辆的动力控制和驱动方面的先进技术，形成的技术原理先进、具有新技术、新结构的汽车。包括纯电动汽车、插电式混合动力汽车、燃料电池汽车、氢发动机汽车及其他新能源汽车。

（一）赛迪重大研判

1. 国家大力发展新能源汽车的决心坚定，产业向着可持续方向发展
2. 2020 年中国新能源汽车产量将达 200 万辆，增长动力将主要来自于乘用车
3. 车企加快布局，新能源汽车规模快速增长，2030 年将出现革命性拐点
4. 智能互联催生共享模式，运营平台将成为整车厂的重要客户
5. 氢燃料电池、汽车电子、创新的商业模式等将随新能源汽车产业的发展迎来新机遇

（二）产业发展环境

1. 欧美国家纷纷出台政策鼓励新能源汽车发展，全球市场发展提速

欧美国家纷纷制定燃油车退出计划并出台其他相关政策引导本国新能源

汽车产业发展，在市场推广方面取得重要成就。2014年至2016年全球新能源汽车销量年复合增长率高达48%，2016年销量达77万辆。截至10月，2017年销量达到88.84万辆，同比增长51%。

2. 国家大力发展新能源汽车的决心坚定，产业向着可持续方向发展

从2009年发布通过补贴的方式鼓励私人购买新能源汽车开始，到2017年9月发布"双积分"政策鼓励更多车企参与新能源汽车领域竞争。国家支持新能源汽车发展的阶段性政策虽然不同，但决心不改，持续推动该产业向着可持续方向发展。

3. 在国家政策推动下，中国成为最大新能源汽车市场

在政策推动下，2015年开始，我国新能源汽车进入快速发展期。2016年中国新能源汽车以50.7万辆的销量位居全球榜首，成为全球最大的新能源汽车市场。2017年中国新能源汽车市场仍保持较快增长，年销量预计超过70万辆。

4. 产业融合加快，智能化、网联化成为新能源汽车发展的重要趋势

人工智能、大数据、IT等新技术为汽车行业带来了新变革。智能车联网、V2G、无线充电以及大数据等新技术将逐步应用到纯电动汽车上。随着消费水平提高，消费需求向着安全、舒适、经济等方向转变。汽车也从交通工具转变为大型移动智能终端，产业生态进入变革期。

5. 产融互动活跃，政府产业基金成为新能源车企发展的重要支持力量

为促进地方产业的发展，各地方成立了产业基金，截至2016年，国内共设立产业基金约5.33万亿元。中国新兴车企50%以上的投资获得当地政府的直接或者间接的资金扶持，产业基金成为新兴车企发展的重要支持力量。

（三）产业链全景图

从产业链的角度来讲，新能源汽车产业向上可延伸到锂、稀土、镍、锰等金属矿产资源，向下延伸至新能源汽车整车运营及服务等环节。整个产业链包含整车、动力电池、电力控制系统、零部件制造、充电设施、汽车后市场和智能网联等细分环节。

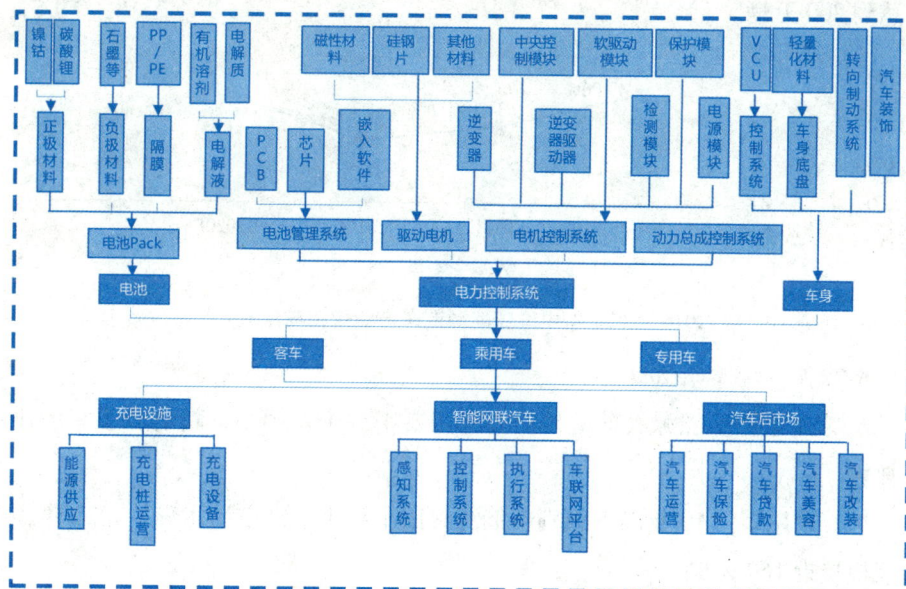

新能源汽车产业链

数据来源：赛迪顾问，2017 年 12 月。

未来突破点：

√ **整车制造**：注重消费体验、更高的性价比，在 C 端市场拥有更大的消费群体和认可度

√ **动力电池**：续航能力的提升以及充电时间缩短等更优性能，燃料电池等其他领域的技术与运营突破

√ **电机电控系统**：功率质量比的提升，IGBT 通过技术突破打破国外垄断

√ **汽车电子**：探索高精尖车载电子，聚焦功率元器件

√ **汽车后市场**：合理抓取、利用大数据，集便捷与服务于一体

（四）产业规模预测

1. 新能源汽车规模快速增长，2020 年产量将达 200 万辆

2016 年中国新能源汽车产量超过 50 万辆，随着国家持续推动新能源汽车产业发展、车企加快布局新能源汽车，预计到 2020 年，中国新能源汽车产量

将达到200万辆。

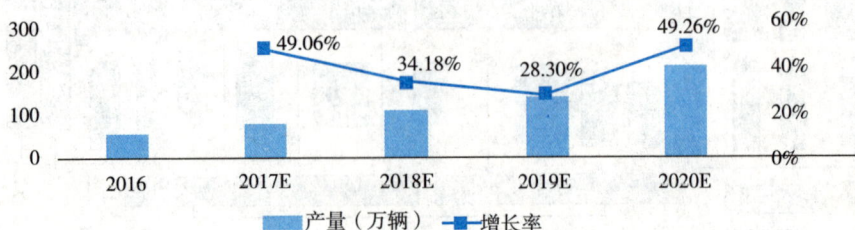

2016—2020 年中国新能源汽车产业规模与增长

数据来源：赛迪顾问，2017 年 12 月。

2. 未来中国新能源汽车增长动力将主要来自于乘用车，新能源客车增速将放缓

▶ 乘用车：A0 及以下级别新能源乘用车将成未来市场主导，2020 年预计规模接近 160 万辆。

▶ 客车：电动客车产业规模未来几年增速保持平稳，2020 年电动客车合计将接近 20 万辆。

▶ 专用车：电动专用车以 EV 为主，预计到 2020 年接近 30 万辆。

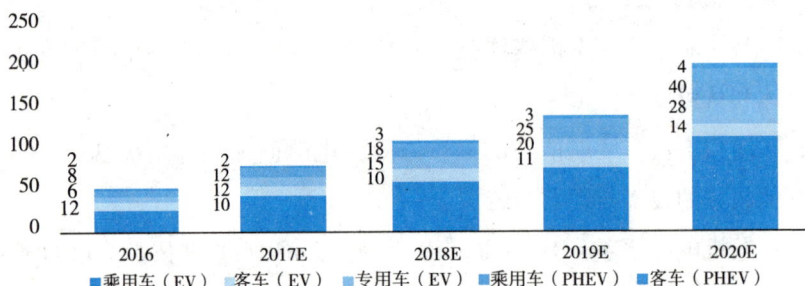

2016—2020 年中国新能源汽车产量及结构预测（万辆）

数据来源：赛迪顾问，2017 年 12 月。

（五）产业演进趋势

1. 政策鼓励中外车企拓展新能源汽车业务，市场竞争将更加激烈

"双积分"政策鼓励更多的企业参与新能源造车，《外资投资产业指导目录（2017 年修订）》允许外商建立生产纯电动汽车整车产品的合资企业可不

受两家的限制。通用汽车、丰田汽车、宝马、奔驰等外资企业已纷纷在布局新能源汽车，将凭借品牌、资金、技术等优势给自主品牌带来不小压力，未来新能源汽车市场竞争也将更加激烈。

2. 新能源汽车规模快速增长，2030 年将出现革命性拐点

"双积分"政策鼓励中外车企纷纷布局，多方联合推动，新能源汽车发展规模迅速攀升，新能源汽车销量超过燃油车将在 2030 年出现。

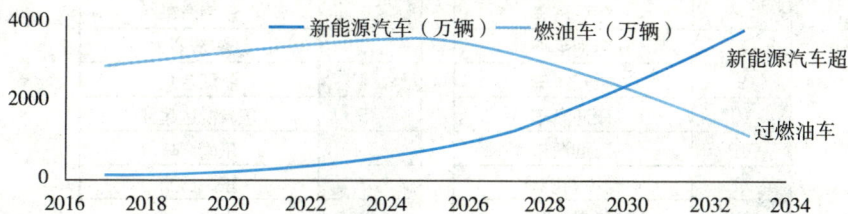

新能源汽车与燃油车销量增长及预测

数据来源：赛迪顾问，2017 年 12 月。

3. 智能互联催生共享模式，运营平台将成为整车厂的重要客户

传统汽车行业的商业模式逐步演变为"设计 + 制造 + 运营 + 互联 + 后服务"的新模式，新能源汽车产品将变为具备代步功能的移动终端。智能互联催生共享模式，部分消费者将更注重车辆的使用权而非产权，运营平台也将成为整车厂重要客户之一。

4. 为降低成本、提高竞争力，优势企业将加快垂直一体化产业链整合

近两年来，一些优势整车企业开始涉足新能源汽车上下游，如上汽与宁德时代成立合资公司、吉利汽车涉足运营平台成立曹操专车等。汽车产业链涉及环节多，创新技术和模式不断涌现，控制供应链核心环节成本尤为重要，打造直通消费者的平台是销量成败的关键。优势企业具有资金、技术、资源等多方优势，为提高市场竞争力，将加快垂直一体化产业链整合。

（六）投资价值 50 强

中国新能源汽车企业排行榜通过建立评判指标体系、从企业估值、营收状况、专利数量、企业发展潜力、核心领导层能力等多个维度进行定量与定性结合的评比，最终形成榜单。

排名	企业简称	排名	企业简称
1	比亚迪	26	上汽大通
2	北汽新能源	27	威马汽车
3	上汽荣威	28	力帆汽车
4	江铃汽车	29	裕路汽车
5	众泰汽车	30	小鹏汽车
6	广汽传祺	31	国能新能源
7	知豆汽车	32	东南汽车
8	吉利帝豪	33	沃尔沃亚太
9	长安汽车	34	浙江合众
10	康迪汽车	35	东风悦达起亚
11	江淮汽车	36	东南汽车
12	奇瑞新能源	37	东风日产
13	华泰汽车	38	天津一汽
14	蔚来汽车	39	江苏敏安
15	上海通用	40	东风启辰
16	前途汽车	41	江淮大众合资
17	宝骏汽车	42	车和家
18	东风风神	43	国金汽车
19	海马汽车	44	乐视汽车
20	云度新能源	45	奇点汽车
21	万向集团	46	汉腾汽车
22	川汽野马	47	FMC
23	时空电动-东风	48	正道汽车
24	腾势汽车	49	泰克鲁斯腾风
25	陆地方舟	50	开云汽车

2017 年中国新能源汽车产业投资价值 50 强

数据来源：赛迪顾问，2017 年 12 月。

（七）产业投资风向

1. 从国家政策支持方向分析，新能源汽车整车领域具广泛投资机会

在工信部表示启动燃油车禁售消息、发布"双积分"政策后，国家多方式、多措施支持新能源汽车产业发展的决心没有变。部分国内外传统车企提出新能源整车的生产布局，同时搭载智能汽车产品。消费者的体验感不断提升，认知障碍也有望逐步打破，整车领域需求将持续上升。

2. 氢燃料电池已进入市场导入阶段，更好的实用性带来更大潜力

虽然燃料电池面临成本高、未实现工业化规模生产等问题，但目前已基本度过了技术开发阶段，进入市场导入阶段。燃料电池发动机效率高、续航里程大、充电时间短、低温适应性好、寿命可满足商用，更好的实用性在未来将更易赢得市场。燃料电池系统关键环节具有发展潜力，以技术难度大、成本高的催化剂、质子交换膜、双极板等产品为主。

3. 汽车电动、智能化势不可挡，汽车电子孕育投资新机遇

在电动化和智能化的推动下，电子化深度升级是汽车行业发展的必然趋势。汽车电子在巨头公司的营收中的份额持续走强，未来将有更多资本注入。控制装置为主的汽车电子（前装）和车载汽车电子装置（后装）两大类值得关注，未来将成为电动汽车、智能汽车的重要零部件之一。

三十九、动力电池

定义：动力电池是指为新能源汽车提供动力的电池。从技术路径看，主要包括用于纯电动汽车（EV）和插电式混合动力电动汽车（PHEV）等的蓄电池和专用于燃料电池汽车（FCEV）的燃料电池。

（一）赛迪重大研判

1. 燃油车退出和积分制落地市场需求稳步增长，2017—2020 年复合增速约 40%

2. 动力电池逐步由政策周期向产品周期过度，预计 2020 年将与燃油车直接竞争

3. 高镍三元符合高能量低成本趋势，是中期的主要方向

4. 钴镍资源、铜箔、高镍三元、锂电设备将成为新的投资热点

5. 电池回收将成新的市场蓝海，相关法律与市场机制将逐步完善

6. 燃料电池预计 2018—2019 年实现量产，2021 年进入高速增长期

（二）产业发展环境

1. 燃油车退出计划与积分制落地有望缓解补贴退坡与扩产过快带来的供需失衡

近两年国内动力电池企业加速扩产，然而市场却受政策退坡影响增长变缓，预计 2017 年末全国有效产能将达 130GWh，总量严重过剩。积分制的落地以及各国出台的燃油车退出计划将形成倒逼机制，促进传统车企转型，到 2020 年间动力电池市场将稳步增长，电池供给与需求或将回归合理范围。

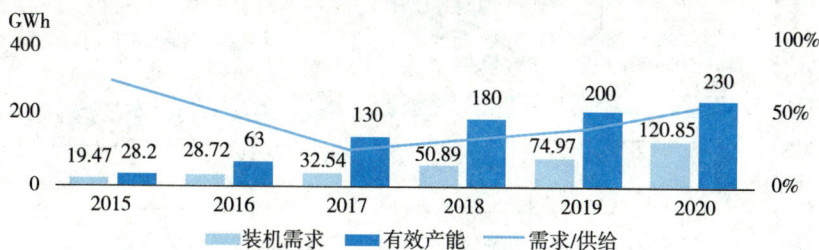

中国动力电池市场需求与供给对比

数据来源：赛迪顾问，2017 年 12 月。

2. 技术进步与产能扩张带动电池成本稳步下降

伴随着技术进步，三元电池逐渐走向高镍化，带来的降本包括：一是能量密度提升，导致单位电量所需的正极等四大原材料用量下降；二是高镍低钴化，可以有效降低最昂贵的钴金属用量，节省成本；三是国内高端碳酸锂放量，实现进口替换。

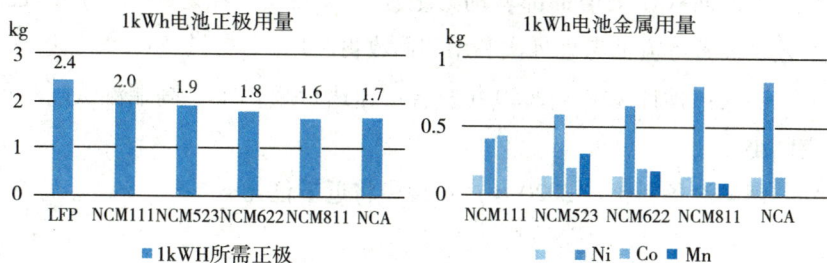

2017 年中国三元电池单位原料用量

数据来源：赛迪顾问，2017 年 12 月。

（三）产业链全景图

从技术路径看，动力电池目前主要包括锂离子电池和燃料电池两大类。上游主要有锂、镍、钴、石墨等矿产资源及正极材料、负极材料、隔离膜、电解质四大电池材料，此外还有份额较小的铝铂、铜箔、溶剂等；中游主要是将电池单体打包为模组以后与 BMS 一起 PACK 的过程；下游除电动汽车等应用市场，此外还需关注电池回收领域。

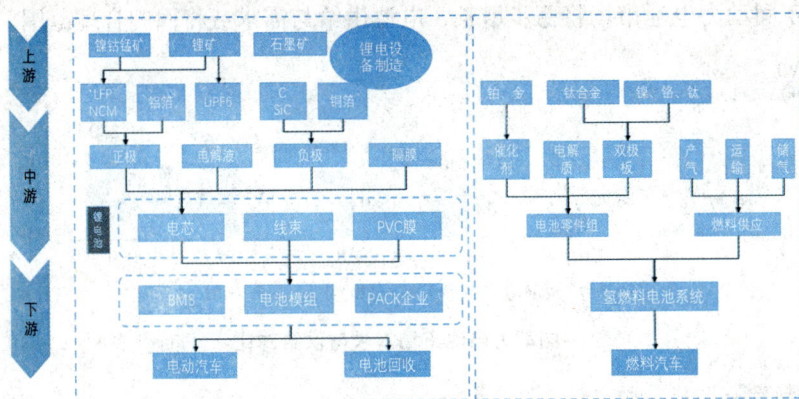

动力电池产业链

数据来源：赛迪顾问，2017 年 12 月。

未来增长点：

√ 高能量比正极：未来五年增量有望达 600 亿元，高镍化三元是主要方向。

√ 电池回收：工信部部署动力电池未来五大重点之一，从产品设计、制造工艺、装备等方面考虑梯次利用和回收再利用。

√ 隔膜：预计 2017—2020 年复合增速达 65％以上，高端湿法隔膜价格下降空间小。

√ 锂电设备：预计 2020 年产业规模将近千亿元。

（四）产业规模预测

1. 经历 2016 与 2017 两年产业整顿后，动力电池产业将迎来稳步增长

2017 年由于补贴目录调整，对大容量乘用车影响较小，导致乘用车单

车电池搭载量下滑，同时客车市场受补贴影响较大市场下降明显，所以2017年电池产量增长较为缓慢，截止到10月份动力电池产量同比增长不足30%，从往年经验看，年底一般会有一波抢装，全年产量预计能达到41.2GWh。

2015—2020 年中国动力电池产业规模与增长

数据来源：赛迪顾问，2017 年 12 月。

2. 市场进入产品驱动周期，三元市场有望持续放大

短期看 LFP 电池和三元电池市场将继续保持增长，其中趋向高镍低钴化发展的三元技术路线更符合电动汽车高续航、低成本的发展趋势，因此三元电池将会是高速增长的一条分支，预计 2017、2018 年三元电池增速将分别高达 93%、88%，到 2020 年，三元电池的产能占比将达到 70%。随着技术的突破，燃料电池将会在 2019—2020 年进入快速增长期，届时动力电池市场将逐渐进入技术交替时代。

2015—2020 年中国动力电池产业结构

数据来源：赛迪顾问，2017 年 12 月。

（五）产业演进趋势

1. 企业两极分化显著，龙头配龙头格局基本确定

电池产能快速扩张的背景下，国内锂电池总体将持续过剩，但劣质产能较多，优质产能仍然欠缺，后期行业集中度有望进一步提升，流行车型的配套厂商主要集中为 CATL、比亚迪、国轩、力神、孚能等一二线龙头企业。未来市场将维持结构性过剩，龙头企业规模效应和技术突破将实现成本稳步下降，利润率将有较好表现，而中低端电池企业则面临较大洗牌压力。

2. 动力电池制备环节将向规模化、智能化发展，产品一致性与良品率提高

动力电池的大规模化生产和智能制造转型升级将是未来产业发展的主要趋势之一。从近两年的发展情况看，龙头企业加速扩产已经基本具备大规模生产条件。大规模智能化生产设备可以通过数字化的手段、引进大数据分析和人工智能的原理和方法，提升制造产品质量的同时实现产能统计、设备的基本诊断和追溯，最终实现对锂电生产过程的全面监控，有效解决电池一致性差、良品率低等问题。

3. 全球动力电池产量主要集中在中日韩三国，中国企业有望赶超

动力电池产能主要集中在中日韩三国，行业巨头主要包括韩国的松下、三星、LG 化学，日本的 ASEC、SONY 以及中国的比亚迪、CATL 等。2016 年与 2017 年，国内电池厂商处于全线扩产趋势中，到 2020 年全国有效产能预计超过 2200GWh，新建产能将以三元为主，排名前五的市场占有率达到 80%以上。

中国企业技术快速追赶和成本优势凸显，目前四大原材料已全部自主化，壁垒最高的正极、隔膜已开始出口；锂电关键设备自主化，先导智能已经开始出口。CATL 已经进入宝马等一流车企供应链。未来，中国将出现 2—3 家全球领先的动力电池品牌，进一步扩大全球市场份额。

（六）投资价值 40 强

动力电池排行榜从技术、规模、客户结构、供应链体系等多维度对行业内企业进行系统梳理，通过定量与定性结合的评比，对四大领域进行排名对比，结果如下。

电池			
排名	名称	2017年1—9月出货量	主要客户
1	CATL	4.43GWh	北汽、宇通、吉利、湖南中车、蔚来
2	比亚迪	2.49GWh	比亚迪
3	国轩高科	0.85GWh	上汽、北汽、中通、金龙、安凯
4	孚能科技	0.81GWh	北汽、江铃、长安
5	比克电池	0.55GWh	北汽、广汽、新大洋、一汽
6	力神	0.27GWh	上汽、江淮、宇通、安凯
7	沃特玛	0.8GWh	华泰汽车、唐骏欧铃、大运、申龙
8	智航新能源	0.21GWh	华宇宝科技
9	珠海银隆	0.18GWh	银隆新能源
10	德朗能	0.26GWh	时空电动、通用、江铃

正极			
排名	供应商	2017年产能	主要客户
1	湖南杉杉	58000吨	ATL、比亚迪、松下、力神
2	北大先行	15000吨	力神、CATL、ATL
3	厦门钨业	17000吨	松下、CATL、三星SDI、LG
4	安达科技	15000吨	比亚迪、中兴派能、CATL、中航锂电
5	湖南瑞翔	20000吨	三星SDI、LGC、力神电池、比亚迪
6	宁波金和	12000吨	三星SDI、LG、ATL
7	当升科技	14000吨	三洋、LG、SDI、比亚迪、比克
8	升华科技	22000吨	沃特玛、中航锂电、南都电源
9	巴莫科技	25000吨	比亚迪、力神、三星
10	长远锂科	16000吨	比亚迪、CATL、创明

隔膜			
排名	名称	2017产能	主要客户
1	苏州捷力	50000万㎡	CATL、ATL、三星、LG、比亚迪
2	新源材质	24600万㎡	LG、比亚迪、捷威、亿纬锂能、力神
3	沧州明珠	34000万㎡	比亚迪、中航锂电、苏州星恒
4	湖南中锂	43200万㎡	沃特玛、比亚迪、CATL
5	上海恩捷	57000万㎡	LG、CATL、比亚迪、国轩高科
6	惠强新材	23000万㎡	比亚迪、骆驼电子、辉鹏能源、猛狮科技
7	辽源鸿图	13500万㎡	力神电池、智航新能源、中聚电池
8	河南义腾	24000万㎡	中航锂电、深圳卓能、哈光宇
9	纽米科技	11500万㎡	LG、沃特玛、力神电池
10	中科科技	18000万㎡	比亚迪、力神、ATL、哈光宇

负极			
排名	供应商	2017年产能	主要客户
1	贝特瑞	60000吨	LG、松下、索尼、ATL、力神
2	上海杉杉	60000吨	LG、索尼、力神、比克、比亚迪
3	江西紫宸	20000吨	ATL、CATL
4	深圳斯诺	40000吨	远东福斯特、迪凯特
5	星城石墨	12000吨	比亚迪、星恒、CATL
6	创亚动力	20000吨	比克、哈光宇、深圳邦凯
7	江西正拓	12000吨	华粤宝、宁波维科、比克
8	摩根海容	3000吨	万向等
9	锦美碳材	8000吨	鹏辉、天能、捷威
10	大连宏光	4000吨	比亚迪、比克

2017 年中国动力电池产业投资价值 40 强

数据来源：赛迪顾问，2017 年 12 月。

（七）产业投资风向

1. 从投资回报率看，PACK 组件、高端铜箔、材料研发等是待开发的价值洼地

对于 PE、VC 等金融机构，可更多地去挖掘未过度开发的价值洼地，如

未来具备规模化前景的 Pack 组件（如极尔）和未来有望技术突破的高端铜箔、材料研发等领域。

2. 从规模增长来看，增速前五名依次为镍、三元正极、锂电设备、隔膜、铜箔

从产业规模增长来看，2017—2020 年动力电池需求稳步增长的同时成本将逐步下降，预计整个产业平均复合增速约为 40%—45%，其中增速较快的环节基本集中在上游，排名前五位的依次为镍、三元正极、锂电设备、隔膜和铜箔，预计增速将达到 65%—80%。

3. 锂电回收有望纳入国家监管，或将成为新的市场蓝海

电池报废不仅是对镍钴等战略性资源的浪费，同时也会带来巨大的环境问题，所以针对锂电回收的监管将逐步规范。随着新能源汽车保有量的快速增长，行业标准和法律法规的逐步健全，锂电回收市场将逐步打开。动力电池的回收还拥有较高的技术门槛，可重点关注掌握核心技术和渠道的企业。

	孕育期（2000—2015）	成长期（2016—2020）	发展期（2020—2025）
驱动	**产业链培育早期** 补贴刺激+政府目标+牌照驱动	**高速增长+行业整顿期** 政策驱动向产品驱动转变，供应链逐步成型	**二次爆发期** 技术成熟+电动车平价，加速替代燃油车
	电池配套：电池企业直供（70%），PACK公司供应（22%），动力组集成公司供应（85%）	电池配套：电池企业直供（600%），PACK公司供应（30%），动力组集成公司供应（10%）	电池配套：电池企业直供（50%），PACK公司供应（45%），动力组集成公司供应（5%）
性能	单体：国内160Wh/Kg，0.5C/1C，3000@cycle≥80%；韩国175Wh/Kg，4000@cycle≥80%	单体：国内250Wh/Kg，0.5C/1C，5000@cycle≥80%；和国外基本持平	单体：国内300Wh/Kg，0.5C/1C，5000@cycle≥80%
	电池包：国内PHEV54-80kw/kg，韩国PHEV55-80kw/kg，EV95-100kw/kg	电池包：国内PHEV80-100kw/kg，EV125-150kw/kg；和国外基本持平	电池包：PHEV125-150kw/kg，EV150-200kw/kg

四十、光　伏

定义：是太阳能光伏发电系统的简称，是一种利用太阳电池材料的光伏特效应，将太阳光辐射能直接转换为电能的一种新型发电系统，有独立运行和并网运行两种方式。

（一）赛迪重大研判

1. 我国光伏电池量产效率不断刷新世界纪录，"两头在外"产业格局已经改变

2. 2017 年我国光伏产业规模将达到 4200 亿元，同比增长 25.4%

3. 全产业链各环节降成本成为趋势，未来硅料与硅片环节下降空间较大

4. 分布式光伏爆发，未来五年装机规模有望超 10GW/年，有望成为应用市场支撑点

5. 光伏产业链上的"低成本＋高效"产品成为投资的重点

6. 产业链各环节企业经济效益开始呈现分化趋势，呈现"微笑"曲线

（二）产业发展环境

1. 先进技术产业化步伐加快增强光伏产业竞争力

我国光伏产业技术先进性不断凸显，技术路径清晰化，单晶逐步成为主流。黑硅技术、PERC、N 型电池技术成为当前电池片企业改造升级的主流方向，SHJ 太阳电池开始加速产业化，组件环节的自动化、智能化改造也在加速。这些先进技术有利于电池效率提高，从而增强光伏产业的竞争力。

2. 成本快速下降加快光伏平价上网步伐

光伏产业链各环节成本快速下降使得平价上网在未来三年实现成为可能，光伏市场由政策驱动转向市场化驱动，在实现平价上网之后，光伏产业发展的内动力增强、光伏装机将会持续增加。

3. 应用模式多元化为光伏产品市场实现扩容

近年来光伏应用模式更加多元化。我国光伏电站开发呈现与农业、养殖业、矿业、生态治理相融合的多元化发展趋势，尤其在分布式光伏方面，创新应用模式更加丰富，这些新模式的出现为光伏产品提供了稳定的市场需求。

4. 国内政策环境不断优化，外贸形势不容乐观

国内方面，虽然我国光伏产业仍然面临一些问题，如弃光限电、补贴拖欠、非光伏成本占比较高等，针对上述问题我国相关部门出台了一系列政策，直指上述痛点，促进光伏更好地发展。

国际方面，美国和印度仍然是我国光伏主要的出口市场。然而美国实施贸易保护政策，发起 201 调查；印度先是反倾销，后来又推出 BSCRS 强制认证，贸易摩擦不断，给我国光伏产业发展带来不利的影响。

（三）产业链全景图

光伏产业链包含了硅料及硅片、电池片及组件、光伏发电系统和光伏配套四个主要环节。

- 硅料及硅片环节主要包括单晶硅棒/硅片、多晶硅硅棒/硅片；
- 电池片及组件环节主要包括晶体硅电池及组件、薄膜电池组件；

- 发电系统主要包括支架、逆变器、监控系统等；
- 配套环节包括四大类关键生产设备、关键原材料、测试设备。

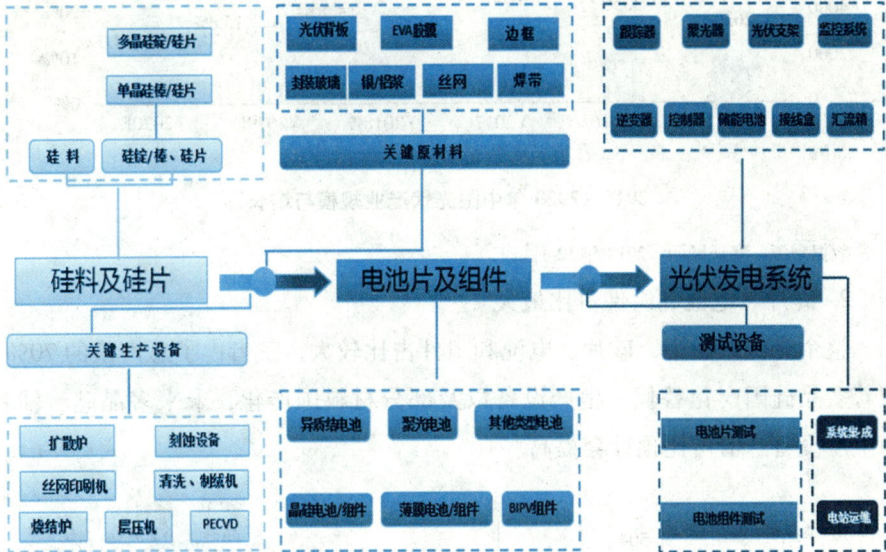

光伏产业链

数据来源：赛迪顾问，2017 年 12 月。

未来突破点：

√　光伏产业上游应重点突破高品质单晶硅材料

√　光伏产业中游应重点突破 N 型高效电池及组件

√　光伏产业下游应创新发展分布式光伏

（四）产业规模预测

1. 2020 年我国光伏产业规模预计突破 6400 亿元

2017 年，我国光伏产业继续保持快速增长，产业规模将达 4200 亿元，增长率达到 25.4%。未来三年，随着技术进步和光伏发电成本的继续降低，光伏产业继续稳步增长，每年保持增长约 800 亿元，2020 年预计产业规模将突破 6400 亿元。

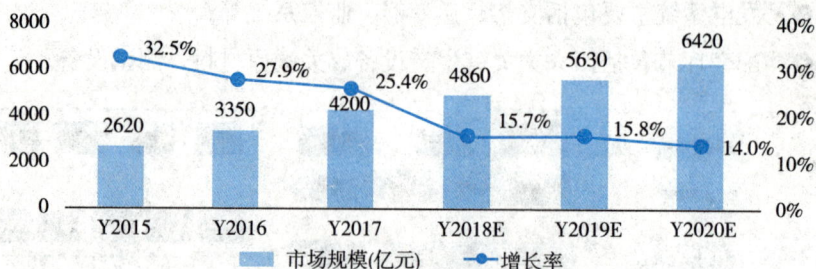

2015—2020年中国光伏产业规模与增长

数据来源：赛迪顾问，2017年12月。

2. 硅片、电池和组件占比最大

整个光伏产业中，硅片、电池和组件占比较大，三者占了总产值的70%。随着多晶硅国产化替代、生产设备以及部分材料国产化，未来多晶硅、辅料和生产设备产值占比预计会提高。

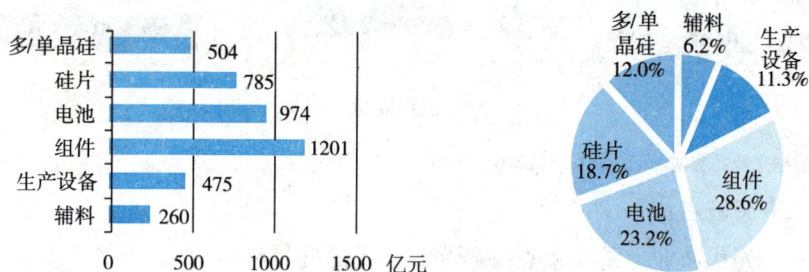

2017年中国光伏产业链各环节产值结构

数据来源：赛迪顾问，2017年12月。

（五）产业演进趋势

1. 光伏发电成本持续下降，未来下降速度减缓

光伏系统成本持续下降，组件环节最为明显，未来这一趋势仍将继续，不过下降速度减缓。

2012—2017年国内光伏系统及其主要部件成本变化

类别	2012	2013	2014	2015	2016	2017E
组件价格（元/Wp）	4.5	4	3.8	3.6	3.3	2.8
逆变器价格（元/W）	0.6	0.5	0.38	0.33	0.33	0.34

续表

类别	2012	2013	2014	2015	2016	2017E
系统价格（元/Wp）	10	9	8	7	6.8	6.5
电价（元/kWh）	1	1	0.9—1.0	0.9—1.0	0.8—0.98	0.65—0.85

数据来源：赛迪顾问，2017 年 12 月。

2. 经济效益开始呈现分化趋势，呈现"微笑"曲线

产业链各环节看，硅料、硅片、逆变器和电站环节的企业毛利率较高；电池和组件环节毛利较低，未来这种趋势预计会持续。

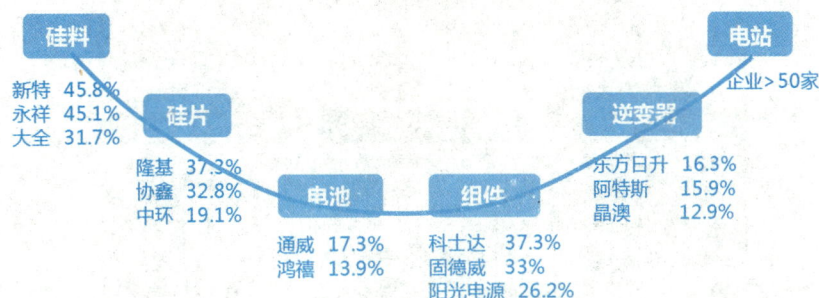

数据来源：中国光伏行业协会，赛迪顾问整理，2017 年 12 月。

3. 分布式光伏爆发，未来五年年均装机规模有望超 10GW

2016 年前三季度，我国分布式光伏装机新增 2.6GW，占比达到 10%。2017 年同期新增装机达到 15.3GW，占比达到 37.5%。未来五年，分布式年均新增装机预计超过 10GW。

数据来源：中国光伏行业协会，赛迪顾问整理，2017 年 12 月。

（六）投资价值 60 强

中国光伏产业投资价值榜单通过建立评判指标体系，从企业估值、营收

267

状况、产品竞争力、企业潜力、领导层能力等多个维度进行定量与定性结合的评比，对中国光伏产业链企业分为六个领域进行排名对比，得出光伏产业投资价值 60 强。

序号	多晶硅	序号	电池片	序号	电站开发
1	江苏中能	1	晶澳	1	特变电工
2	特变电工	2	韩华	2	协鑫新能源
3	洛阳中硅	3	天合光能	3	十一科技
4	四川永祥	4	英利	4	浙江正泰
5	亚洲硅业	5	晶科能源	5	中国能建
6	大全新能	6	茂迪新能源	6	顺丰光电
7	江西赛维	7	顺丰光电	7	晶科
8	盾安光伏	8	通威	8	东方日升
9	宜昌南玻	9	阿特斯	9	中国电建
10	四川瑞能	10	海润	10	阳光电源
序号	硅片	序号	组件	序号	光伏运维
1	保利协鑫	1	晶科能源	1	特变电工
2	西安隆基	2	天合光能	2	远景能源
3	晶科能源	3	晶澳太阳能	3	青岛萨纳斯
4	晶澳太阳能	4	阿特斯	4	北京国能日新
5	英利集团	5	韩华	5	北京金鸿泰
6	赛维LDK	6	协鑫集成	6	北京木联能
7	昱辉阳光	7	英利集团	7	甘肃上航电力
8	中环光伏	8	隆基乐叶	8	江苏爱康
9	旭阳雷迪	9	东方日升	9	深圳创动科技
10	环太集团	10	苏州腾晖	10	优得新能源

2017 年中国光伏产业投资价值 60 强

数据来源：赛迪顾问，2017 年 12 月。

（七）产业投资风向

1. 光伏产业链上的"低成本＋高效"产品成为投资的重点

我国光伏装机量已经连续几年夺得世界第一，光伏产业正加速从"量变"向"质变"过渡，光伏"领跑者"计划就是达到这一目标的重要抓手。具备核心技术、能够生产"低成本＋高效"产品的企业，如中来股份、隆基股份、通威股份等应重点关注。未来一二年，光伏制造产业链各环节会有比较激烈的竞争或价格战，各环节光伏产品价格会快速下滑，价格竞争带来的是出货量放量，一些"生产成本高＋低效率"的企业将彻底被淘汰出局。

2. 从事光伏电站智能化运维的企业将成为投资的重点

当前，我国光伏电站累计装机规模已经超过 120GW，按照 0.06 元/瓦/年的运维费用计算，120GW 光伏电站每年的运维及相关服务市场规模至少 72 亿元，光伏电站运维市场发展空间较大。随着光伏电站由"重建设、轻运维"到"重建设、更重运维"的逐步转变，将有越来越多的光伏发电企业采用"集中监控，区域维检，场站安保"的智能化运维管理模式。巨大的市场发展空间与对运维的迫切需求将使光伏电站运维企业成为投资的重点。

3. 分布式光伏蓬勃发展，最有可能成为应用市场支撑点

分布式发电贴近用电负荷，并且符合智能配电、用电的发展方向，未来将成为国内光伏发展的重要方向。目前地面电站的补贴额度大幅下降，分布式电站的补贴额度仍维持在高位；光伏系统成本大幅下降，分布式光伏投资价值日益凸显，分布式光伏补贴下调速度慢于系统成本下降速度，因此分布式未来几年将会迅猛增长，成为投资的热点。

四十一、绿色制造

定义：绿色制造产业指基于产品生命周期理论，使产品从设计、制造、包装、运输、使用到报废处理的整个过程中，对环境的影响最小的相关产业集合，主要包括废旧发动机、工程机械、电动机、机床、办公信息设备、电子信息产品等的再制造以及专业技术服务。

（一）赛迪重大研判

1. 2017 年产业规模达到 1181.6 亿元，2020 年将达 2686.9 亿元，年均增长超 30%

2. 未来产业爆发点集中在"互联网+"回收体系和智能再制造

3. 中联重科、幸福贝瑞德、东莞电机、重庆机床等企业分居细分领域榜首

4. "互联网+"的回收体系和高端智能绿色制造具有投资价值

（二）产业发展环境

1. 发达国家致力于将绿色制造产业作为新的竞争优势

2017 年，全球绿色制造产业的市场规模达到了 3566.7 亿美元。美国、德国、日本基于先进的制造业优势，选择在重点领域发展绿色制造产业，在实现绿色、低碳、循环发展的同时，培育新的产业竞争优势。

美国 🇺🇸	德国	日本
重点领域培育竞争优势 以再制造推动绿色制造，集中在汽车、工程机械和军工产品； 形成了卡特彼勒、康明斯等大型跨国企业。	**主要推动民用领域再制造** 立足于德国先进的汽车制造业，围绕发动机、变速箱进行再制造； 国内再制造发动机及配件和新机的比例达到9:1。	**瞄准重点领域开拓国际市场** 围绕工程机械、汽车、手机等领域，加快发展再制造产业。 再制造产品销往国外的比例占总产量的40%以上。

2. 我国政策大力支持，为绿色制造产业的发展保驾护航

《中华人民共和国循环经济促进法》是我国支持绿色制造产业发展的总纲型文件。在操作实施层面，国家发改委、工信部分别发布两批再制造试点；工信部发布 6 批《再制造产品目录》；《中国制造 2025》提出大力发展绿色制造产业，实施高端、智能、在役再制造；工信部印发《高端智能再制造行动计划（2018—2020 年）》，鼓励加快发展高端智能绿色再制造产业。

3. 巨大的需求为绿色制造产业发展提供了强劲的动力

随着我国经济几十年的快速发展，传统的工业装备保有量巨大，大型舰艇、飞机、盾构机等高附加值装备数量快速增加。与此同时，大量机械装备和电子设备进入报废高峰期。巨量的废旧机电产品为绿色制造产业提供了充足的"原料"，也对其规模提出了更高的要求。巨大的市场需求成为我国绿色制造产业发展的强劲动力。

4. 日新月异的技术突破为产业发展提供了重要的支撑

互联网技术为完善逆向物流系统提供了基础，有望解决废旧机电产品回收逆向物流技术难题；大数据、云计算技术为绿色制造产品健康监测与寿命评估提供了便利工具，推动产品健康监测与寿命评估向精细化的突破；人工智能、纳米科技及3D打印增材制造等技术则进一步提高了生产效率、保障了绿色制造产品的质量。

（三）产业链全景图

绿色制造产业包括回收体系和再制造两部分。其中，回收体系包括回收、拆解和检测三个主要环节，为绿色制造产业提供可再制造的发动机、变速箱、转台、车架、电动机等材料；再制造环节是将符合再制造要求的废旧材料，通过换件修理法或尺寸修理法，使其性能得到恢复甚至超过原有性能，重新进入流通领域。

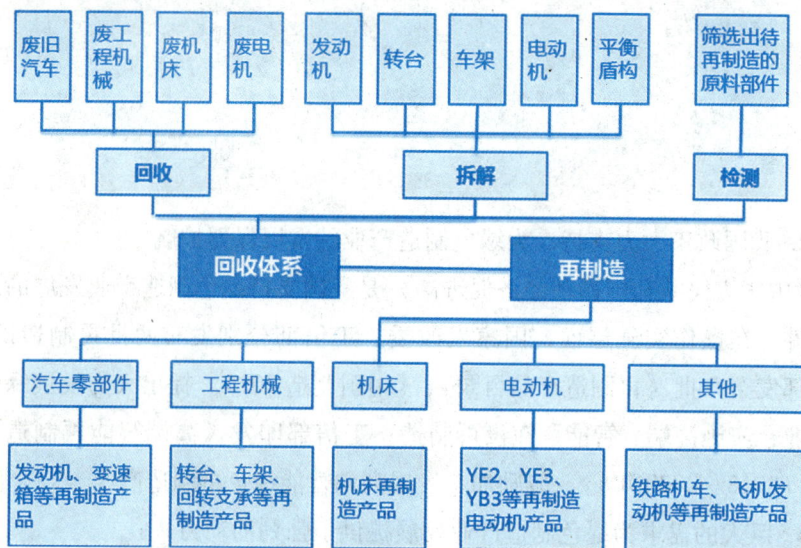

绿色制造产业链

数据来源：赛迪顾问，2017年12月。

未来突破点：

√ 回收体系：快速应用"互联网＋"，促使回收精准化；

√ 再制造：以网通互联为支撑，以智能化再制造技术为核心，提升产品质量。

（四）产业规模预测

1. 到 2020 年绿色制造产业规模将突破 2600 亿元

2017 年，我国绿色制造产业保持高速增长态势，产业规模达到 1181.6 亿元。"十三五"期间，随着我国生态文明建设的深入实施，"中国制造 2025"国家战略的广泛推进，绿色制造产业仍将保持高速增长，预计到 2020 年，绿色制造产业规模将达到 2686.9 亿元，年均增长率高于 30%。

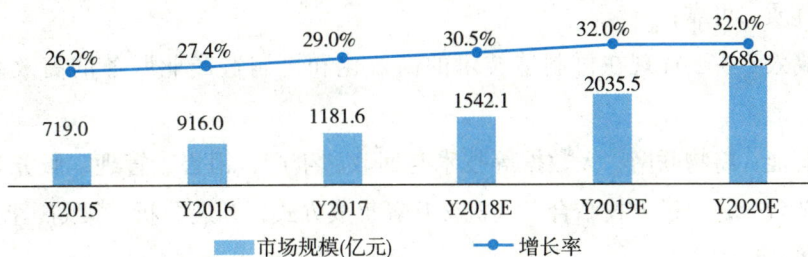

2015—2020 年中国绿色制造产业规模与增长

数据来源：赛迪顾问，2017 年 12 月。

2. 机床、电动机的规模占比将有较大提高

随着"中国制造 2025"国家战略的广泛推进，工业领域对高精度的机床、节能型电动机需求量将迅速增加，而基于绿色制造的旧机床（电动机）再制造，不仅大幅减少原材料消耗，还将利用新技术提升其性能，推动其产值规模迅速增大。

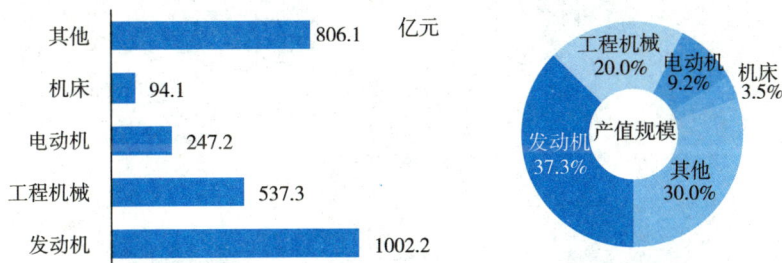

2020 年中国绿色制造产业结构预测

数据来源：赛迪顾问，2017 年 12 月。

（五）产业演进趋势

1. 产业范畴不断扩大：向高端绿色制造延伸

产业范畴扩大到航空发动机与燃气轮机、医疗影像设备关键件、盾构机、重型机床、内燃机整机及关键件等领域。

2. 产业发展方向：优质、高效、智能、服务

优质：先进的设计、毛坯寿命评估、复合表面工程等先进技术保障产品更加优质、可靠；

高效：主要体现在再制造技术的高效化和再制造产业服务的高效率两方面；

智能：将物联网、大数据等技术与回收、生产、销售、管理、服务等各个环节融合，通过人技结合、人机交互等集成方式，开展分析、策划、控制、决策等；

服务：由生产型绿色制造向服务型转变，后者在绿色制造产业中占比不断提升。

3. 产业发展模式：基于"互联网+"的网络化

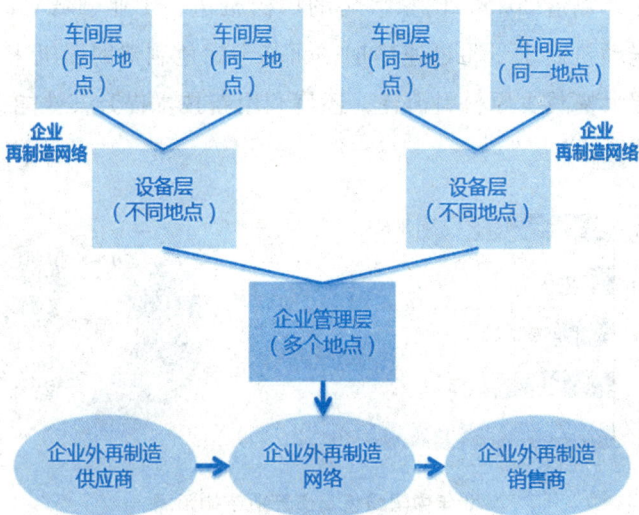

在一定地域范围内，利用"互联网+"相关技术，在计算机网络和数据库的支撑下，动态集成一定区域内的绿色制造单位（包括企业、高校、研究

院所及其资源和科技资源），形成一个基于网络化且以绿色制造信息、资源、生产、销售、物流等为支撑的绿色制造系统。

（六）投资价值 80 强

绿色制造产业 80 强通过建立评判指标体系，从企业估值/市值、营收状况、专利数量、产品竞争力、企业潜力、领导层能力等多个维度进行定量与定性结合的评比。经过专家打分，对中国主流的绿色制造企业分为 8 个领域进行排名对比。包含工程机械、发动机、电动机械、机床、变速箱、内燃机、运输设备和专用设备等企业榜单。

排名	工程机械绿色制造	排名	电动机械绿色制造	排名	内燃机绿色制造
1	中联重科	1	东莞电机	1	厦门厦工机械
2	三一集团	2	浙江金龙	2	河北长立汽车
3	徐工集团	3	电科电机	3	江苏毅合捷汽车
4	中铁工程装备	4	泰富西玛	4	广州欧瑞德汽车发动机
5	铁建重工	5	南阳防爆	5	成都正恒动力配件
6	广西柳工	6	湘电集团	6	盘锦重汽实业
7	武汉千里马	7	环球特种电机	7	辽宁五星曲轴再制造
8	山东临工	8	文登奥文	8	胜利动力机械集团
9	南车时代	9	山东开元电机	9	北京柴发动力
10	中铁隧道	10	河北新四达电机	10	湖南法泽尔动力再制造
11	行星机械	11	安徽皖南电机	排名	运输设备绿色制造
12	山河智能	12	广西绿地球电机	1	南京蒲镇海泰
13	泰源工程机械	13	江苏大中	2	中车南京浦镇
14	利星行机械	14	浙江特种电机	3	南车威聚堰机车
15	钢加工程机械	15	开封盛达电机	4	中车洛阳机车
16	博一传动	排名	机床绿色制造	5	湖北吉隆
17	芜湖鼎恒	1	重庆机床	6	东启汽车零部件
18	青岛迈劲	2	武汉机床	7	成都航利
19	广天塞克	3	华中自控	8	沈阳金研激光
20	天津工程机械研究院	4	沈阳机床	排名	专用设备绿色制造
排名	发动机绿色制造	5	青海一机	1	宝钢轧辊科技
1	幸福瑞贝德	排名	变速箱绿色制造	2	上海君山
2	无锡大豪	1	广州市花都变速箱	3	上海万度力机械
3	济南复强	2	浙江万里扬	4	中冶宝钢
4	潍柴动力	3	采埃孚销售服务（中国）	5	中冶京诚（湘潭）装备
5	富瑞特	4	上海孚美汽车	6	安徽威龙再制造
6	玉柴再制造	5	陕西法士特	7	内蒙古中天宏远
7	柏科电机				
8	江西江铃汽车				
9	沃尔沃建筑设备				
10	陕西北方动力				

2017 年中国绿色制造产业投资价值 80 强

数据来源：赛迪顾问，2017 年 12 月。

（七）产业投资风向

1. 从扎根产业发展角度，基于"互联网＋"的回收体系具备投资价值

控制回收体系直接决定可进行绿色制造的废旧原料数量。通过搭建互联网线上服务平台与线下回收服务体系，改变传统回收体系"小、散、差"状况；采用云计算、大数据等技术分析回收站点聚集的再生资源数量变动规律，再生资源回收者可以合理布局回收体系，提升其精准化。河北物流集团、中再生、格林美、北京盈创等已在该领域抢先布局。

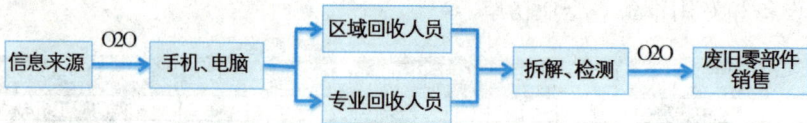

2. 从提升产业附加值角度，高端智能绿色制造具备投资价值

工业和信息化部于 2017 年 10 月印发《高端智能再制造行动计划(2018—2020 年)》，聚焦盾构机、航空发动机与燃气轮机、医疗影像设备、重型机床及油气田装备等关键件再制造，推广增材制造、特种材料、智能加工、无损检测等绿色基础共性技术在绿色制造领域的应用，探索高端智能绿色再制造产业发展新模式。

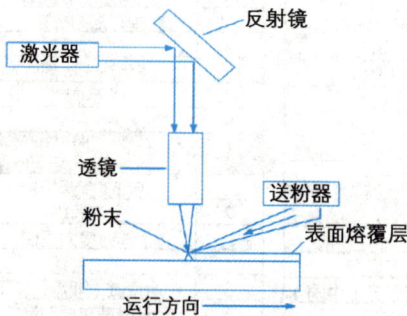

同轴送粉激光熔覆绿色制造原理

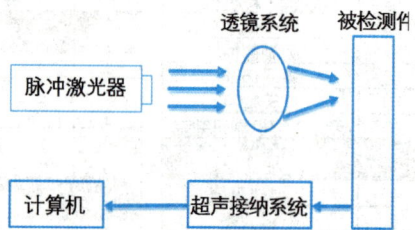

激光超声无损检测原理

四十二、绿色金融

定义：绿色金融指以支持改善环境质量、推行低碳生产方式为目标，拓宽绿色产业相关企业的融资渠道，具体方式包括绿色信贷、绿色债券、绿色基金、碳金融市场等。

（一）赛迪重大研判

1. 2020 年中国绿色金融市场规模预计超过 21 万亿元，将保持强劲增长势头

2. 2020 年绿色信贷规模占比超过 70%，绿色债券规模增长迅速

3. 绿色金融产品创新日益增多，资产支持证券应用市场广阔

4. 绿色金融债券成为金融创新的新试验田，债券种类创新增多

5. 绿色交通领域持续成为绿色金融投资热点，新能源等战略新兴产业追赶迅速

（二）产业发展环境

从全球地区发展来看，随着绿色环保产业的重视度日益增加，各发达国家和发展中国家相继建立和完善了绿色金融体系，中国绿色金融市场迅速崛起。

1. 从国内和国际两个层面看，发展绿色金融在政策上已形成共识

2015年国务院明确提出要构建我国绿色金融体系；2016年七部门发布了关于构建绿色金融体系的指导意见；2017年党的十九大将绿色作为重点布局，绿色金融作为国家支持绿色发展的重要手段，正逐渐与国际接轨并快速、规范发展。

2. 绿色信贷对银行自身发展和社会经济起到很大的推动作用

我国的绿色信贷与被国际社会广泛认同的"可持续金融""银行业社会环境责任"等在本质上具有一致性，以绿色信贷支持绿色发展是经济新常态下稳增长、调结构的必然选择。

3. 碳金融市场预期高涨，创新金融产品发展空间巨大

我国的温室气体排放量仅次于美国，中国目前正处于预防大规模碳排放交易的预备期，参与发展清洁发展机制潜力很大。中国碳市场将在建立现货市场之后，发展成为衍生品市场、期货市场，走向一条金融、证券道路。

4. 加快绿色金融改革创新示范区建设，推动特色绿色产业快速发展

2017年中国人民银行、国家发展改革委、财政部、环境保护部等7部门联合发布了5省（区）绿色金融改革创新示范区建设方案。这是我国推动绿色金融发展的又一重大部署，标志着地方绿色金融体系建设正式进入落地实践阶段。

（三）产业链全景图

绿色金融产业重点包含了绿色信贷、绿色债券和绿色基金三个领域。绿色信贷由银行金融机构发起；绿色基金的参与方主要包括环保类上市公司、国有企业及各级设立环保产业引导基金的政府机构。绿色债券的参与方包括发行机构、评级机构及承销机构。其中，发行机构包括金融企业、上市公司、

国有企业，发行种类包括金融债、公司债、企业债、中期票据和资产支持证券等类型。

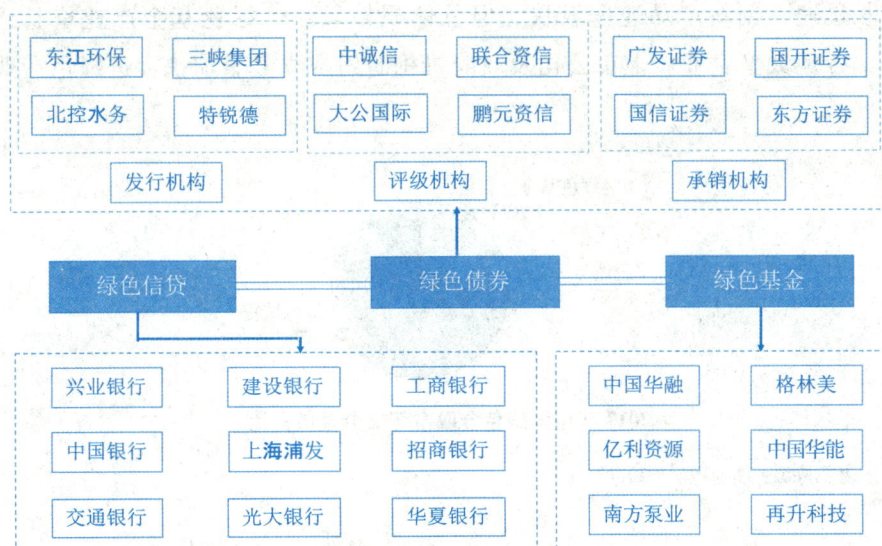

中国绿色金融产业链全景图

数据来源：赛迪顾问，2017年12月。

（四）市场规模预测

1. 2020年中国绿色金融市场规模将超过21万亿元

2017年中国绿色金融市场规模14.11万亿元，随着绿色经济、绿色生态政策的出台，各地绿色金融产品发展迅速，预计2020年，中国绿色金融市场规模将达到21.68万亿元，三年年均复合增长率达到15.4%。

2015—2020年中国绿色金融市场规模与增长

数据来源：赛迪顾问，2017年12月。

279

2. 2020 年绿色信贷规模占比超过 70%，绿色债券规模增长迅速

绿色金融市场结构中，绿色信贷占比达到 78%，绿色债券产品规模增长迅速，创新产品速度较快，但总体规模较小。绿色基金产业增长迅速，各地大型企业、上市公司及政府机构纷纷成立基金加快促进绿色产业发展。

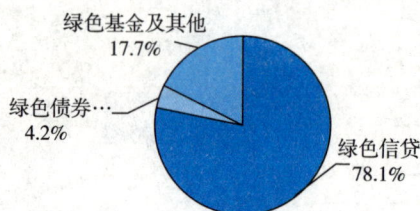

2017 年中国绿色金融市场细分领域占比

数据来源：赛迪顾问，2017 年 12 月。

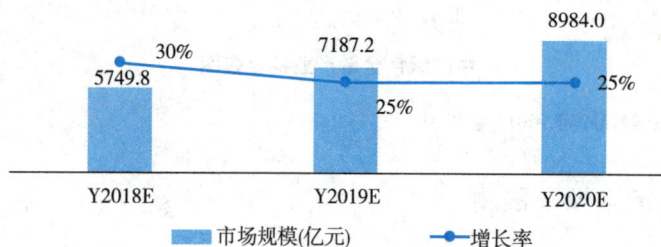

2018—2020 年中国绿色债券发行规模预测

数据来源：赛迪顾问，2017 年 12 月。

（五）产业演进趋势

1. 绿色金融债成为金融创新的新试验田

银行信贷作为支撑节能环保产业发展的主要资金来源，需要打破原有投融资模式，开拓创新业务发展方式。通过发行绿色专项金融债券，加大对绿色金融领域的资金投入，是融资服务支持的创新路径。

2. 绿色金融产品创新日益增多，资产支持证券应用市场广阔

资产证券化以未来的现金流作为基础资产进行结构化融资，不依赖于原始权益人的整体资质，是更加高效、灵活和精准的资源配置方式。通过大力

发展绿色资产证券化推动经济绿色发展，未来将使融资模式更加便利，市场
更易接受。

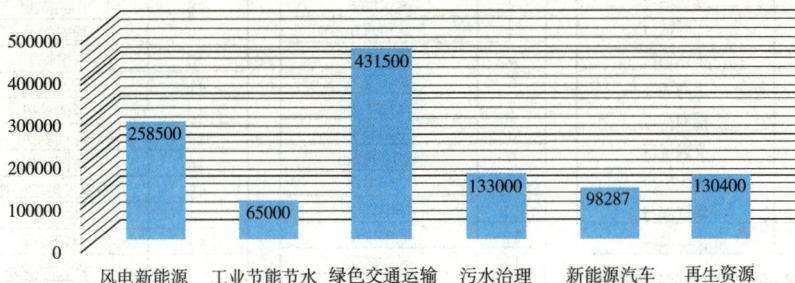

2017 年中国资产支持证券应用市场结构

数据来源：赛迪顾问，2017 年 12 月。

3. 碳资产交易将成为未来发展的重点领域

绿色低碳发展方向已成为全球大势所趋，近年来，我国在碳排放交易试
点方面取得了显著成果，碳市场交易规模不断扩大。未来，伴随着我国碳交
易市场建立完成，将显著提升全球碳金融市场规模，增幅超过 80%，进而提
升碳资产流动性，碳资产价格也将逐步回暖。在碳资产配置方面，尤其对于
高碳排放企业而言，碳资产投资的成长空间较大。

（六）投资价值百强

中国绿色金融百强榜通过建立评判指标体系，从企业产品发行量、企业
规模、企业竞争力、企业发展潜力等多个维度进行定量与定性结合评比。经
过专家打分，对中国主要的绿色金融领域分两个领域进行排名对比，包括绿
色信贷和绿色债券。同时，绿色债券分两个对比维度，即金融企业及非金融
企业。

排名	绿色信贷金融机构排名
1	兴业银行
2	建设银行
3	工商银行
4	中国银行
5	上海浦发
6	招商银行
7	交通银行
8	光大银行
9	华夏银行
10	民生银行

排名	绿色债券金融机构
1	华夏银行
2	开发银行
3	北京银行
4	农业发展银行
5	江西银行
6	青岛银行
7	南京银行
8	长沙银行
9	乐山市商业银行
10	广东华兴银行
11	新开发银行
12	郑州银行
13	东莞银行
14	甘肃银行
15	华融湘江银行
16	徽商银行
17	进出口银行
18	兰州银行
19	洛阳银行
20	青岛农商行

排名	绿色债券非金融机构
1	国家电网
2	三峡集团
3	武汉地铁
4	北京汽车
5	龙湖地产
6	龙源电力
7	北控水务
8	中国节能
9	哈尔滨银行
10	广州发展
11	华电集团
12	汇丰投资
13	扬中城投
14	浏阳制造
15	沣西集团
16	丹建发投
17	开封发投
18	金风科技
19	贵阳公交有限公司
20	丰盛集团
21	云南水务
22	清新环境
23	北控水务集团
24	大唐新能源
25	华融租赁
26	汇盛投资
27	中广核风电
28	滨江新城公司
29	鹰潭市投融资
30	无锡交产集团
31	南通经开
32	丹投集团
33	轨道交通建设公司
34	环嘉资源
35	河北金租

排名	绿色债券非金融机构
36	华能新能源
37	保利协鑫新能源
38	川纳实业
39	盾安集团
40	格林美
41	国网节能
42	洪泽神舟
43	深圳能源
44	首创股份
45	中电投融和租赁
46	特锐德
47	禹顺环保
48	山西晋煤华昱
49	义乌国资
50	中国电力清洁能源
51	寺坪水电
52	东华能源
53	东江环保
54	能投集团
55	神雾集团
56	乌海银行
57	徐州经开国资
58	国际能源
59	天顺风能
60	铜发集团
61	协鑫新能源
62	启迪控股
63	博天环境
64	嘉化能源
65	节能风电
66	南海农商行
67	蒙草生态
68	国投北疆
69	江苏国信
70	协合风电

2017 年中国绿色金融产业投资价值百强

数据来源：赛迪顾问，2017 年 12 月。

（七）产业投资风向

1. 绿色交通领域持续成为绿色金融投资热点

绿色金融投资的投行相对集中，绿色交通、节能环保、新能源、新能源汽车等战略性新兴产业、可再生能源及清洁能源领域的总投资额占比超过80%。从 2015—2017 年投资细分领域数据来看，绿色交通持续多年成为投资重点领域，随着未来绿色生态建设步伐加快，绿色交通将继续成为投资热点。

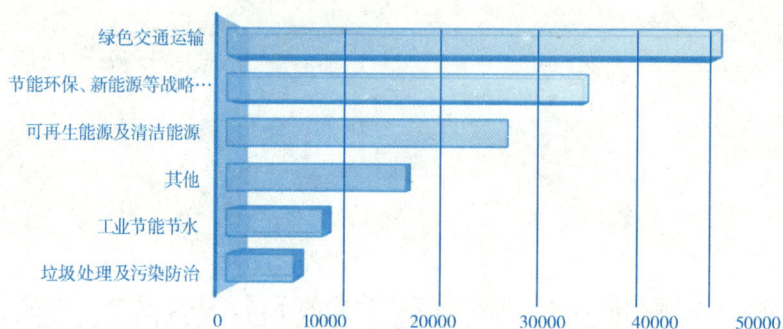

2017 年中国绿色金融市场应用领域发行量

数据来源：赛迪顾问，2017 年 12 月。

2. 嫁接绿色债券，打通企业低成本融资渠道

绿色债券为绿色金融目录内项目进行融资，债项评级高、融资成本低。绿色产业相关企业、地方城投公司利用绿色债券融资渠道能够显著改善企业的现金流压力，提升整体资本实力，承接基础设施建设、生态环境改善等项目。

四十三、水处理

定义：水处理就是通过物理、化学、生物的手段，去除水中一些对生产、生活不需要的有害物质的过程。水处理包括污水处理和饮用水处理两种，其中污水处理在整个水处理产业中占比超过90%，本文所研究的水处理，将重点针对于污水处理。

（一）赛迪重大研判

1. 2020年中国水处理产业规模将超过万亿元
2. 水处理行业成为PPP项目的投资热点，企业重组并购不断涌现
3. 企业向综合环境服务商转变，碧水源等龙头企业将引领行业快速发展
4. 膜技术将迎来突破，工业废水治理回用项目数量和质量将实现提升

（二）产业发展环境

1. 水处理产业新政频出，投资力度大幅增长

近年来，国家先后出台了多部水处理政策法规，包括2015年4月的"水

十条"、2016 年 6 月的新《中华人民共和国水法》、2017 年 6 月的《水污染防治法》修订版等。水处理乃至整个环保行业对政策依赖性相对较强，产业的政策资金驱动特点明显，在新政频出的指引下，各路资本被激发出了掘金水处理市场的冲动，水处理行业的投资力度不断加大。

2. 污水处理空间大，增量和存量均有发展机会

根据我国《"十三五"全国城镇污水处理及再生利用设施建设规划》，到 2020 年底，实现城镇污水处理设施全覆盖，城市污水处理率要达到 95%。随着城镇化进程的持续推进使得污水处理量仍有较大增量发展空间。此外，按照《水污染防治行动计划》（又称"水十条"）要求，敏感区域城镇污水处理设施应于 2017 年底前全面达到一级 A 排放标准，"十三五"期间，提标改造城镇污水处理设施规模达到 4220 万立方米/日。

3. 水资源短缺，地区分布不均，再利用空间巨大

我国人均淡水资源短缺，水资源的地区分布很不平衡，地下水超采现象严重，水资源污染严重，利用再生水在一定程度上能解决这些问题，将污水经过适当再生处理，达到回用标准，按照分质供水的原则，可以用于生态环境、工业、市政杂用、农业灌溉，从而实现环境、经济以及社会效益。

4. 水污染形势严峻，公众环保意识增强，相关部门监管力度加大

近年来，随着信息社会的发展，大量的水污染事件被曝光，如 2016 年多城自来水检出致癌物亚硝胺事件，舆论声讨的力度在加强。随着法制健全、舆论监督，我国水污染治理在不断加强，防治工作取得了显著的成效，但水污染形势依旧严峻，未来相关部门将会进一步严格监督，加大监管力度。

（三）产业链全景图

水处理产业链主要由上游设备制造、中游工程建造以及下游投资运营组成。其中，上游设备制造商的业务涵盖了水质监测、膜元件、格栅及附属设备、水泵、曝气设备、吸刮泥机、药剂试剂、污泥浓缩脱水、鼓风机、滗水器、管材管件等设备的研发、制造与改装；中游工程建造商业务包含工业污

水处理厂的规划、设计、施工以及规模以上工业企业污水处理咨询、施工；下游投资运营商包括工业污水处理厂和规模以上工业企业污水设施的投资与运营。

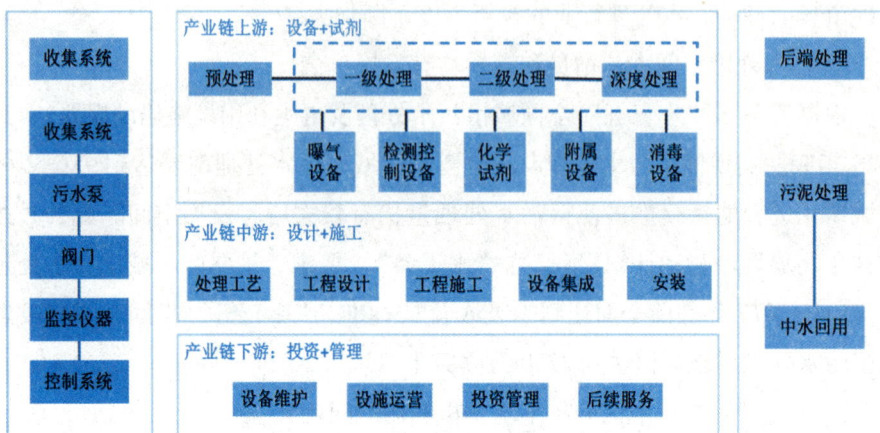

水处理产业链

数据来源：赛迪顾问，2017 年 12 月。

主要环节分析：

√　设备制造：跨国企业垄断水质监测、曝气、鼓风机等高端精密仪器制造；格栅、阀门、滗水器、管材管件等低附加值制造领域基本实现国产化；国产厂商在膜元件膜组件研发、制造领域的实力与跨国厂商并驾齐驱。

√　工程建设：新增污水处理设施的重点由东部城市和主要大中城市逐步向中西部地区及东部县、镇倾斜。

√　投资运营：主要包括改制后国资企业、民营类技术企业和跨国企业等三支力量。

（四）产业规模预测

1. 2020 年水处理产业规模将超过万亿元

近年来，我国水处理产业稳步增长，2017 年预计总产值突破了 6000 亿元，在保持产值快速增长的同时，年均增长率也在保持增长。预计 2020 年水处理产业产值将超过 10000 亿元，行业发展态势良好。

2015—2020 年中国水处理产业规模与增长

数据来源：赛迪顾问，2017 年 12 月。

2. 水处理产业设备试剂占比最大，投资运营维护占比最小

上游相关水处理设备、药剂以及水管网等产业占比大；中游工程设计及施工对单位资质要求较高，不同资质对应不同的工程量和施工区域大小；下游投资运营管理产业占比最小。

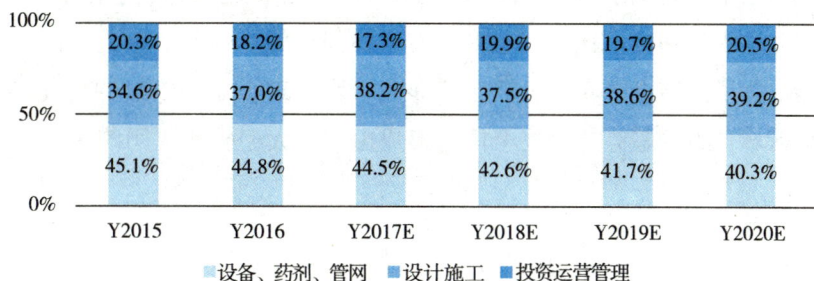

2015—2020 年中国水处理产业结构

数据来源：赛迪顾问，2017 年 12 月。

（五）产业演进趋势

1. 分离膜技术助推水处理效率大幅提升

分离膜技术是保障废水回用率提升的关键。分离膜技术在水处理过程中，能够成倍提高污水处理效率，并且出水水质稳定、可靠，品质高，日益成为污水处理厂升级改造或新建的主流选择。"十三五"期间，政府将通过对现有污水处理设施提标改造和新建分离膜设施实现污水回用率的提升。

2. 水域生态治理是未来应用发展趋势

全国 295 座地级及以上城市中，有超过 70% 的城市存在黑臭水体，经济发达且水系更多的中南区域和华东区域合计占比达 71.9% 。2016 年七大流域和浙闽片河流、西北诸河、西南诸河的 1617 个国考断面中，黄河、松花江、淮河和辽河流域为轻度污染，海河流域为重度污染，水域生态治理将成为未来水处理产业的重要应用发展趋势。

3. PPP 模式推动水处理企业向环境综合服务商转变

通过 PPP 合作模式，政府可以将 BOT、TOT、BOO 等项目以单个或打包的方式，与水处理公司签订 PPP 项目协议，并可按照实际情况同时签订特许经营协议。资金、技术、管理等方面综合实力较强的水处理企业在 PPP 模式的推广下获得先发优势，逐步向"环境综合服务商"转变。

4. 水处理企业并购重组推动行业竞争格局变化

由于未来水处理市场空间巨大，行业中大小公司之间的竞争在不断加剧。行业内先进水处理技术往往门槛高、专业性强，部分企业掌握技术优势和工程经验。为了提高企业在行业中的竞争力，水处理企业将依然持续收购、兼并、跨区域重组的趋势，最终全国将形成由若干大型企业集团跨区域经营的格局。

（六）投资价值 50 强

中国水处理企业 50 强通过建立评判指标体系，从企业估值/市值、财务状况、经营成果、现金流量、产品竞争力、企业潜力、未来战略等多个维度进行定量和定性分析，经过专家打分，对水处理领域的企业进行排名对比。

排名	企业简称	排名	企业简称
1	北控水务	26	博世科
2	碧水源	27	钱江水利
3	东方园林	28	渤海股份
4	首创股份	29	维尔利
5	铁汉生态	30	科融环境
6	重庆水务	31	津膜科技
7	永高股份	32	顺控发展
8	瀚蓝环境	33	中电环保
9	同济科技	34	开能环保
10	神雾环保	35	环能科技
11	洪城水业	36	深港环保
12	兴蓉环境	37	国中水务
13	中金环境	38	凌志环保
14	兴源环境	39	新大禹
15	创业环保	40	东硕环保
16	万邦达	41	天创环境
17	国祯环保	42	力源环保
18	中山公用	43	金达莱
19	众合科技	44	泰弘生态
20	武汉控股	45	宏邦节水
21	绿城水务	46	金桥水科
22	江南水务	47	思普润
23	巴安水务	48	德蓝股份
24	南方汇通	49	开创环保
25	中原环保	50	中科水生

2017 年中国水处理产业投资价值 50 强

数据来源：赛迪顾问，2017 年 12 月。

（七）产业投资风向

1. 从技术突破角度分析，膜技术项目投资具备投资价值

反渗透是目前水处理产业的核心技术，但膜污染一直是影响反渗透技术进一步发展以及制约其运营成本的一大障碍。随着出水排放标准的提高，以膜技术为核心的 MBR 技术市场也在逐渐打开，分离膜市场具有广阔的发展空间，膜技术将成为"十三五"水务市场的引导性技术。

2. 从应用角度分析，工业废水治理回用项目具备投资价值

预计2017—2020年全球工业废水处理行业市场规模将达到1.6亿元，中国市场容量将达到3800亿元，中国工业废水处理领域不仅市场空间广阔，随着国家不断出台政策提高工业废水回用水的标准，行业整体平均价格将逐步上涨，对高效、低耗的难处理废水技术和装备需求增加。工业废水治理回用行业作为朝阳产业，将迎来快速发展的有利时期。

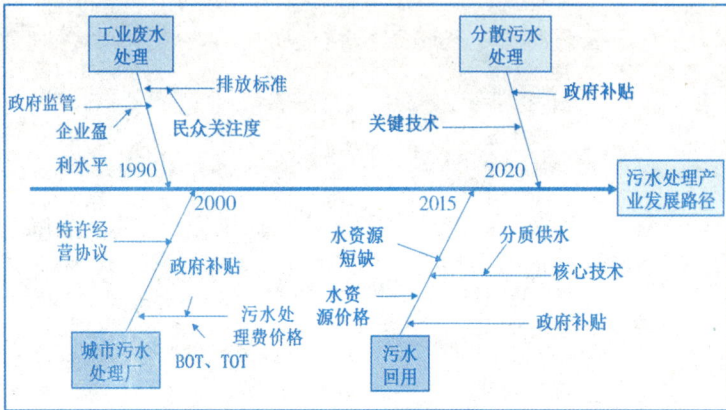

中国污水处理产业投资机会与发展路径图

数据来源：赛迪顾问，2017年12月。

四十四、再生资源

定义：再生资源是指在社会生产和生活消费过程中产生的，已经失去原有全部或部分使用价值，经过回收、加工处理，能够使其重新获得使用价值的各种废弃物。

（一） 赛迪重大研判

1. 2020 年我国再生资源回收总量将突破 3 亿吨，行业规模将突破万亿元大关

2. 互联网助力资源回收体系的建立，"互联网＋回收"模式将成为行业新热点

3. 再生资源企业加速并购和规模化，产业链将不断向中后端延伸

4. 行业标准的制定和完善将逐步提高企业规范化运行水平

（二） 产业发展环境

1. 多项政策出台，推动再生资源产业健康快速发展

《再生资源回收体系建设中长期规划（2015—2020 年）》《关于加快推进

再生资源产业发展的指导意见》《循环发展引领行动》等政策的出台，将进一步规范我国再生资源回收和加工利用市场，行业进入门槛低、行业产业链偏前端、产业发展不平衡、行业统计标准工作相对滞后等问题将得到逐步的改善，再生资源产业将实现健康快速的发展。

2. 受国际大宗商品价格影响大，近来市场逐步回暖

2017年下半年大宗商品市场回暖并保持增长态势，铁矿石、钢铁等原料价格上升，钢铁企业经营逐步向好，采购废钢铁数量较往年增长，推动了废钢价格大幅上涨。废钢回收企业纷纷恢复业务，建立新的回收站点和加工配送中心。此外，废有色金属、废纸的价格也一路上升，回收企业和利用企业的市场交易变得频繁活跃，打破了近年来再生资源回收量小幅下降或增长缓慢的趋势，从业人员锐减的态势得到扭转，回收行业正在逐步摆脱效益低迷的发展态势。

3. 再生资源行业要求不断提高，龙头企业竞争加剧

技术的逐步升级和政策的逐渐完善，对再生资源行业提出了更高的要求，中小型企业的优势逐渐削弱，经营成本加大，行业兼并重组机会增多。葛洲坝、格力电器、格林美等行业龙头企业主营业务范围逐渐丰富，经营产品不断拓展，企业向深加工方向不断延伸，在业务覆盖、回收体系建立和处理技术的研发等方面的竞争不断加剧。

（三）产业链全景图

再生资源行业产业链包含了废弃资源回收环节、资源再加工环节和资源再利用环节三个部分。废弃资源回收环节主要包括废钢铁、废有色金属、废塑料、废纸、废轮胎、废弃电器电子产品、报废汽车、废旧纺织品、废玻璃、废电池十大重点废弃物和其他废物的收集、运输等。资源再加工环节包括大中小型加工企业对废物的再加工。资源再利用环节包括原料的再利用和产品的再利用。

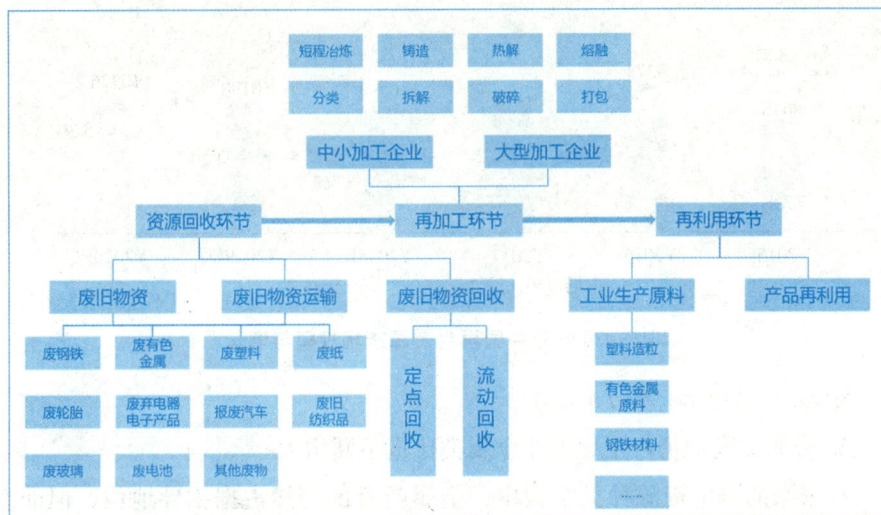

再生资源产业链

数据来源：赛迪顾问，2017 年 12 月。

再生资源回收的重点技术方向主要包括：

√ 废旧家电和废印制电路板自动拆解和物料分离技术；

√ 废旧材料分离和改性及合成技术；

√ 废旧电池循环利用和最终处理技术；

√ 废旧汽车机械化拆解和破碎技术；

√ 钴镍废弃物的循环再生和微粉化技术；

√ 大型废纸制浆技术及成套设备；

√ 废塑料预处理技术和设备；

√ 废玻璃生产平板玻璃及建筑保温材料技术等。

（四）市场规模预测

1. 2020 年再生资源市场规模将突破万亿元

在未来几年中，中国再生资源市场将继续保持高速的增长态势。到 2020 年，市场总规模预计达 10726 亿元，废钢铁、废有色金属、废塑料、废轮胎、废纸、废弃电器电子产品、报废汽车、废旧纺织品、废玻璃、废电池十大类别的再生资源回收总量将突破 3 亿吨。

2015—2020年中国再生资源市场规模与增长

数据来源：赛迪顾问，2017年12月。

2. 金属类废物仍占主导，非金属类比重不断增大

在未来的再生资源种类结构中，金属类资源仍然占据主导地位，但非金属类资源比重不断增加，废旧电器电子机械类资源也呈迅猛增长态势，特别是废电池方面将有爆炸性增长。

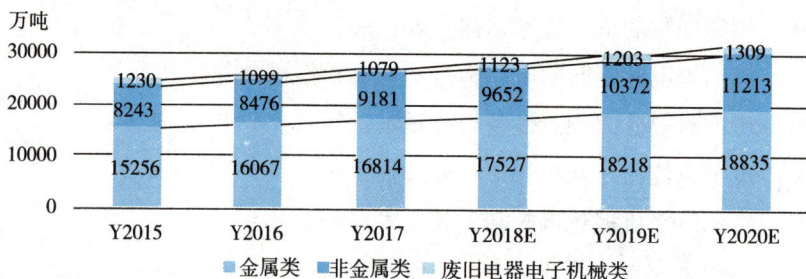

2015—2020年中国再生资源产业结构

数据来源：赛迪顾问，2017年12月。

（五）产业演进趋势

1. "互联网＋回收"模式将成为再生资源产业新热点

再生资源行业具有价值低、分布广、品种杂、规模小、回收分散等特点，与互联网扁平化的特点相一致。《"互联网＋"绿色生态三年行动实施方案》的发布对再生资源与互联网的融合产生积极推动力，再生资源回收与互联网的融合，行业性、区域性、全国性的产业废弃物和再生资源网络平台将成产业发展热点。

2. 企业加速并购和规模化，产业链不断延伸

再生资源行业进入门槛低，但较多中小企业分布于产业链的前端，产业价值较低、企业效益低迷，导致行业处于疲软状态。针对我国再生资源企业规模小、技术落后、分布分散的特点，国家将积极推进产业的聚集发展和产业园区的建设，同时还推出《生产者责任延伸制度推行方案》来明确生产者承担其产品全生命周期的资源环境责任。地区企业的兼并重组，以及企业向产业链资源再加工、资源再利用等中后端延伸，是行业发展的整体趋势。

3. 标准制定将逐步提高行业规范化运行水平

随着商务部和国家发改委相关政策和办法的出台，再生资源回收体系的建立正在逐步进行，再生资源回收市场将得到进一步的规范。同时，功能齐全、统一权威的再生资源标准体系也在进一步研究中，将涵盖回收目录、产品分类、分拣加工作业、运输储存、回收污染控制技术等基础类和通用类标准，这对企业的运行水平将提出更高、更统一的标准。

（六）投资价值百强

2017年中国再生资源企业百强通过建立评判指标体系，从企业营收状况、企业竞争力、企业潜力等多个方面对企业进行定性和定量的评价。最终评选出再生资源企业投资价值百强名单。

序号	企业	序号	企业	序号	企业
1	中再生资源开发	34	天津宏宇盛华	67	廊坊市鑫记元
2	宁波金田投资	35	哈尔滨亚泰矿产	68	张家港市贝尔机械
3	安徽双赢再生资源	36	西安市物资回收利用	69	中再生洛阳再生资源
4	清远华清再生资源	37	广州市淘宝再生资源	70	常州塑金高分子科技
5	天津华今集团	38	广州市万绿达集团	71	运城市绛县鑫珑纸业
6	葛洲坝环嘉（大连）	39	深圳新岚再生资源	72	山东梁山天马永磁材料
7	潍坊大环再生资源	40	宁国双赢再生资源	73	宁波滕头强鸿再生资源
8	广东天保再生资源	41	北京博坤再生资源	74	深泽新合再生资源回收
9	湖北金洋冶金股份	42	中国印染集团	75	台州市绿通废旧物资
10	重庆顺博铝合金	43	濠锦化纤（福州）	76	唐山市再生资源
11	江苏省纸联再生资源	44	重庆市湘龙废旧物资回收	77	森蓝环保（上海）
12	重庆渝商再生资源	45	华新绿源环保股份	78	厦门陆海环保股份
13	浙江巨东股份	46	新余市再生资源公司	79	包头市平远物资回收
14	天津物产化轻	47	江苏华宏科技股份	80	广东致顺化工环保设备
15	石家庄市物资回收	48	河南葛天再生资源	81	商南天和泥浆
16	浙江再生天桥置业	49	宁夏达源再生资源开发	82	河北万忠废旧材料回收
17	四川保和富山再生资源	50	TCL奥博（天津）环保发展	83	恩施州广汇再生资源
18	永康市物华回收	51	十堰市再生资源	84	陕西康兴物流集团
19	绵阳铜鑫铜业	52	中再生徐州资源再生开发	85	天津振泓再生资源
20	重庆市再生资源	53	连云港大吉塑业	86	湖北省再生资源
21	山东永平再生资源	54	南京宏伟资源综合利用	87	江苏苏北废旧汽车家电拆解
22	辽宁胜达化纤	55	湖北力帝机床股份	88	南京凯燕电子
23	河南省龙源纸业	56	江苏强维橡塑科技	89	大连圣达塑料工业
24	诸城市立方再生资源	57	山东中绿资源再生	90	平山县绿源再生资源
25	长春一汽综合利用股份	58	安丘市再生资源	91	河北炜火实业
26	福建三宏再生资源科技	59	安徽梦江再生资源	92	东莞市东供再生资源
27	岳阳华泰资源开发利用	60	吉林市信诺环保科技	93	深圳市升东华再生资源
28	新疆金业报废汽车回收	61	苏州玖隆再生科技股份	94	湖北华亿通橡胶
29	常州中再钢铁炉料	62	山西天元绿环科技	95	石家庄市洁废旧金属回收
30	北京市再生资源	63	潍坊恒德纸业	96	河北恒铁废旧资源回收
31	新疆再生资源集团	64	广州市花都供销再生资源	97	江苏大创众志诚科技
32	江苏中物联再生资源	65	江苏鼎豪再生资源设备	98	高邑县开泰再生资源
33	上海南方冶金炉料	66	湖南恒晟环保科技	99	行唐梦贞废品利用
				100	宁夏亿能固体废弃物

注：以上排名不分先后。

2017 年中国再生资源产业投资价值百强

数据来源：赛迪顾问，2017 年 12 月。

（七）产业投资风向

1. 拥有先进废物资源再加工技术的企业具有投资价值

目前再生资源行业进入门槛较低，企业经营分散，规模偏小，产业链前端回收环节以个体回收、流动回收为主，组织化、规范化程度低，产业价值也比较低。而在加工环节，行业内企业的技术水平相对比较落后，技术研发投入普遍较低，产品增值效应较弱。因此拥有先进废物资源再加工技术的企业，在未来的产业整合和规范的过程中，将具有很大的发展优势。

2. 废纸、废电器电子、报废汽车、废电池类废物具有投资价值

从近年来废弃物回收增长量来看，废钢铁、废有色金属回收量呈低速增长状态，市场需求没有明显的增加；而废纸、废电器电子、报废汽车、废电池等废物的回收量，在最近几年有快速的增长，再加上纸制品下游产业、智能设备产业、汽车产业、新能源产业的快速发展，将极大地带动废纸、废电器电子、报废汽车、废电池等废物的增长量和需求，这几个行业将可能有爆发性的增长。

四十五、工业节能装备

定义：工业节能装备指应用在工业生产领域，且具备高效、节能特性的高技术含量装备，具体产品涉及高效锅炉、节能电机、节能照明设备以及余热余压利用设备等。

（一）赛迪重大研判

1. 到2020年，工业节能装备产业规模将突破3.3万亿元，复合增长率将保持在20%以上

2. 冶金、化工、建材等传统领域依然是节能装备的主战场

3. "互联网＋"将进一步推进我国工业节能装备产业的快速发展

4. 综合性节能路线将逐步形成，单项工业节能将走向涉及全生产流程的系统节能高级模式

（二）产业发展环境

1. 绿色低碳成为世界工业未来发展的核心要求

传统工业发展模式主要依靠追求数量扩张、增加要素投入来实现增长，

给全球生态环境带来巨大威胁，而绿色经济注重实现经济发展与生态环境保护的协调统一，是实现可持续发展的重要路径，携手合作推动经济发展向绿色低碳转型已成为全球共识。节能环保技术进一步在全球范围内引起高度重视，并在工业生产领域广泛渗透，进而推动了工业节能装备的快速发展壮大。

2. 我国节能减排的推进为工业节能装备营造良好的发展氛围

我国工业节能减排深入推进，为工业节能装备的壮大创造了良好发展氛围。近年来，我国出台了一系列的工业节能发展相关政策文件，积极引导工业节能减排的深入实施。中国作为制造业大国，工业领域高耗能的矛盾仍然有待于化解，工业结构重化趋势仍未逆转，通过推进绿色制造来发展绿色经济、壮大绿色产业，是我国落实制造强国战略的重要内容之一。

（三）产业链全景图

工业节能设备上游涉及设备原材料以及工业节能技术的研发，中游包含各类工业节能装备的加工制造，下游为其在石化、冶金、建材、电力等领域的应用。其中，工业节能技术的研发是工业节能装备产业发展的原动力。

变频技术、电磁技术、换热技术以及余热/压利用技术的不断成熟，促使节能设备在工业领域内愈发广泛应用，尤其是高效电动机、高效加热设备、变频设备、节能照明设备等，推动着工业节能装备产业的快速发展。

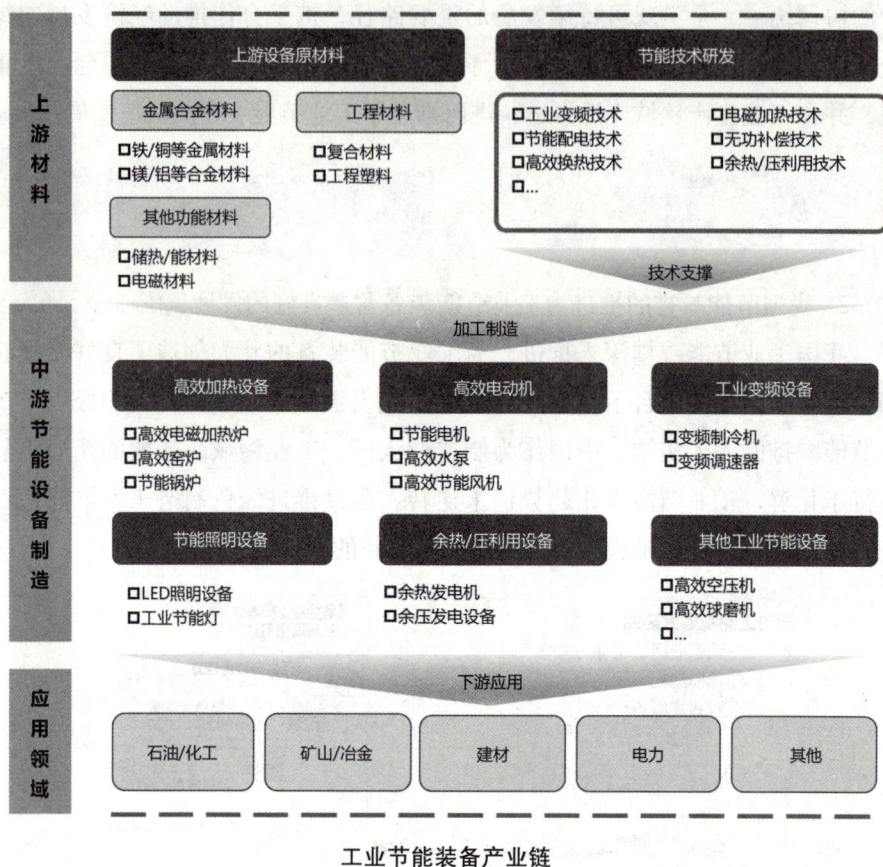

工业节能装备产业链

数据来源：赛迪顾问，2017年12月。

（四）产业规模预测

1. 国内工业节能装备产业规模将保持旺盛增长态势

2017年，中国工业节能装备产业仍将保持快速增长态势，产业总规模预计达16985亿元。随着国家对工业绿色化发展的愈加重视，未来工业节能装备产业规模将保持24%以上的速度高速增长，到2020年，将突破33000亿元。

2015—2020 年中国工业节能装备产业规模与增长

数据来源：赛迪顾问，2017 年 12 月。

2. 传统制造业将依然是工业节能装备发展的关键所在

冶金、石油化工、建材以及电力装备依然将是工业节能装备产业的主体构成，预计到 2020 年，其将占到整个工业节能装备规模总量的 80% 以上。

2015—2020 年中国工业节能装备产业结构

数据来源：赛迪顾问，2017 年 12 月。

（五）产业演进趋势

1. "互联网＋"深入融合，为工业节能装备加速发展注入新活力

随着我国"互联网＋"在工业节能领域内广泛融入，通过物联网、大数据、云计算、先进过程控制等技术应用，对能源消耗情况特别是大型耗能设备，实施动态监测、控制和优化管理，已经逐渐成为未来工业节能装备产业发展的重要突破点。

2. 工业系统节能成为未来我国工业节能发展的主流方式

随着工业节能工作的不断深入，未来我国工业将以系统节能改造为突破口，工业节能将从局部、单体节能向全流程、系统性优化转变。在继续推进单体工业节能的同时，更加注重设备、企业、园区的多层级系统节能，在抓好重点行业节能的同时，面向工业全行业全面推进工业节能。

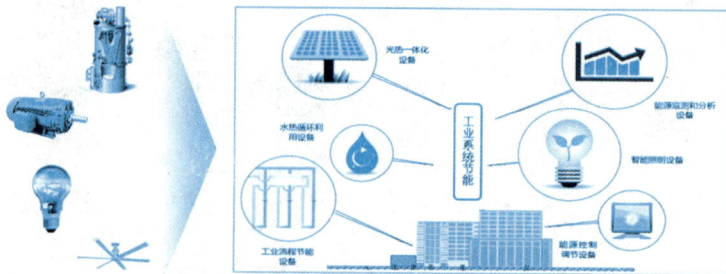

3. 国家利好政策将进一步促使工业节能装备应用示范效应的扩大

近年来，国家积极鼓励工业节能技术装备产品的绿色生产和绿色消费，引导和推动高效节能技术装备的推广应用，尤其是电动机、工业锅炉、变压器、泵、压缩机等工业装备，将成为未来工业节能装备领域中最为活跃的因子。

（六）投资价值50强

中国工业节能装备产业50强榜通过建立评判指标体系，从企业估值/市值、营收状况、专利数量、产品竞争力、企业潜力、领导层能力等多个维度进行定量与定性结合的评比。经过专家打分，对中国主流的工业节能装备企业进行排名对比如下：

2017 年中国工业节能装备产业投资价值 50 强

排名	企业简称	排名	企业简称
1	上海电气集团	26	露笑科技
2	国电南瑞科技	27	九洲电气
3	亿利洁能	28	新界泵业集团
4	湘潭电机	29	远大智能工业集团
5	卧龙电气	30	华荣科技
6	山东能源重型装备	31	鲁阳节能
7	大洋电机	32	麦格米特电气
8	盾安人工环境设备	33	成都天翔环境
9	泰豪科技	34	苏州海陆重工
10	无锡华光锅炉	35	迪森热能技术
11	陕鼓动力	36	方正电机
12	华西能源工业	37	亿利达风机
13	神雾环保	38	金鼎灵流体机械
14	江特电机	39	首航艾启威节能
15	荣信电力	40	洛阳隆华传热
16	杭州锅炉集团	41	华瑞股份
17	中电投远达环保	42	常州神力电机
18	雄韬电源科技	43	广东芬尼科技
19	双良节能系统	44	潍柴发电设备
20	信质电机	45	湖南科力尔电机
21	万邦达环保	46	山东章丘鼓风机
22	江苏雷利电机	47	广州高澜节能
23	中材节能	48	华源泰盟节能
24	杭州富生电器	49	深圳盛弘电气
25	北京合康新能科技	50	中船重工齐耀科技控股

数据来源：赛迪顾问，2017 年 12 月。

（七）产业投资风向

1. 重点通用型工业节能装备依然是未来投资核心

未来，高效节能锅炉、节能电机系统、蓄热式燃烧设备、动力电池系统以及半导体照明设备等工业节能产品将成为重点投资领域。

中国工业节能装备产业重点投资领域

技术领域	主要内容
高效锅炉	重点提高锅炉自动化控制、主辅机匹配优化、燃料品种适应、低温烟气余热深度回收、小型燃煤锅炉高效燃烧等技术水平，推动高效锅炉应用范围扩大。
高效电动机	重点发展三相异步电动机、稀土永磁无铁芯电机等高效电机产品，提高高效电机设计、匹配和关键材料、装备，以及高压变频、无功补偿等控制系统的技术水平。
蓄热式燃烧	关注重大技术、装备的产业化示范和规模化应用，重点是综合采用优化炉膛结构、利用预热、强化辐射传热等节能技术集成，提高加热炉燃烧效率。
半导体照明	注重核心材料、装备和关键技术的研发，尤其是解决散热、模块化、标准化等重大问题的技术。

数据来源：赛迪顾问，2017 年 12 月。

2. 工业节能装备企业服务化将成为未来投资亮点

由于工业节能的客户以企业为主，目前合作模式主要是合同能源管理，以此为用户提供节能诊断、融资、改造等服务，并以节能效益分享方式回收投资和获得合理利润。该机制可降低用能单位节能改造的资金和技术风险，充分调动节能改造积极性，也将有效助推工业节能应用推广。

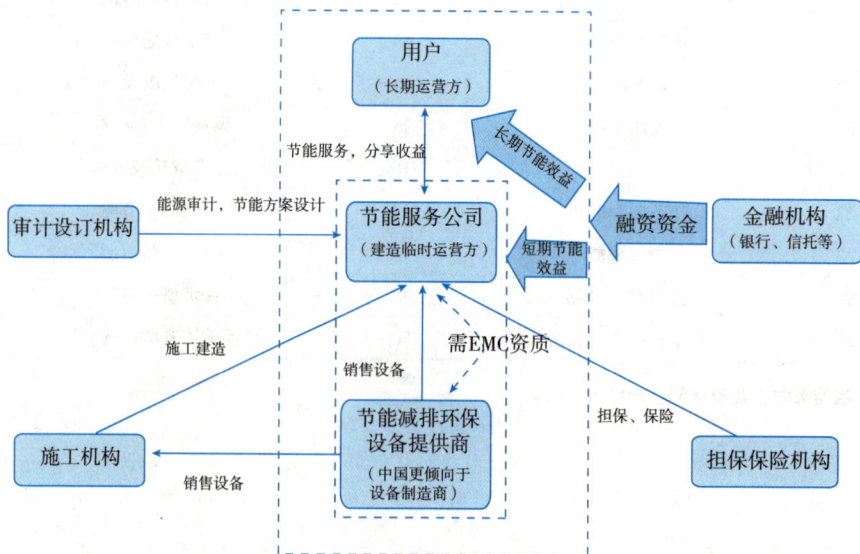

四十六、生物医药

定义：生物医药产业是将细胞工程、基因工程等生物技术与新药研发生产、疾病诊断防治和治疗相结合形成的产业。

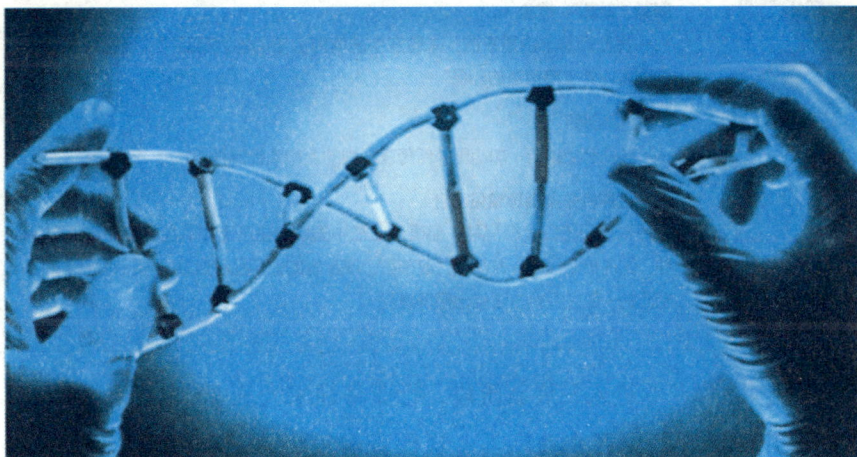

（一）赛迪重大研判

1. 2017 年，生物医药产值规模达到 3.9 万亿元
2. 新政策频繁出台，聚焦药品创新和上市审批
3. 2020 年生物医药产业规模将超过 5 万亿元
4. CAR－T 疗法和单抗药物成为投资热点
5. 新兴生物技术将推动新产品和新疗法不断涌现

（二）产业发展环境

1. 新政频繁出台，医药改革持续加速

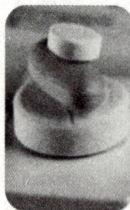

➢ 《关于在公立医疗机构药品采购中推行"两票制"的实施意见（试行）的通知》
➢ 《仿制药质量和疗效一致性评价品种分类指导意见》
➢ 《关于深化审评审批制度改革鼓励药品医疗器械创新的意见》
➢ 《国家食品药品监督管理总局关于调整进口药品注册管理有关事项的决定》
➢ 《关于调整药品注册受理工作的公告》
➢ 《关于规范已上市中成药通用名称命名的通知》

政策要点

两票制
——减少医药流通的中间环节，控制药品和医疗器械的虚高价格，降低医保总体费用

刷新"新药"概念
——将新药概念由原来的"未曾在中国境内上市销售的药品"，调整为"未在中国境内外上市销售的药品"

鼓励药品创新
——鼓励药品创新，加速国外新药在国内的上市审批流程

一致性评价分类指导意见出台
——对原研进口上市品种、原研企业在中国境内生产上市的品种、进口仿制品种、国内仿制品种、改规格、改剂型、改盐基的仿制品种以及国内特有品种等仿制药的一致性评价方法给出明确意见

2. 中国医药产业进入发展新阶段，行业将迎来大洗牌

一直以来，我国医药企业众多、规模普遍较小，创新药缺乏。近两年来的政策组合拳集中从两大方面改变我国落后的医药产业，一方面是创新药，更加注重创新药的研发，加速新药审批流程；另一方面是仿制药，更加注重仿制药一致性评价，在质量和药效上达到与原研药一致的水平。在此轮改革的浪潮下，一些规模较小，创新力缺乏的医药企业将被淘汰。

（三）产业链全景图

从产业细分领域来看，生物医药产业包括化学药品与原料药制造、生物技术药物、中成药、新型疫苗、生物分离介质与药用辅料、海洋生物医药、生物医药服务等细分产业。

生物医药产业链包括上游的原材料和药物研发、中游的药品生产制造和下游的药物流通。上游原材料包括化工原料制造、药材种植、生物制品，研发及服务外包的主要参与者有企业研发中心、科研院所和研发外包服务提供商；中游生产制造包括化学药原料药和制剂、中药饮片和中药制剂、生物技术药物的生产制造；下游流通环节包括医院、疾控中心、分销商和患者。

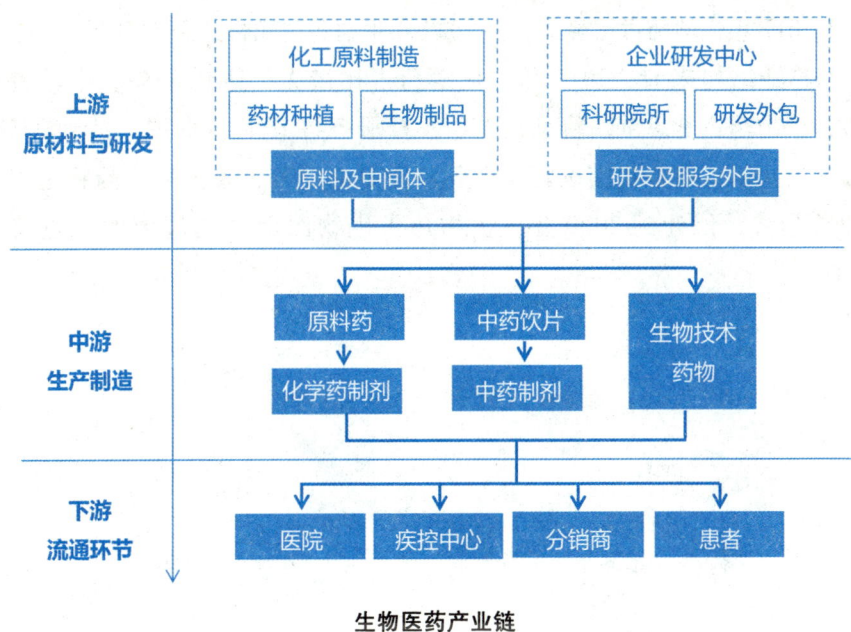

生物医药产业链

数据来源：赛迪顾问，2017 年 12 月。

（四）产业规模预测

1. 2020 年中国生物医药产业规模将超过五万亿元

2017 年，中国生物医药产业规模为 38984 亿元。在国家政策支持和企业创新能力提升的推动下，预计到2020年中国生物医药产业规模将达到51737亿元。

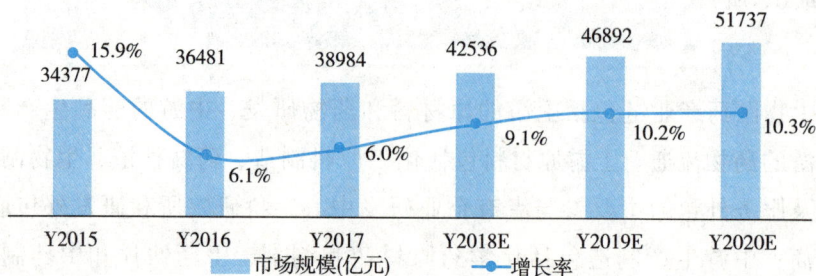

2015—2020年中国生物医药产业规模与增长

数据来源：赛迪顾问，2017年12月。

2. 2017年化学药占比最大，到2020年生物药占比将达到11%

从产业结构来看，2017年，化学药占比最大，达到34%，中药占比24%，生物药占比9%，新型疫苗、医疗服务等其他领域占比达到33%。预计未来几年，随着我国医药企业创新能力的提升，我国生物药将呈现快速增长趋势，预计到2020年，生物药占生物医药产业规模的比重将达到11%。

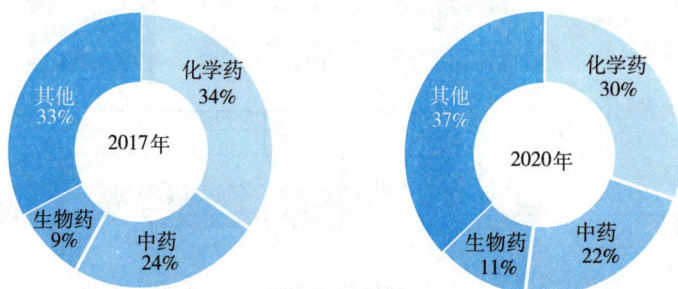

2017年和2020年中国生物医药产业结构

数据来源：赛迪顾问，2017年12月。

（五）产业演进趋势

1. 新兴生物技术带来产业变革，新型药物和疗法不断涌现

近年来，基因工程、细胞工程、酶工程等新兴生物技术快速发展，为药

物的研发、生产带来历史性的变革。在新技术的推动下，单抗药物、细胞治疗等新型的药物和疗法为治疗疾病提供了疗效更好、副作用更小的方法。随着生物技术的进一步发展，新型药物和疗法仍将不断涌现。

2. 仿制药单一结构难以为继，创新药成为发展重点

一直以来，我国的医药企业处于规模小、创新力缺乏局面，医药产品以仿制药为主。随着我国医疗改革的持续推进、人民群众对于健康需求的提升，以仿制药为主的产品结构已经无法满足我国的医疗需求。随着政策的持续出台，我国将持续加大对创新药研发的支持力度，一些创新力缺乏的企业将被淘汰。

3. 监督监管体系逐步完善，产品上市流程加快

当前，我国仍无法与发达国家同步享受新药，这主要是因为一个新药要在国内上市，要重新在国内进行临床试验，使得产品上市时间滞后。随着近几年一系列政策的出台，国内原研药和国外引进药物的上市审批流程将逐步加快，缩短上市时间，企业的研发效率将进一步得到提升。

（六）投资价值百强

生物医药投资价值百强榜通过建立评判指标体系，从企业营收情况、服务/产品竞争力、研发实力等维度，按照产业结构分类，从综合、生物药、化学药、中成药四个领域筛选出国内投资价值百强。

排名	综合类	排名	生物药	排名	化学药	排名	中成药
1	国药控股	1	天坛生物	1	上海医药	1	云南白药
2	上海医药	2	沃森生物	2	复星医药	2	广州白云山
3	九州通医药	3	齐鲁制药	3	恒瑞医药	3	康美药业
4	南京医药	4	中国生物制药	4	健康元	4	天士力
5	华东医药	5	科兴控股	5	誉衡药业	5	北京同仁堂
6	云南白药	6	上海莱士	6	白云山	6	东阿阿胶
7	广州白云山	7	华兰生物	7	正大天晴	7	昆药集团
8	康美药业	8	诺和诺德（中国）	8	齐鲁制药	8	敖东药业
9	哈药集团	9	复星医药	9	东阳光药业	9	神威药业
10	浙江英特	10	恒瑞医药	10	豪森药业	10	华润三九
11	天士力制药	11	浙江海正	11	罗欣药业	11	珍宝岛药业
12	复星医药	12	信达生物	12	科伦药业	12	康缘药业
13	中国生物制药	13	上海生物制品	13	扬子江药业	13	金陵药业
14	恒瑞医药	14	百奥泰	14	华威医药	14	葵花药业
15	海王生物	15	丽珠医药	15	石药集团	15	亚宝药业
16	北京同仁堂	16	科兴生物	16	海正药业	16	香雪制药
17	健康元	17	武汉生物	17	华海药业	17	恒康医疗
18	华润三九	18	正大天晴	18	瑞阳制药	18	仁和药业
19	丽珠集团	19	泰康生物	19	步长制药	19	江中药业
20	人福医药	20	金迪克生物	20	奥赛康	20	康弘药业
21	太龙药业	21	人福医药	21	海思科	21	千金药业
22	誉衡药业	22	神州细胞	22	辰欣药业	22	桂林三金
23	必康股份	23	泰邦生物	23	现代制药	23	神奇药业
24	信立泰	24	百济神州	24	青峰医药	24	马应龙
25	新华制药	25	中源协和	25	人福医药	25	奇正藏药

2017 年中国生物医药产业投资价值百强

数据来源：赛迪顾问，2017 年 12 月。

（七）产业投资风向

1. CAR－T 疗法拉开人类抗癌新纪元，成为投资热点

细胞疗法利用病人自身的免疫细胞来清除癌细胞，具有更高的肿瘤免疫特异性，能对肿瘤细胞产生长期的特异性免疫作用。2017 年，诺华和 Kite 的 CAR－T 产品相继获 FDA 审批上市，拉开人类抗癌新纪元。国内在 CAR－T 领域的研究与美国并驾齐驱，在临床阶段的 CAR－T 研究数量超过 90 例，仅次于美国。恒瑞医药、复星医药、中源协和等企业纷纷布局，由南京传奇生

物申报的国内首个 CAR－T 疗法已经获得受理，产业处于快速增长期，投资前景明朗。

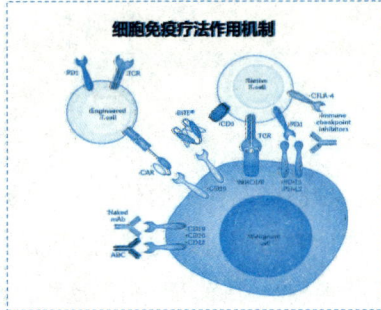

2. 单抗药物发展滞后，国内投资潜力巨大

单抗药物靶向性强、疗效好、副作用小，尤其在肿瘤治疗中疗效显著。相比于发达国家数百亿美元的规模，国内单抗的市场规模还远不及发达国家，但随着我国药品审批政策、人口结构、用药习惯等多方面变化，国内单抗药物行业将出现快速增长的势头。

四十七、中　药

定义：中医药是在中国传统文化的深厚底蕴中形成和发展的，除了它固有的医学属性和特征外，更具有鲜明的、独特的文化属性和特征。中药是以自然物质为原料（中草药、药用动物、药用矿物），按一定治病原则配方炮制而成，广泛应用于人民日常生活中，起到治病和保健的功效。

（一）赛迪重大研判

1. 产业发展逻辑转变推动产业快速增长，2020 年我国中药产业规模突破 1.8 万亿元
2. 新型饮片中药配方颗粒便于生产，牌照优势区分企业竞争格局
3. 新一代信息技术与传统中药的结合更加密切，形成特色中药发展模式
4. 中成药优势明显，对化学药替代率逐年上升，未来前景广阔
5. 中药配方颗粒和儿科用药将成为未来的市场投资热点

（二）产业发展环境

1. "健康中国"上升为国家战略，产业发展逻辑发生转变

随着"健康中国"理念的提出，产业的发展逻辑从"治病"向"治未病"转变。同时，在供给侧结构性改革的不断深化、居民收入增加、人口老龄化、消费观念转变、科技发展等多方因素的作用下，中药产业得到快速发展。

	医学时代	健康时代
医学模式	生物医学模式	生物-心理-社会医学模式
疾病类型	传染病、营养不良性疾病	慢性非传染性疾病
应对方法	医疗、预防	行为干预
服务内容	药物、手术、治疗	健康管理、健康促进
医患关系	医生为主	医患互动
服务对象	被动接受	主动参与

2. 政策红利持续释放，产业发展迎来新契机

2016 年国务院颁布的《中医药发展战略规划纲要（2016—2030 年)》首次将中医药发展列入国家战略，随后相继出台了《中药材保护和发展规划（2015—2020 年)》《中医药健康服务发展规划（2015—2020 年)》《中医药标准化中长期发展规划纲要（2011—2020 年)》《中华人民共和国中医药法》等政策和法律，为我国中药产业创造新的发展契机。

国务院发布《中医药发展战略规划纲要（2016—2030年）
国务院转发《中药材保护和发展规划(2015—2020年)》
国务院办公厅印发《中医药健康服务发展规划（2015—2020年)》
国家中医药管理局印发《中医药标准化中长期发展规划纲要（2011—2020年)》
科技部和国家中医药管理局共同印发《"十三五"中医药科技创新专项规划》
国家中医药管理局、国家发展改革委联合印发《中医药"一带一路"发展规划（2016—2020年》
2017年7月1日《中华人民共和国中医药法》颁布实施
……

（三）产业链全景图

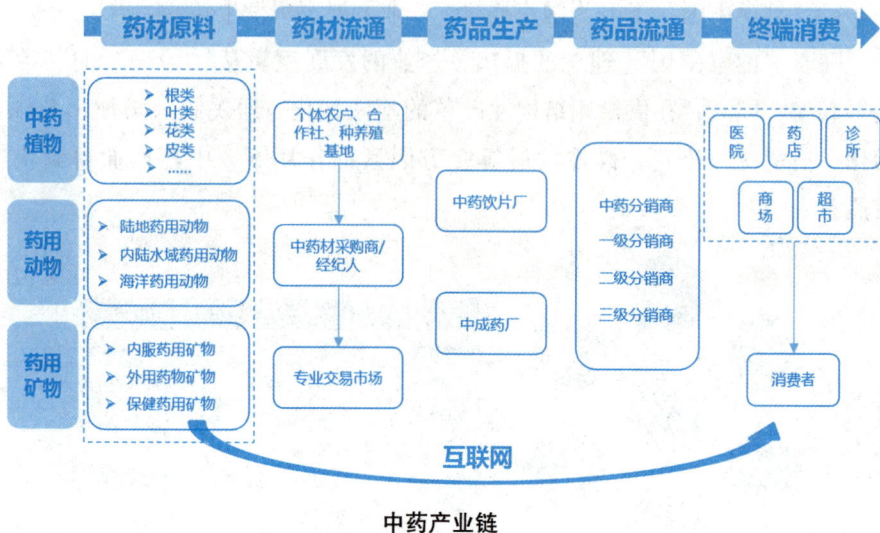

中药产业链

数据来源：赛迪顾问，2017 年 12 月。

我国中药产业资源丰富，主要由中药植物、药用动物和药用矿物三大类构成，根据全国中药材资源调查，我国有 12809 种中药材资源，中药植物占比 87%、药用动物占比 12%、药用矿物占不到 1%。药材资源是中药企业的重要竞争领域，能将产业链延伸至上游、掌握名贵药材等优质药材资源的企业将成为未来的领军企业。中药的中游主要为中药饮片厂和中成药厂，其中，中药饮片的新型药物中药配方颗粒近年来异军突起，发展迅猛。目前，中药主要销售渠道是医院、药店和商超。

未来发展重点：

√ 药材原料：规模化、标准化、信息化、基地化发展；

√ 药材药品流通：互联网加速去流通环节去中介化步伐；

√ 药品生产：生产企业加速在前端药材原料产地布局；

√ 销售终端：治未病得到广泛认可，中医个性化医疗需求激增。

（四）产业规模预测

1. 2020 年中药产业规模将超过 1.8 万亿元

2017 年，中国中药产业规模为 10688.43 亿元。随着《"健康中国2030"规划纲要》《中医药发展战略规划纲要（2016—2030 年）》《中医药法》等政策法律的出台，我国中药产业进入快速发展阶段，预计到 2020 年中药产业规模将突破 1.8 万亿元。

2015—2020 年中国中药产业规模与增长

数据来源：赛迪顾问，2017 年 12 月。

2. 中成药依然是中药产业的主体

中药材、中药饮片、中成药是中药产业的三大支柱。中成药具有"多靶点、多效应、毒副作用小"等特点，是预防慢性病，特别在心脑血管病方面优势明显，预计到 2020 年，中成药市场规模突破 5000 亿元，年复合增长率 14%。

2015—2020 年中国中药产业结构预测

数据来源：赛迪顾问，2017 年 12 月。

（五）产业演进趋势

1. 产业方向：传统与现代科技融合，形成具有中医药文化特色发展模式

大数据、物联网、人工智能、VR/AR、互联网、航天技术、纳米技术、生物技术、萃取技术、生物芯片等现代科技

药材原料 ➔ 药材流通 ➔ 药品生产 ➔ 药品流通 ➔ 终端消费

市场数据收集，产量预估，指导前端科学种植；互联网技术加快全产业链各环节的互联互通；芯片技术应用到制造和终端消费环节，获取海量数据，提升制造能力，改善用户体验；萃取技术提高药物的纯度，改善药效等等

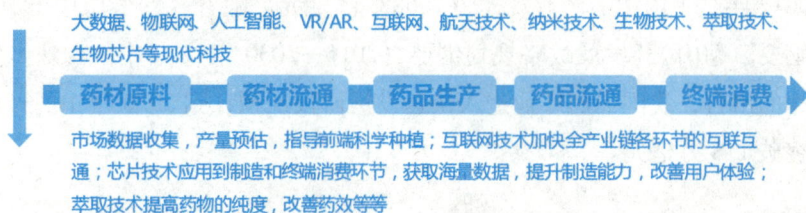

2. 企业发展：布局药材产区的原料储备，掌控稀缺药材资源，全产业链整合

中药产业的特点决定中药材资源的重要性，加大原料药的掌控，一是控制药材品质；二是对产品创新、资源整合提供保障；三是可规避价格波动风险，保持稳定盈利。

重点企业生产中药材 GAP 生产基地情况

公司名称	中药材 GAP 生产基地情况
康美药业	32 个品种（人参、红参、菊花、三七、金银花等）
天江药业	8 个品种（川芎、金银花、丹皮、黄连等）
芍花堂	6 个品种，1 个基地（白芍、菊花、知母、花粉、白芷）
新荷花	5 个品种（川贝母、大黄、麦冬、附子、半夏）

数据来源：赛迪顾问，2017 年 12 月。

3. 产品创新：标准化是中药创新和国际化的关键点

虽然中药的历史悠久，历代医药典籍中记载的方剂达十万多种，但中药物质成分复杂，研究难度大、时间长，现代中药创新发展的规律性认识不足等是制约中药产品创新的主要原因。同时，标准化是提升中药产品的安全性、有效性最为有效的手段。以标准化为基础，才能进一步解析中药的物质基础、化学成分结构和靶点之间的对应关系。

（六）投资价值百强

中国中药产业百强榜通过建立评判指标体系，从企业估值/市值、营收状况、净利润等多个维度进行定量与定性结合的评比，进行排名。

2017 年中国中药产业投资价值百强

排名	企业简称	排名	企业简称	排名	企业简称	排名	企业简称
1	康美药业	26	康缘药业	51	寿仙谷	76	芍花堂
2	云南白药	27	羚锐制药	52	方盛制药	77	鲁华生物
3	东阿阿胶	28	葵花药业	53	莱茵生物	78	七丹药业
4	步长制药	29	奇正藏药	54	康惠制药	79	圣保堂
5	吉林敖东	30	上海凯宝	55	健民集团	80	梓橦宫
6	同仁堂	31	太安堂	56	沃华医药	81	方心健康
7	白云山	32	信邦制药	57	佛慈制药	82	天济草堂
8	天士力	33	马应龙	58	新天药业	83	阿房宫
9	华润三九	34	金陵药业	59	易明医药	84	诺克特
10	太极集团	35	通化金马	60	嘉应制药	85	宁波中药
11	红日药业	36	西藏药业	61	黄山胶囊	86	青蒿药业
12	九芝堂	37	振东制药	62	启迪古汉	87	园禾方圆
13	以岭药业	38	双龙股份	63	陇神戎发	88	岐黄医药
14	片仔癀	39	神奇制药	64	源和药业	89	正和药业
15	珍宝岛	40	精华制药	65	生物谷	90	皇封参
16	中恒集团	41	千金药业	66	亚宝药业	91	维和药业
17	贵州百灵	42	紫鑫药业	67	翔宇药业	92	晶珠藏药
18	仁和药业	43	广誉远	68	辅仁药业	93	神农制药
19	众生药业	44	福瑞股份	69	津同仁堂	94	金芙蓉
20	昆药集团	45	新光药业	70	益盛药业	95	天原药业
21	中新药业	46	香雪制药	71	威门药业	96	海尔思
22	康恩贝	47	龙津药业	72	乐陶陶	97	天强制药
23	桂林三金	48	汉森制药	73	盛实百草	98	全宇制药
24	益佰制药	49	泰合健康	74	千禾药业	99	辅正药业
25	江中药业	50	佐力药业	75	汇群中药	100	三力制药

数据来源：赛迪顾问，2017 年 12 月。

（七）产业投资风向

1. 经典名方制剂将成为中药产业投资新风口

中医药一直是我国人民防病治病的主要方法和手段。中国中医科学院屠呦呦发明青蒿素获得诺贝尔奖以后，中医热再次席卷全球，业界纷纷加大对中医药经典名方的研究投入。

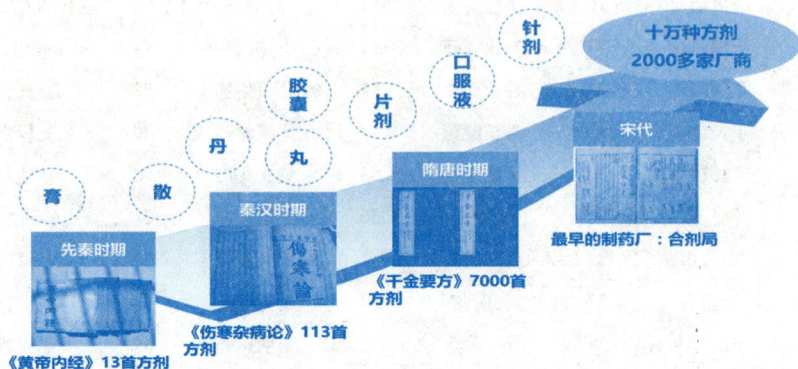

2. 易发的慢性疾病依然是中药企业主攻方向，儿科用药异军突起

中成药具有"多靶点、多效应、毒副作用小"的特点，相比于西药，在预防和治疗心血管疾病、抗肿瘤疾病和呼吸系统疾病等慢性病方面更有优势。同时，国家对抗生素药物优劣势的普及宣传不断深入，人们对儿童健康关注持续增加，对中药的需求量呈爆发式增长。赛迪顾问建议关注传统中药产品的同时，重点关注儿科中药制药类企业。

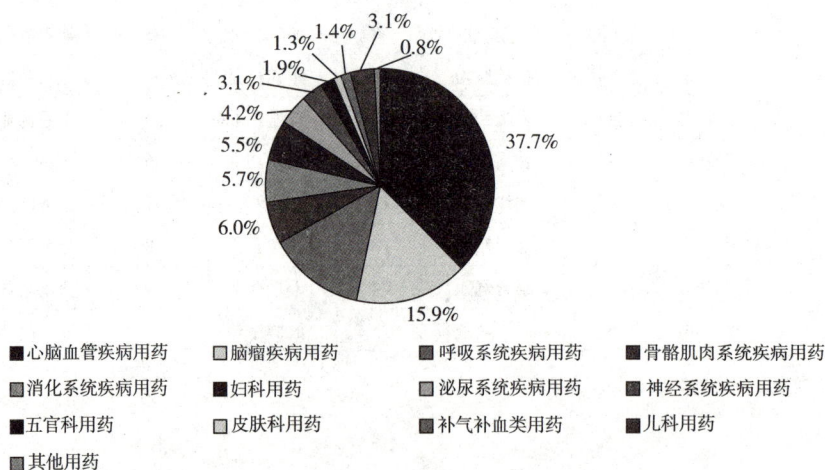

- ■ 心脑血管疾病用药　□ 脑瘤疾病用药　■ 呼吸系统疾病用药　■ 骨骼肌肉系统疾病用药
- ■ 消化系统疾病用药　■ 妇科用药　■ 泌尿系统疾病用药　■ 神经系统疾病用药
- ■ 五官科用药　□ 皮肤科用药　■ 补气补血类用药　■ 儿科用药
- ■ 其他用药

2017 年中国医药终端中成药各大药品市场份额

数据来源：赛迪顾问，2017 年 12 月。

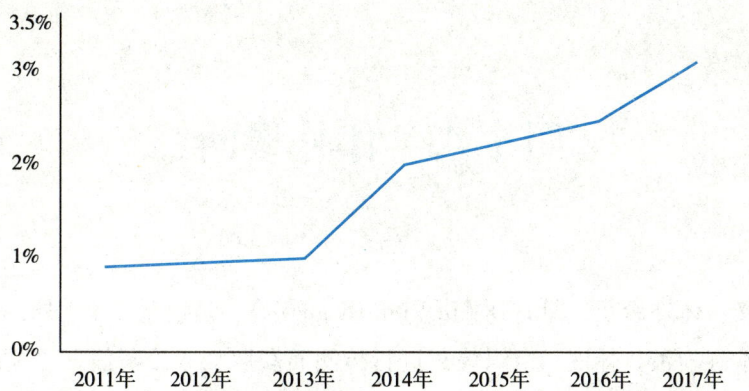

2011—2017 年中国医药终端儿科中成药产品市场份额增长情况

数据来源：赛迪顾问，2017 年 12 月。

四十八、体外诊断

定义：体外诊断，即 IVD（In Vitro Diagnosis），是指在人体之外，通过对人体样本（血液、体液、组织等）进行检测而获取临床诊断信息，进而判断疾病或机体功能的产品和服务。

（一）赛迪重大研判

1. 2020 年我国体外诊断产业规模将超 800 亿元，体外诊断试剂仍占据最大比重
2. 国内体外诊断市场将纵向拓展、横向合并，产业集中度整合提升
3. 生化诊断和免疫诊断平稳发展，精品试剂、封闭式产品和化学发光等高端细分领域成重点发展方向
4. 分子诊断领域（主要是基因测序方向）和 POCT 领域将呈爆发式增长，成为产业发展新方向

（二）产业发展环境

1. 全球来看，欧美日布局成型增长缓慢，发展中国家等新兴市场快速

增长

全球经济的发展、民众保健意识的提高以及多数国家医疗保障政策的完善，促进全球体外诊断行业持续发展。2016 年，全球体外诊断行业市场规模约为 720 亿美元，未来几年内全球体外诊断行业将以约 5% 的年均复合增长率增长，并在 2020 年达到 870 亿美元。目前全球体外诊断需求市场主要分布在北美、欧洲、日本等发达经济体，欧美日共占据全球体外诊断行业 70% 以上的市场份额，需求相对稳定，增长缓慢；中国、印度等新兴经济体国家的市场份额占比较低，但由于人口基数大、经济增速高，近几年医疗保障投入和人均医疗消费支出持续增长，体外诊断行业正处于快速增长期。

2. 国内来看，医疗器械市场带动体外诊断产业飞速发展

我国医疗器械领域起步较晚，但随着自主技术的不断创新，积极引进和吸收国外先进技术和理念，市场得到快速扩充，成果显著。过去 5 年，我国医疗器械市场销售规模增长为原来的 2.5 倍，与国内医药制造领域相比，医疗器械的比重还远远不够。未来，我国医疗器械领域将继续高速增长，保持 20% 的复合增长率，预计到 2020 年，可以突破 5000 亿元。体外诊断领域的相关器械（包括试剂、仪器和耗材）在整体医疗器械中占据最大比重，约为 30% 左右。医疗器械市场的高速发展将为我国体外诊断产业的发展带来新的契机。

3. 我国体外诊断行业处于成长期，多重因素推动行业快速发展

我国体外诊断行业处于行业生命周期中的成长阶段，人口老龄化、城镇化、人们健康意识的增强、政策的支持以及诊断技术的进步等因素都推动着行业的快速发展。化学发光、基因测序、POCT 等技术扩展了体外诊断的细分领域，提供了更多的蓝海市场。在多重因素的共同推动下，未来我国体外诊断行业的发展速度将被不断提升。

（三）产业链全景图

体外诊断产品包括检测仪器、试剂和耗材三类，以三类产品生产及流通为划分依据，体外诊断产业链可划分为上游原材料、产品生产、产品流通和

下游需求市场四个环节。各检测领域的基本原理及常见应用如下：

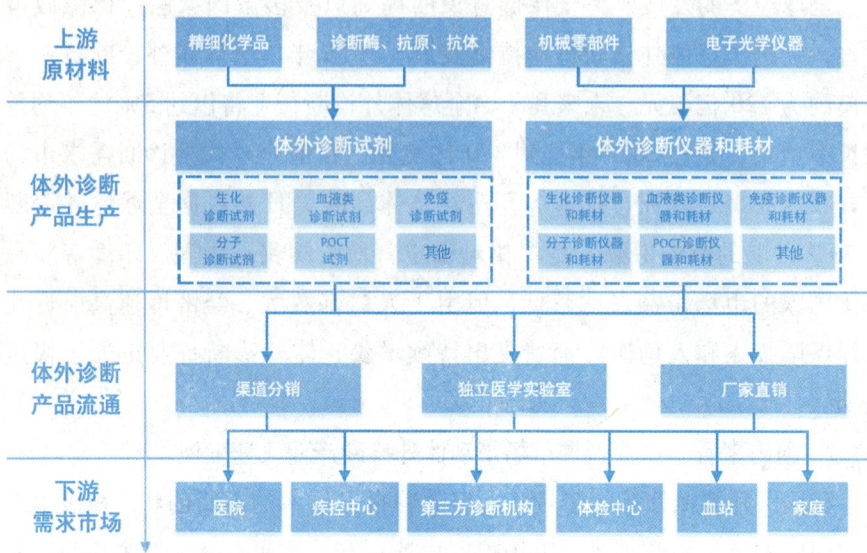

体外诊断产业链

数据来源：赛迪顾问，2017 年 12 月。

其中中游体外诊断产品生产环节汇集了国内绝大部分体外诊断公司，产品涉及免疫、血液、生化、分子、POCT 五大领域。

诊断领域	基本原理	常见应用
生化诊断	利用一系列生物化学反应对样本进行检测	血常规、肝功能、肾功能
免疫诊断	应用免疫学技术，即抗原与抗体的特异性结核来诊断病原体	肝炎病毒检测、艾滋病毒检测
分子诊断	利用核算杂交原理，检测样本中特异的DNA序列	病毒检测、遗传病基因检测
血液诊断	通过红细胞、白细胞、血红蛋白含量等指标分析血液成分	血细胞检测、淋巴细胞检测
POCT	依照不同检测项目使用相应检测原理，特点是方便、快捷	血栓预防与治疗

（四）产业规模预测

1. 2020 年我国体外诊断产业规模将超过 800 亿元

2016 年，中国体外诊断产业规模为 430.7 亿元。国内体外诊断产业随自主研发水平的不断提升，以及刚性需求和政策红利的双重刺激，在未来将持续高速增长。预计到 2020 年，我国体外诊断产业规模将超过 800 亿元，年均复合增长率达到 15% 左右。

2015—2020 年中国体外诊断产业规模与增长

数据来源：赛迪顾问，2017 年 12 月。

2. 分子诊断发展迅猛，未来将与免疫诊断和生化诊断呈三足鼎立之势

我国体外诊断产业结构可按照产品类型和诊断领域进行划分。以产品类型可划分为诊断试剂、诊断仪器和诊断耗材三类，其中体外诊断试剂占据最大比重，高达 73%。以诊断领域划分为免疫诊断、生化诊断、血液诊断、分子诊断和 POCT 及其他等五类，其中免疫诊断和生化诊断占据最大比例。

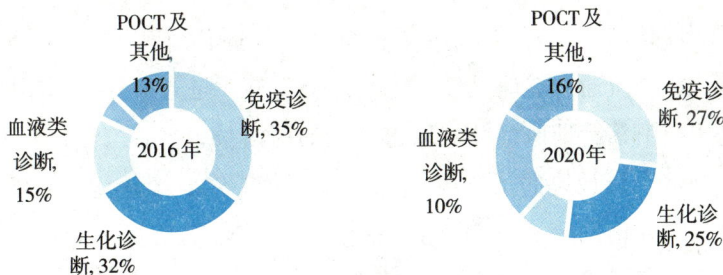

我国体外诊断子行业分布预测

数据来源：赛迪顾问，2017 年 12 月。

（五）产业演进趋势

1. 我国体外诊断市场规模继续扩张，纵向拓展、横向合并为重要特征

受我国医疗器械市场高速发展，以及刚性需求和政策红利的影响，我国体外诊断近年来发展迅速。未来我国医疗器械细分领域比例将趋同全球医疗器械细分领域比例。目前国内体外诊断企业对国外上游企业依赖严重。中下游企业与国外巨头相比，竞争力明显不足。未来随着国内技术突破，我国体外诊断产业将呈现沿产业链纵向扩展，企业间横向合并的特点，领域内自生

企业与国际巨头差距进一步缩小。

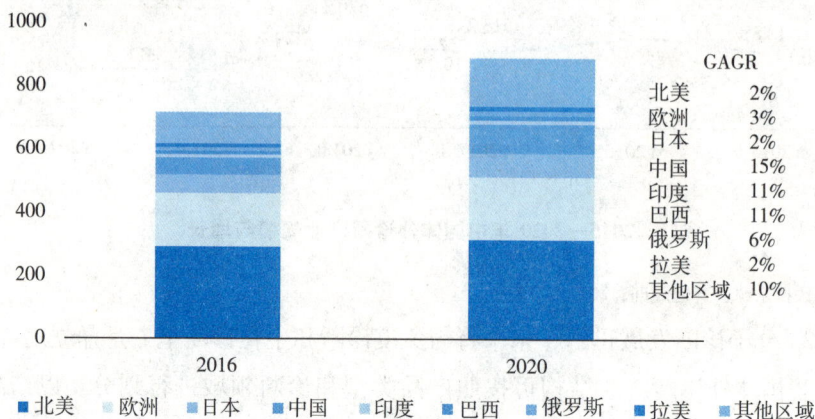

全球体外诊断产业区域结构变化情况

数据来源：赛迪顾问，2017 年 12 月。

2. 基因测序引领分子诊断发展，分级诊疗推动 POCT 前行

基因测序技术直接对 DNA 分子信息进行检验，与其他分子诊断技术相比，成本低、高流通、准确性高，综合优势明显，是未来分子诊断的主流方向，也是当前引领精准医疗领域取得突破的前沿技术。近五年，基因测序是分子诊断领域增长最快的子行业，进而也促进了分子诊断整体规模的扩张，将与免疫、化学诊断形成三足鼎立的趋势。由中心医院为主的诊治向二级、社区甚至是家庭转移的趋势，使 POCT 简便、快捷的特性得到更多市场需求，未来 POCT 技术将不断突破和发展。

3. 生化诊断和免疫诊断平稳发展，高端细分领域成重点方向

生化诊断与免疫诊断目前在我国体外诊断领域占据最重大比重。未来这两大领域将平稳发展，高端细分领域成为其发展的原动力。其中，精品试剂和封闭式产品将成为生化诊断发展的重要方向，化学发光将成为免疫诊断的主流方向。

（六）投资价值 60 强

体外诊断产业投资排行榜以 2017 年企业诊断业务营业收入情况为依据，整理出国内前 60 名的体外诊断医疗器械制造企业，为投资各方提供参考。

排名	公司名称	排名	公司名称	排名	公司名称
1	华大基因	21	普瑞柏	41	易斯威特
2	达安基因	22	微点生物	42	美康基因
3	迈克生物	23	伊普诺康	43	芝友医疗
4	科华生物	24	科方生物	44	永和阳光
5	美康生物	25	赛乐奇	45	银科医学
6	安图生物	26	旷博生物	46	天纵生物
7	九强生物	27	卓诚惠生	47	默乐生物
8	万孚生物	28	鼎晶生物	48	ST丰汇
9	利德曼	29	生之源	49	和元上海
10	博晖创新	30	力博医药	50	乐普诊断
11	凯普生物	31	利尔康	51	佰奥达
12	基蛋生物	32	赛哲生物	52	新海生物
13	艾德生物	33	康大医疗	53	八通生物
14	透景生命	34	凯基生物	54	百博生物
15	之江生物	35	灵佑药业	55	鲎生科
16	菲鹏生物	36	中生金域	56	星博生物
17	康美生物	37	景川诊断	57	科立森
18	伊仕生物	38	豪迈生物	58	迈迪生物
19	新健康成	39	致善生物	59	为正生物
20	百傲科技	40	鑫科生物	60	天骑医学

2017 年中国体外诊断产业投资价值 60 强

数据来源：赛迪顾问，2017 年 12 月。

（七）产业投资风向

1. 从自主研发能力角度分析，上游原材料、中游高精尖领域具备投资价值

我国的体外诊断市场目前仍由国外巨头企业占据主要市场，尤其是上游原材料和中游分子诊断、免疫诊断、POCT 等领域高精尖制造技术领域。但那些在上游原料方面以及中游高精尖制造技术方面锐意进取，有突出研发能力的本土公司，具有很高的投资价值。打破国外巨头在高附加值领域的垄断地位，将使我国产业链布局更为完善。

2. 从发展前景角度分析，化学发光、基因测序与 POCT 等细分领域潜力巨大

化学发光诊断是当前免疫诊断的一个主流技术领域，基因测序是当前引领分子诊断领域发展的前沿技术。化学发光诊断与分子测序在未来将取代生化诊断领域成为市场的主流。而随着诊疗分级制度的推广，POCT 将以轻便、快速的特点争取更多的市场份额。从发展前景而言，化学发光、基因测序和 POCT 等细分领域都具有很高的投资价值。

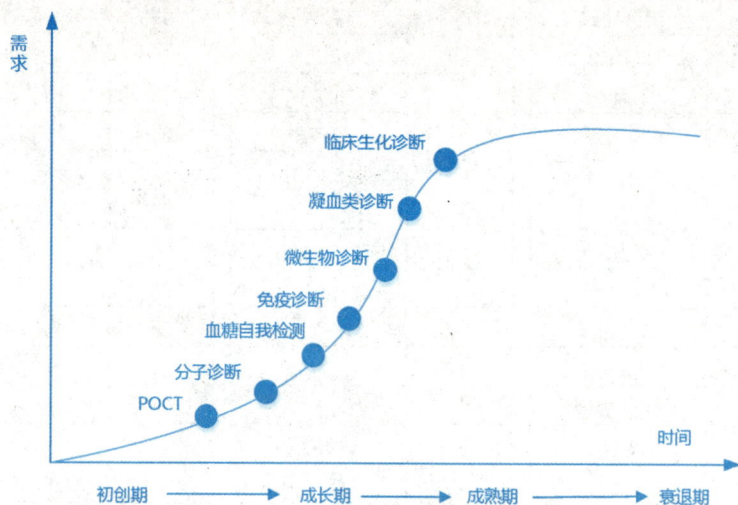

我国体外诊断各子行业均处于行业生命周期中的成长阶段

数据来源：赛迪顾问，2017 年 12 月。

四十九、健康管理

定义：健康管理产业是以维持、促进个人及群体健康为目的，从社会、生理、心理等角度开展的一系列经济活动的集合。

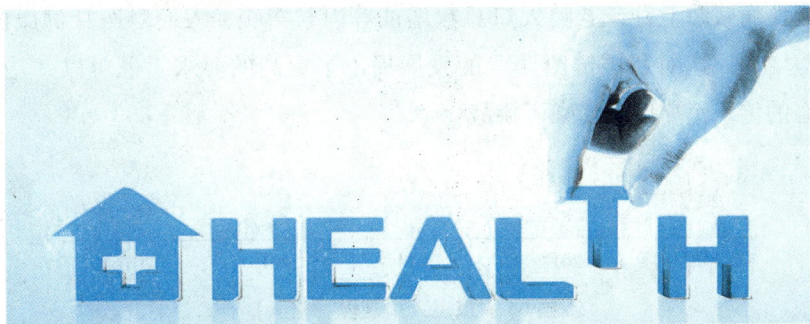

（一）赛迪重大研判

1. 2020 年中国健康管理产业规模将超过 2000 亿元，产业未来发展空间巨大
2. 健康管理服务内容向纵深化发展，打造垂直领域生态闭环成为关键
3. 国家政策推动社区成为居民健康"守门人"
4. 不同领域的企业将源源不绝地跨界进入健康管理
5. 新一代信息技术推动精准健康管理时代到来

（二）产业发展环境

1. 我国居民收入水平的提升为健康管理产业发展奠定了购买力基础

伴随我国经济进入中高速发展阶段，收入水平的持续提升加快了我国人民消费水平的升级，激发出民众对于医疗健康服务多层次、多样化的需求。

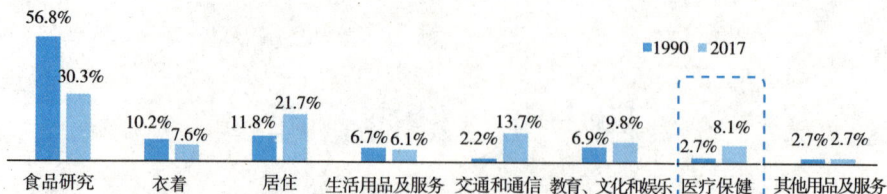

全国居民人均消费支出分布情况对比

数据来源：国家统计局，赛迪顾问整理，2017 年 12 月。

2. 人口老龄化与慢性病患病率的提升促使健康管理服务出现

慢性病威胁上升、老龄人口总数增加等因素影响，人们对医疗健康的需求日益增加，这对我国健康产业的发展提出了更高的要求，也对以"治疗"为核心的传统医疗体系带来了挑战。

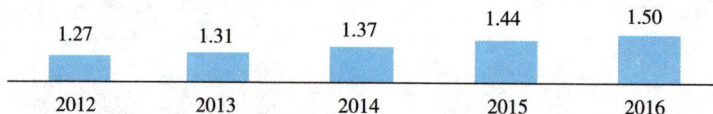

我国 **65** 岁以上人口规模（亿人）

数据来源：国家统计局，赛迪顾问整理，2017 年 12 月。

我国居民慢性病患病率抽样调查（‰）

数据来源：国家卫计委，赛迪顾问整理，2017 年 12 月。

3. "健康中国"上升为国家战略，政策环境空前利好

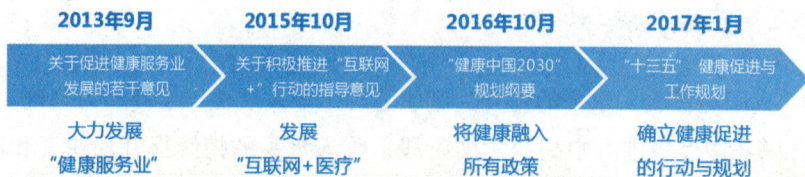

近年来，国家围绕大健康产业发布了系列政策措施。各项国家政策及相

关规划的陆续出台，为我国大健康产业提供了行动的指南，也为我国大健康产业发展创造了空前利好的政策环境。

（三）产业链全景图

健康管理产业链包含了开发制造、管理服务、支撑服务三个环节。其中，开发制造包含食品制造、医疗器械制造、软件开发等环节；管理服务包括健康体检、健康评估、健康咨询及健康促进 4 个环节；支撑服务包括健康保险、健康数据挖掘等环节。

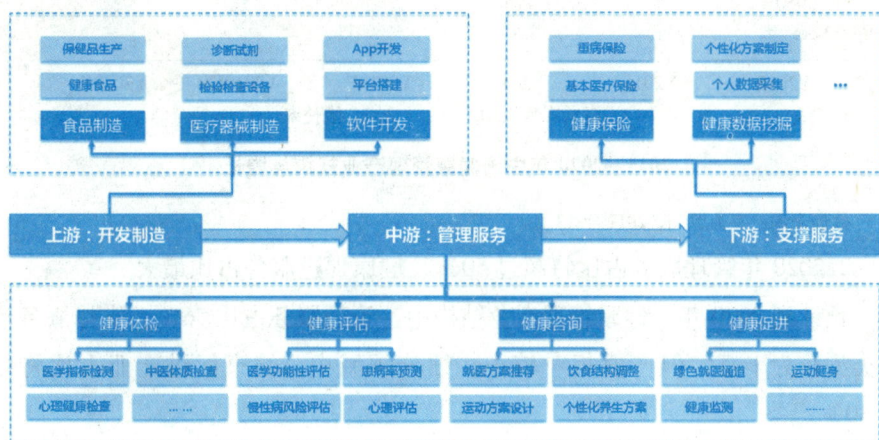

健康管理产业链

数据来源：赛迪顾问，2017 年 12 月。

未来突破点：

√ 开发制造：随着"中国制造 2025"的不断落实，国产高端医疗器械、创新性医疗科技设备将迎来快速发展

√ 管理服务：受到精准医疗快速发展影响，基因检测、重大疾病患病率评估等细分领域面临较大发展机遇

√ 支撑服务：聚焦个人健康数据分析，C 端市场将有望迎来爆发式增长

（四）产业规模预测

1.2020年中国健康管理产业规模将超过2000亿元

2017年，中国健康管理产业规模为1290亿元。在国家政策与民众需求的共同推动下，产业整体将保持较高增长水平。预计到2020年中国健康管理产业规模将超过2000亿元，2018—2020年年均复合增长率将达16.3%。

2015—2020年中国健康管理产业规模与增长

数据来源：赛迪顾问，2017年12月。

2.2020年管理服务占比将超过50%，健康促进服务占比最大

预计到2020年，健康管理产业结构中，管理服务占比56%，支撑服务产品类型较为丰富，但产值相对较小。细分领域中，健康促进产业占比将超过30%。

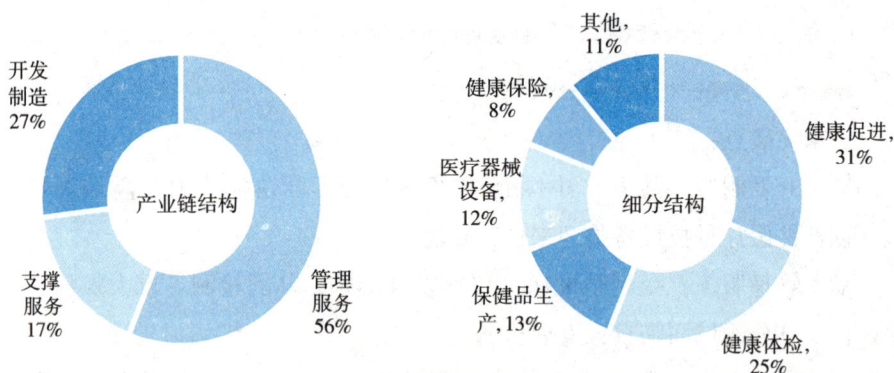

2020年中国健康管理产业结构

数据来源：赛迪顾问，2017年12月。

（五）产业演进趋势

1. 健康理念的不断延伸，管好健康将是下一阶段发展关键

随着健康管理学科及产业的发展，健康管理服务将由原有的单纯健康体检服务向集团化、专业化及服务个性化等方面发展。虽然除体检服务外，其他细分领域在国内还缺乏应有赢利空间，但如何真正为顾客提供具体健康评估、指导和干预服务，将成为产业未来可持续发展的动力所在。

2. 商业保险抢滩健康管理，为产业发展提供重要产业支撑

2017 年，保险＋健康管理的模式正在被越来越多的商业保险公司所接受，我国 4 家 A 股上市险企已全部在健康管理领域开展布局。从美国商业保险发展的经验来看，"保险＋健康"管理的模式可促进健康保险业的发展，也可促进产业快速发展，最终形成保险、个人、政府、社会的多方共赢局面。

3. 国家政策引导社区健康管理发展，家庭医生将成为守门人

分级诊疗与慢病防控进入顶层设计后，基层医疗机构的健康管理服务开始受到市场的认可，社区服务中心和家庭医生在产业发展过程中的积极作用将逐步显现。国家要求对慢病及居民健康的全覆盖，使得全科医生队伍建设成为政策落实的关键，未来社区中的全科医生将成为居民健康的"守门人"。

4. 人工智能、大数据等新技术的介入，推动健康管理产业进入 2.0 时代

信息技术的创新应用为开展健康管理的长期监测，更准确地进行个性化的健康评估和干预奠定基础，对创新健康管理服务模式、提高服务水平提供更便捷路径。借助大数据、人工智能等新技术的普及与应用，健康管理行业已逐步由以"普适化的健康体检"为主的 1.0 时代，迈向以"精准化健康管理"为目标的 2.0 时代。

（六）投资价值百强

健康管理投资价值百强通过建立评判指标体系，从企业市值/估值、营收情况、服务/产品竞争力等维度进行定量与定性相结合的评估。经过专家打分，将国内健康管理公司分为 8 个领域，包含综合排名、健康器械、保健品、健康体检、健康促进、健康保险、健康管理 APP 及健康大数据。

排名	综合排名类	排名	保健品类	排名	健康促进类	排名	健康管理APP类
1	华大医学	1	汤臣倍健	1	康健国际医疗	1	妙健康
2	美年大健康	2	安利（中国）	2	朗高养老	2	咕咚
3	爱康国宾	3	三精	3	联合医务	3	美柚
4	新华医疗	4	黄金搭档	4	慈惠健康	4	大姨吗
5	中国平安	5	交大昂立	5	喜之家	5	Keep
排名	**健康器械类**	6	东阿阿胶	6	大美股份	6	宝宝树
1	乐普医疗	7	同仁堂	7	艾博健康	7	辣妈帮
2	鱼跃医疗	8	太极集团	8	思明堂	8	妈咪知道
3	九安医疗	9	养生堂	9	童康健康	9	掌上糖医
4	润达医疗	10	健康元	**排名**	**健康保险类**	10	iHealth
5	尚荣医疗	11	无限极	1	中国人寿	11	微糖
6	迈克生物	12	碧生源	2	太平洋人寿	12	润尔健康
7	荣泰健康	13	太阳神	3	安邦保险	13	掌控糖尿病
8	三诺生物	14	紫光古汉	4	新华人寿	14	享睡
9	乐心医疗	15	天狮	5	国泰人寿	15	薄荷科技
10	迪瑞医疗	16	椰岛	6	和谐健康	**排名**	**健康大数据类**
11	阳普医疗	**排名**	**健康体检类**	7	人保寿险	1	贝瑞和康
12	博晖创新	1	慈铭体检	8	新华人寿	2	碳云智能
13	东星医疗	2	瑞慈体检	9	太平人寿	3	零氪科技
14	邦健医疗	3	九华体检	10	泰康人寿	4	诺禾致源
15	广利医疗	4	新华健康	11	昆仑健康	5	燃石医学
16	华艳生物	5	美兆健康	12	众安保险	6	安诺优达
17	新骄阳	6	东软熙康	13	生命人寿	7	康昕瑞
18	玉玄宫	7	邦健医疗	14	阳光保险	8	吉因加
19	金鹏健康	8	民众体检	15	宏康人寿	9	鹍远基因
20	奥美健康	9	艾博健康	16	安联保险	10	序康医疗

2017 年中国健康管理产业投资价值百强

数据来源：赛迪顾问，2017 年 12 月。

（七）产业投资风向

1. 从应用情况和技术成熟度角度分析，健康管理＋大数据具备投资价值

利用体检数据建立用户电子病历，为后续针对性疾病治疗提供基础数据支持，有利于医疗诊断、健康管理、慢病管理等纵向业务发展。针对海量疾病症状和治疗记录构建的疾病数据平台，有利于养老服务、药物研发、精准医疗等横向业务延伸。

正确的生活方式	消费者参与健康管理，选择适合自己的生活方式
正确的医护方式	消费者获得及时、最优的医疗保护，避免重复、次优的方案
正确的提供者	健康管理的提供者能提供最合适的健康护理
正确的价值	相同的质量水平，通过降低成本来创造价值
正确的创造	提高医药研发创新的效率

大数据＋健康管理的5个新价值路径

数据来源：赛迪顾问，2017年12月。

2. 从生态闭环打造角度分析，健康管理＋商业保险具备投资价值

国内健康管理服务费主要由单位或个人买单，如果第三方商业健康保险能为部分客户买单，将极大推进健康管理服务和商业健康保险双方的市场规模。健康管理机构手中的大量数据，可帮助商业健康保险机构发现细分人群特征，可建立不同场景下的行为模型，进而更精准地触达目标人群，构建出相对应的产业生态。

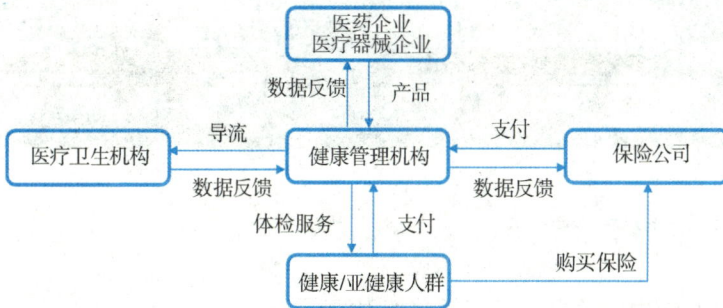

五十、养　老

定义：养老产业是在既有产业的基础上，通过适老化改造，为老年人提供设施、特殊商品、服务，包括老年人衣、食、住、行、用、医、娱、学等物质精神文化多领域相互交叉的综合性产业。

（一）赛迪重大研判

1. 2020 年中国养老市场规模将近 10 万亿元
2. 医疗服务、养护服务和文娱旅游将成为未来养老市场主要增长点
3. 智能硬件及设备和软件信息系统在养老领域的应用前景看好
4. 医养结合模式与居家养老方式的交叉领域将形成养老产业主要市场
5. 智慧养老、"互联网＋"将成为养老产业未来投资热点领域

（二）产业发展环境

1. 我国养老服务市场缺口巨大

当前全国注册登记的养老机构约 2.8 万家，养老床位近 700 万张。据国

家卫计委数据，目前全国医养结合机构 5814 家，床位总数 121.38 万张；截至 2016 年底，我国 60 岁以上老年人口达 2.3 亿。对于两亿老年人，百万计的养老床位远远不足，养老市场供给缺口巨大。

2. 养老金区域不平衡、部分地区收不抵支的问题日益凸显

据人社部《中国社会保险发展年度报告 2016》，2016 年城镇职工基本养老保险参保人数达到 3.79 亿人，比上年增长 2569 万人；企业养老保险基金地区之间的差距扩大，广东累计结余占总累计结余近两成，而黑龙江养老金"负债" 232 亿元。

3. 鼓励政策密集落地，养老 PPP 进入高速发展时期

2017 年政府工作报告和党的十九大报告为 2017 年养老发展指引了方向，各省市纷纷贯彻落实国家各项养老产业相关政策。随着政策加强引导，财政金融加强支持，PPP 养老项目投资额从 2016 年初的 1227 亿元迅速增长到 2017 年 8 月的近 1900 亿元，养老 PPP 项目进入高速发展时期。

4. 养老市场参与主体多元，房企险资药企等资本争相涌入

2017 年，地产、医药、保险等企业在养老领域加速布局。在巨大的市场容量和可预计的发展空间下，各路资本争相布局和尝试，实力雄厚的企业抓紧抢占细分领域制高点，以获取产业控制权和话语权，制定产业发展标准。部分实力房企及险资已建立口碑养老产品线。

（三）产业链全景图

养老产业包含养老服务、养老产品和养老地产三大领域。其中，养老服务包含医疗服务、照护服务、养老金融和文娱旅游；养老产品包含老年康复辅具、智能硬件与设备、药品与保健食品、软件与信息系统；养老地产的主要形式包括养老住宅、养老社区和养老机构。

养老地产是老年人群生存活动的空间载体，其价值暂时难以与养老服务和养老产品的价值相剥离。因此本文研究的"养老产业"暂不包含养老地产，仅含养老服务和养老产品两大领域。

难点和突破点：

√ 养老服务专业人员缺口较大。国内老年护理专业人才缺口在千万名

以上，尤其是针对失能、失智老人的专业护理员更为稀缺，专业养老人才培养机制有待完善。

√ 智慧养老产品尚未实现普及。由于技术成熟度、市场接受度等因素的限制，智能硬件与设备、软件与信息系统等智慧养老产品尚未全面普及，真正发挥此类养老产品的效用仍需3—5年的时间。

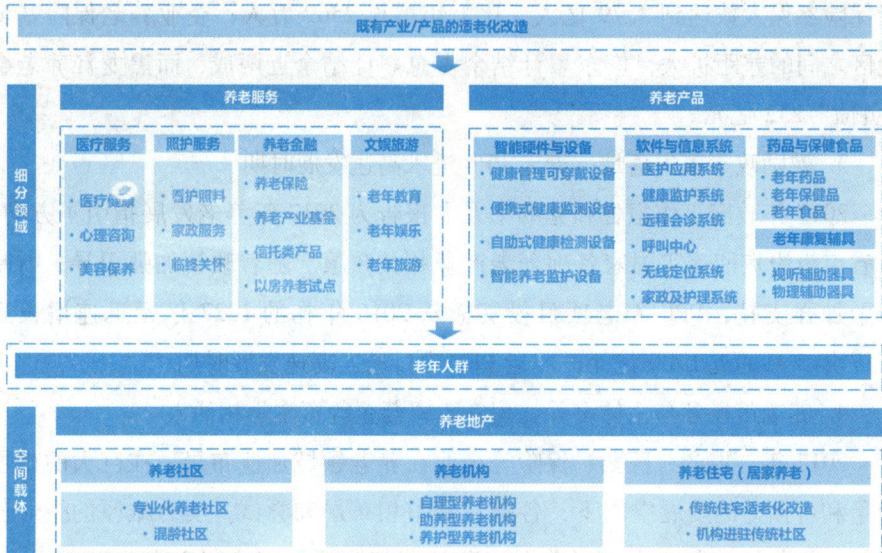

养老产业链

数据来源：赛迪顾问，2017年12月。

（四）市场规模预测

1. 2020年养老市场规模将接近10万亿元

2017年，中国养老市场规模延续平稳增长态势，市场规模约5.5万亿元。随着鼓励养老产业发展的政策不断落地、养老服务和产品的种类不断丰富、老年人口的增长以及需求的扩张，预计从2018年开始中国养老市场规模将有大幅增长，到2020年接近10万亿元。

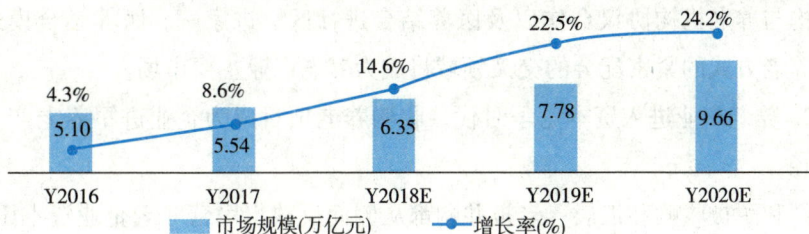

2016—2020 年中国养老市场规模与增长

数据来源：赛迪顾问，2017 年 12 月。

2. 2020 年养老服务占比近 60%

医疗服务和照护服务将是养老服务产业产值比重最大的两个领域。随着生活水平提升，老年人的精神需求不断增强，老年文娱旅游市场升温。此外由于居家养老仍将长期作为我国养老的主要方式，智慧养老相关的智能硬件及设备、软件信息系统等产品的市场前景看好。

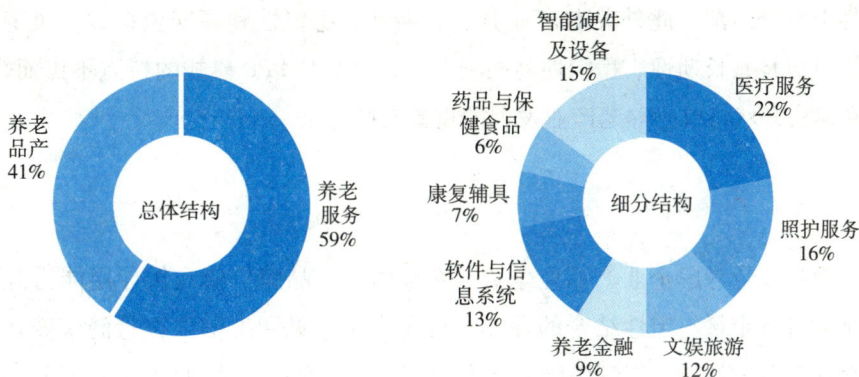

2020 年中国养老市场结构预测

数据来源：赛迪顾问，2017 年 12 月。

（五）产业演进趋势

1. 医养结合模式与居家养老方式交叉领域是养老产业的主要市场空间

居家养老是公认的理想养老模式，但亟须医疗、家政、照护、心理等多种服务的无缝衔接。国家卫计委提出四种医养结合未来发展模式，包括鼓励原有医疗卫生机构开展养老服务、原有的养老机构可增设医疗服务资质、医疗机构与养老机构协议合作以及医养结合进社区、进家庭。医养结合模式与居家养老方式的紧密配合的交叉领域将成为养老产业主要市场。

2. 养老产业进入资本竞争时代，收购养老项目成为企业进军养老产业重要途径

亲和源被收购和汇晨养老被并购都从侧面反映出民营养老企业资本困境，但也反映出当面临缺少抵押物和融资成本高的问题时，与资本结合是解决融资难问题的一条快速通道，一方面提升了养老品牌的知名度和信任度，另一方面也打开了企业的融资渠道。收购养老项目成为企业进军养老产业重要途径。

3. PPP 模式将成为养老产业发展的重要支撑

养老产业与公共服务密不可分，而 PPP 模式正适用于基础设施建设和公共服务领域；PPP 模式投资量大，周期长而回报较少，而养老产业前期投资巨大，回收利润慢，且近似公益性的特点决定了不可能产生暴利。二者在适用性上完全匹配。此外养老产业具有长期性、稳定性和高安全系数，决定了投资也应具有长期性、稳定性与高安全性，这也与 PPP 模式的特点不谋而合。PPP 模式必然将成为养老产业发展的重要支撑。

（六）投资价值百强

通过综合考虑企业产品竞争力、企业潜力、品牌价值和领导层能力等多个维度进行定量与定性结合的评比，结合专家意见和工信部智慧健康养老示范企业名单的指导，得到中国养老产业投资价值百强。榜单包含 70 家养老服务/产品企业和 30 家养老地产企业。

70家养老服务/产品企业					
1	朗高养老	34	山东众阳软件	68	小和可穿戴
2	孝天养老	35	山东诺安诺泰	69	一号护工
3	中康颐养护理院	36	河南爱馨养老	70	易养
4	老来寿	37	武汉新海健康	30家养老地产企业	
5	爱侬养老	38	千山制药机械	1	万科集团
6	雅达养老	39	湖南怡康养老	2	万达集团
7	汇晨养老	40	健缘医疗	3	恒大集团
8	亲和源	41	龙信数码	4	远洋地产
9	普天信息	42	广域网络	5	保利地产
10	博奥颐和	43	中铁任之养老	6	复星集团
11	九安医疗	44	云顶酒店	7	华润集团
12	津旅泊泰	45	久远银海	8	泰康人寿
13	康泰医学	46	绵阳同益养老	9	绿城集团
14	东软熙康医疗系统	47	长虹电器	10	绿地集团
15	家人帮	48	贵州信邦制药	11	合生创展
16	好帮养老	49	倍磅康复	12	首创置业
17	航天恒星数据系统	50	陪爸妈	13	复地集团
18	恩谷信息	51	青松康护	14	蓝城集团
19	万达信息	52	爱照护	15	宜华集团
20	安康通	53	友康科技/颐养宝	16	中国人寿
21	金康信息	54	蜜爸妈	17	中国平安
22	康辉科技	55	小柏家护	18	太平洋保险
23	好络维	56	国太亚医	19	新华保险
24	思锐信息技术	57	华人照护	20	合众人寿
25	医惠科技	58	天天养老	21	中信集团
26	静安健康	59	二毛照护	22	中国水电
27	晶奇网络	60	守护云	23	海尔集团
28	天云峰生态旅游	61	瑞泉护理	24	白云山药业
29	九牧厨卫	62	健龄	25	绿宝集团
30	恒锋信息科技	63	护龄家	26	卓达集团
31	金太阳	64	天天陪护	27	今典集团
32	萍乡都市农庄	65	麦麦养老	28	中南建设
33	山东亚华电子	66	九康养老康复宝	29	同仁堂
		67	春风陪护	30	九州通医药

2017 年中国养老产业投资价值百强

数据来源：赛迪顾问，2017 年 12 月。

（七）产业投资风向

1. 老年护理、智能硬件和老年 APP 值得关注

我国养老产业发展已开始由粗放式发展向专业理性转变。从中国养老产

业创业公司细分领域分布图来看，未来养老服务和产品种类将更为丰富多元。从投资创业角度看，老年护理、智能硬件和老年 APP 是未来最具备投资价值的细分领域。

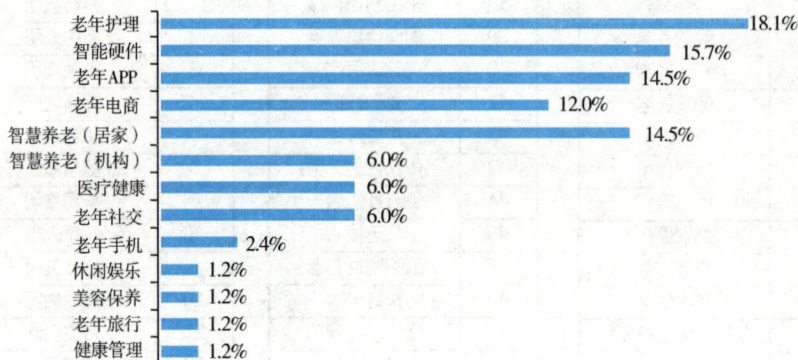

细分领域	占比
老年护理	18.1%
智能硬件	15.7%
老年APP	14.5%
老年电商	12.0%
智慧养老（居家）	14.5%
智慧养老（机构）	6.0%
医疗健康	6.0%
老年社交	6.0%
老年手机	2.4%
休闲娱乐	1.2%
美容保养	1.2%
老年旅行	1.2%
健康管理	1.2%

截至 2016 年中国养老服务创业公司细分领域占比分布

数据来源：赛迪顾问，2017 年 12 月。

2. 智慧养老解决方案将成为投资潜力的领域

失能老人和空巢老人在老龄人口中的比例逐年递增，因此提升老年人的生活质量、尊严的产品、情感陪护和心理健康、生命体征连续监测管理的智能养老行业的解决方案（软件和信息系统）前景看好。

3. 重点关注"互联网＋养老"领域

互联网医疗健康服务由于具有实效性、便捷性等优势，即通过移动终端就能收集到老人的生理数据，将结果发给主治医生作出诊断意见。"互联网＋养老"的模式大大缩减了中间环节，节约了社会养老资源，提高了看护效率。是政府未来主导的发展方向，将成为下一个蓝海，具有可观的投资价值。

五十一、体　　育

定义：体育产业是指以服务竞技体育与群众体育为目的，与竞技体育、群众体育密切相关的一系列生产经营活动的组合，主要包括体育装备/用品的制造与销售、体育场馆建设运营，以及由体育教育与培训、体育赛事运营、体育传媒、体育中介服务等组成的体育服务业。

（一）赛迪重大研判

1. 中国体育产业规模保持稳定增长，预计 2020 年将超过 4 万亿元
2. 产业结构不断优化调整，体育服务业与体育用品制造业均衡发展
3. 体育改革持续深化，体育强国建设步伐不断加快
4. 产业融合向纵深推进，"体育＋产业"成为新的发展业态
5. 体育场馆、体育赛事运营及体育科技将成为主要投资热点

（二）产业发展环境

政策、需求、技术、资本齐发力，体育产业迎来黄金发展期。

1. 利好政策密集出台为体育产业发展厚植沃土

《国务院关于加快发展体育产业促进体育消费的若干意见》（国发〔2014〕46号）提出到2025年，我国体育产业总规模超过5万亿元；《体育发展"十三五"规划》提出深化职业体育、足球、体育场馆运营等领域的改革；党的十九大报告明确指出要广泛开展全民健身活动，加快推进体育强国建设，筹办好北京冬奥会、冬残奥会。一系列政策组合拳为我国体育产业未来发展指明了方向，对推进体育强国建设提供了重要政策保障。

2. 消费升级为开启五万亿体育市场提供根本动力

国际经验表明，当一个地区的人均GDP达到5000美元时，其体育产业会呈"井喷"式发展。2016年，中国人均GDP已达到53980元（8867美元），同时，随着"健康中国"上升为国家战略以及全民健身理念的普及，大众体育时代已来，中国庞大的体育市场已然形成。

3. 互联网等技术颠覆体育产业原有商业模式

互联网、大数据、人工智能、虚拟现实（VR）等技术在体育领域不断应用，体育产业原有商业模式不断被颠覆：互联网促进了在线票务、赛事直播、大众健身O2O等新业态的产生；AI技术、物联网、WiFi等使体育场馆更加智能化；大数据助力赛事推广、运动培训等；VR/AR改变群众观赛体验。

4. 资本持续涌入不断激发体育产业发展活力

一方面，体育产业基金纷纷成立，截止到2017年11月，我国共成立35支体育产业基金，规模超过700亿元；另一方面，体育领域投融资热度持续上涨，预计2017年体育领域投资案例将达到200起，万达、阿里、腾讯等国内资本巨头纷纷布局体育产业。资本的持续注入为体育产业的发展提供活力支撑。

（三）产业链全景图

体育产业链包括要素层、运营层、衍生层三个环节，要素层包括体育场馆运营、体育俱乐部、体育培训等领域；运营层主要指体育赛事运营，包括商业赛事运营和大众赛事运营；衍生层是指体育产业的外延层，包括体育票务、体育游戏、体育彩票等。

√　要素层：体育场馆逐渐向市场化转变，实施所有权与经营功权分离，功能日趋多元；体育装备/用品开启智能化升级之路。

√　**运营层**：商业性和群众性体育赛事活动审批取消，社会力量逐步参与体育赛事运营，商业联赛决策机制不断改进。

√　**衍生层**：互联网体育、体育金融、体育旅游、体育地产等融合性新业态不断涌现，体育产业生态更加丰富。

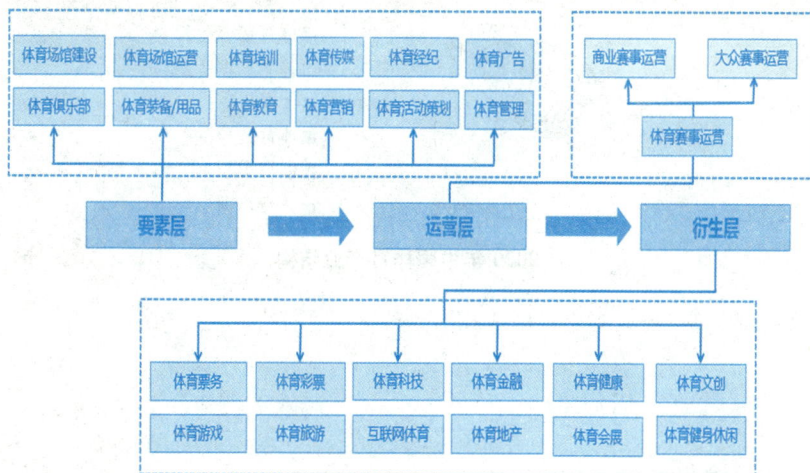

体育产业链

数据来源：赛迪顾问，2017 年 12 月。

（四）产业规模预测

1. 2020 年体育产业规模将超过 4 万亿元

2015—2020 年中国体育产业规模与增长

数据来源：赛迪顾问，2017 年 12 月。

2017 年，中国体育产业规模约为 2.45 万亿元，随着国家利好政策的不断出台，体育产业将继续保持相对稳定增长，预计到 2020 年，中国体育产业规模将超过 4 万亿元,年均复合增长率约为 13.11%。

2. 2020 年体育装备/用品占比最大,体育服务业整体占比提高

2020 年,我国体育产业结构中体育装备/用品占比最大,为 56%,体育服务业领域整体占比有所提高,体育旅游在体育服务业占比最大,为 16%。整体来看,体育服务业与体育用品制造业将实现均衡发展。

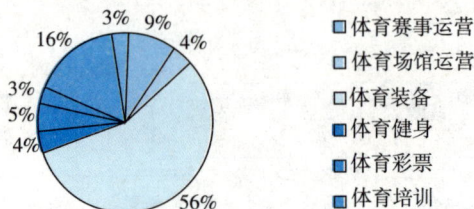

2020 年中国体育产业结构

数据来源:赛迪顾问,2017 年 12 月。

(五) 产业演进趋势

1. 体育改革创新将加快体育产业发展步伐

国家进一步简政放权、推进"放管服"改革,支持社会力量全面参与体育事业发展,体育赛事、体育场馆运营等领域市场化运营程度将逐步加深。体育产业发展环境继续优化,财政、税收、人才等方面的利好政策将继续出台,政策支持力度不断加大。

2. 产业融合发展模式将不断丰富体育产业业态

"体育 + 产业":体育与旅游、文化、养老、教育、健康等产业不断融合,体育旅游、体育创意、运动健康等新业态不断涌现,"1 + 1">2 的融合效应显著。

"体育 + 科技":互联网、物联网、人工智能等技术在体育领域中的应用推进体育产业在内容、形式和方式等方面的创新,助推体育产业腾飞。

"体育 + 金融":体育资源交易平台、体育银行、体育保险等新型体育金融平台及产品将不断涌现,体育金融发展势头强劲。

3. 大众体育消费时代将全面到来

公共体育基础设施将不断完善,全民健身理念将进一步普及,大众的体

育消费观念和体育消费习惯将逐渐形成。体育活动供给不断丰富，冰雪运动、水上运动、山地户外运动、航空运动等更多健身休闲运动项目将走向大众，全民参与体育的热情将进一步被激发。

（六）投资价值百强

中国体育产业投资价值百强榜是通过对中国体育行业在主板、中小企业板、创业板及新三板上市及挂牌企业的 2017 年上半年主营业务收入进行评比得出，如下图所示。

序号	企业名称	所属领域	序号	企业名称	所属领域	序号	企业名称	所属领域	序号	企业名称	所属领域
1	爱施德	体育彩票	28	海澜之家	体育赛事运营	56	天津松江	体育俱乐部	85	中标集团	体育场馆
2	天音控股	体育彩票	29	华联综超	体育赛事运营	57	西王食品	体育装备/用品	86	武汉控股	体育场馆
3	世贸股份	体育彩票	30	亚泰集团	体育赛事运营	59	青岛双星	体育装备/用品			
4	天虹商场	体育彩票	31	雏鹰农牧	体育赛事运营	60	兰生股份	体育装备/用品	87	艾比森	体育场馆
5	中青旅	体育彩票	32	珠江实业	体育赛事运营	61	奥康国际	体育装备/用品	88	乐视网	体育传媒
6	高鸿股份	体育彩票	33	中弘股份	体育赛事运营	62	重庆啤酒	体育装备/用品	89	暴风集团	体育传媒
7	银亿股份	体育彩票	34	强生控股	体育赛事运营	63	探路者	体育装备/用品			
8	友阿股份	体育彩票	35	中牧股份	体育赛事运营	64	信隆健康	体育装备/用品	90	粤传媒	体育传媒
9	君正集团	体育彩票	36	栖霞建设	体育赛事运营	65	哈尔斯	体育装备/用品	91	真视通	体育传媒
10	红旗连锁	体育彩票	37	广弘控股	体育赛事运营	66	双象股份	体育装备/用品			
11	新华都	体育彩票	38	罗牛山	体育赛事运营	67	舒华股份	体育装备/用品	92	东方园林	体育旅游
12	号百控股	体育彩票	39	浙数文化	体育赛事运营	68	嘉麟杰	体育装备/用品	93	凯撒旅游	体育旅游
13	歌华有线	体育彩票	40	亚通股份	体育赛事运营	69	凯路仕	体育装备/用品			
14	冠豪高新	体育彩票	41	日发精机	体育赛事运营	70	牧高笛	体育装备/用品	94	大湖股份	体育旅游
15	证通电子	体育彩票	42	同洲电子	体育赛事运营	71	大唐电信	体育游戏			
16	东港股份	体育彩票	43	平潭发展	体育赛事运营	72	浙报传媒	体育游戏	95	际华集团	体育地产
17	同花顺	体育彩票	44	体育之窗	体育赛事运营	73	顺网科技	体育游戏			
18	人民网	体育彩票	45	绿地控股	体育俱乐部	74	英雄互娱	体育游戏	96	棕榈股份	体育地产
19	拓维信息	体育彩票	46	苏宁云商	体育俱乐部	75	万家文化	体育游戏			
20	东方财富	体育彩票	47	华夏幸福	体育俱乐部	76	盖娅互娱	体育游戏	97	奥瑞金	体育广告
21	高升控股	体育彩票	48	上港集团	体育俱乐部	77	分众传媒	体育综合运营			
22	综艺股份	体育彩票	49	泰达股份	体育俱乐部	78	贵人鸟	体育综合运营	98	联建光电	体育广告
23	大智慧	体育彩票	50	江苏舜天	体育俱乐部	79	莱茵体育	体育综合运营			
24	东方明珠	体育营销	51	中信国安	体育俱乐部	80	中体产业	体育综合运营	99	华策影视	体育影视
25	省广股份	体育营销	52	星辉娱乐	体育俱乐部	81	雷曼股份	体育综合运营			
26	华录百纳	体育营销	53	新能泰山	体育俱乐部	82	金螳螂	体育场馆	100	杭州解百	体育经纪
27	奥拓电子	体育营销	54	莲花健康	体育俱乐部	83	广田集团	体育场馆			
			55	浔兴股份	体育俱乐部	84	金晶科技	体育场馆			

2017 年中国体育产业投资价值百强

注：以上排名不分先后。

数据来源：赛迪顾问，2017 年 12 月。

（七）产业投资风向

1. 利好政策推动下体育场馆成为重要投资领域

一方面，随着大众体育时代的来临，人们对体育场馆的需求日益旺盛，但目前的体育场馆市场存在严重的供需失衡问题，且在此领域进行布局的企业相对缺乏，拥有较强运营管理能力的龙头企业更是稀少；另一方面，国家支持体育场馆所有权和经营权两权分离，鼓励采取参股、合作、委托等方式，引入企业、社会组织等多种主体，以混合所有制等形式参与场馆运营。因此，社会资本在体育场馆运营领域大有可为。

2. 蓝海市场吸引下资本竞逐电竞、马拉松等体育赛事运营

2017 年，我国体育赛事运营市场规模将达到 2083 亿元，约占体育市场规模的 8.5%，而美国体育赛事运营市场规模占体育产业中的比重超过 19%，我国体育赛事运营存在较大的增长空间。其中，马拉松作为集参与感、健康性以及社交性于一体的运动，吸引了越来越多的人加入，市场规模保持快速增长，投资前景更为广阔；随着大众对电子竞技的逐渐认可，电子竞技市场呈现较快速度的增长，具有较多的投资机会。

3. 科技助力下体育大数据、体育 VR 等领域迎来投资热潮

体育产业已加快迈进数字化转型时代，大数据、VR、云计算等技术在体育产业中的应用程度不断加深，科技巨头如 IBM、Oculus、STRIVR 等纷纷布局体育领域，国内创新型公司如体育大数据公司搜达足球、创冰科技、魔方元科技以及体育 VR 公司如 NextVR、KATVR 等体育科技公司均得到资本青睐。随着科技与体育的融合深度逐步加深，体育大数据、体育 VR 等领域将吸引更多的资本注入。

五十二、产业地产

定义：产业地产是产业运营与地产开发融合衍生的一种全方位、整合式的新型园区开发模式。相比于工业地产，产业地产参与主体更加多样、运营模式更加灵活，服务内容更加全面；相比于商业及住宅地产，产业地产对产业的关注远大于土地和空间的价值。

（一）赛迪重大研判

1. 以"先租后让、租让结合"为代表的产业用地政策创新将继续深化，工业土地供给指标持续收紧，用地准入条件也将继续升高

2. 资本招商形势趋于明朗，产业资本、基金公司正加速入局

3. 混改深入推进，倒逼国企盘活存量土地，转型产业地产运营商

4. 特色小镇成为传统房地产抢滩产业地产的热门形态

5. 跨行业合纵连横、深度整合成为新进入者布局产业地产的主要方式

6. 生物、新一代信息技术、节能环保成为产业地产最具吸引力产业，成都、南京、杭州成为产业地产最具投资价值城市

（二）产业发展环境

1. 东、南沿海工业用地需求强势增长，一线城市工业土地供给持续收紧

2017年上半年各区域工业土地成交面积

	成交面积（亩）	同比变动	贡献率
东部沿海	124319		39%
长江中游	116555		-14%
北部沿海	99832		-14%
黄河中游	90162		-14%
西南地区	71521		-17%
大西北地区	63177		-71%
南部沿海	56867		4%
东北地区	35855		-11%

东部沿海：上海、浙江、江苏
北部沿海：北京、天津、河北、山东
南部沿海：广东、福建、海南
长江中游：安徽、湖北、湖南、江西
黄河中游：山西、河南、山东、内蒙古
西南地区：重庆、四川、贵州、云南、广西
大西北地区：甘肃、宁夏、新疆、青海、西藏

2010-2017H1各等级城市工业土地成交面积占比

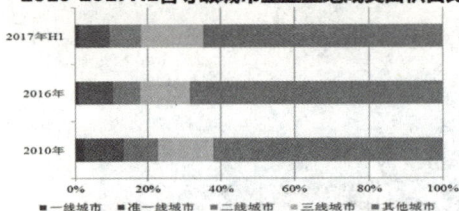

■ 一线城市　■ 准一线城市　■ 二线城市　■ 三线城市　■ 其他城市

一线城市：北京、上海、广州、深圳
准一线城市：天津、重庆、南京、沈阳、武汉、成都、西安、杭州、青岛、郑州、厦门
二线城市：大连、长春、济南、宁波、长沙、哈尔滨、福州、石家庄、苏州、太原、合肥、南昌、南宁、昆明、贵阳、海口、无锡、佛山
三线城市：兰州、银川、西宁、呼和浩特、乌鲁木齐、泉州、温州、南通、徐州、常州、东莞、烟台、淄博、唐山、潍坊、绍兴、济宁、大庆、盐城、扬州、临沂、东营、包头、台州、泰州

数据来源：全国各省市国土资源局，赛迪顾问整理，2017年12月。

2. 资本强势跟进，传统房地产企业、基金公司、实体企业加速入局

保利集团广州南沙跨境电商港启动全球招商	绿地集团"绿地创客中心"落地上海	碧桂园发布科技小镇计划，首个项目落地惠州	远洋地产"云谷智能核心研发产业园"入市	鲁能集团设计"鲁能硅谷"产品线

（三）产业链全景图

产业地产的价值贯穿于拿地、开发、运营三个环节。相比于传统房地产的价值链，在拿地环节与运营环节，产业地产的参与主体更加丰富、价值分

配更加多元。围绕"产业活动"（可见下图，拿地环节的产业定位，运营环节的人员需求链、企业需求链）的产业服务商成为产业地产的最为活跃、最为重要的价值贡献和分配主体。

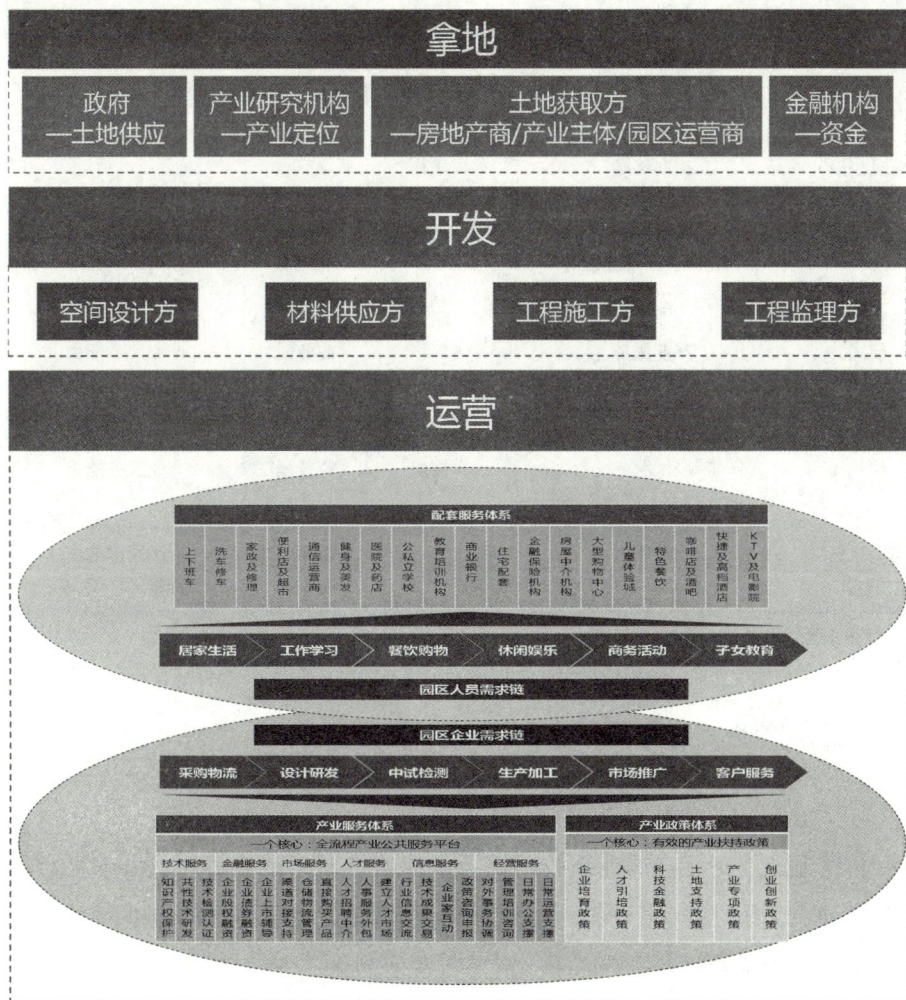

产业地产产业链

数据来源：赛迪顾问，2017 年 12 月。

（四）产业盈利模式

产业地产盈利模式

类别	盈利模式	代表企业	代表园区	核心能力
产业新城（特色小镇）模式	政府兜底返还（基础设施建设、土地整理、规划设计咨询）招商奖励 物业租售 园区服务（物业服务、产业服务）	华夏幸福基业	固安产业新城	概念策划能力 政府谈判能力 产业招商能力 产业服务能力融资能力
地产开发模式	物业租售 产业服务	联动U谷	无锡总部商务园	产业招商能力 产业服务能力
产业投资模式	物业租售 投资参股 园区服务（物业服务、产业服务）	启迪控股	清华科技园	产业研究能力 产业服务能力
基金投资模式	物业租赁 物业资本化	普洛斯	普洛斯广州物流园	资产管理能力 资本运作能力

数据来源：赛迪顾问，2017 年 12 月。

（五）产业演进趋势

1. 产品供给：从标准开发到个性定制

传统制造业正逐步被高新技术产业、战略性新兴产业替代，由于生产技术的差异，传统标准化厂房、办公楼等无法满足，越来越多的企业对厂房层高、承重、配套等具有特殊需求，需要实现定制化、个性化。

2. 商业模式：从物业出售到资本运作

逐步"去地产化"，产业地产商通过地产要素作价入股、成立产业基金等方式，投资入园企业已成主流商业模式。同时，越来越多的产业地产商也开始通过 reits 等方式获得持续回报，自持物业因此成为必然选择。

3. 竞争要素：从价格至上到服务制胜

要求产业地产商加强资源整合能力，尤其是产业服务资源的整合能力，不仅能够提供人性化的商业配套服务，同时围绕企业的研发/中试/检测/生产/市场等活动，提供技术/金融/人才/推广等全要素产业服务。

4.招商运营：从盲目搜寻到定位先行

产业地产更加需要以指导招商实战为目的，在紧密结合产业变革趋势和政策，充分考虑地方资源和要素，周边园区的产业布局情况，遵循产业发展的客观规律的基础上，找准产业定位，实现生态式集聚。

（六）投资价值产业

产业的政策影响力、密集性及完整性，市场环境综合考量了市场规模及增速、市场前景等因素，企业能力综合考量了龙头企业的盈利水平、创新能力、国际化水平等因素。

2017年八大产业投资价值评价情况

数据来源：相关房地产公司调研数据，赛迪顾问整理，2017年12月。

（七）投资价值城市

从园区市场吸引力、客户发展可行性两方面对八大备选城市进行综合评价，其中园区市场吸引力综合考量了八大城市的经济规模及增速、产业集聚水平、政策支持力度等因素，客户发展可行性综合考量了八大城市园区的垄断情况、盈利能力、服务水平等因素。

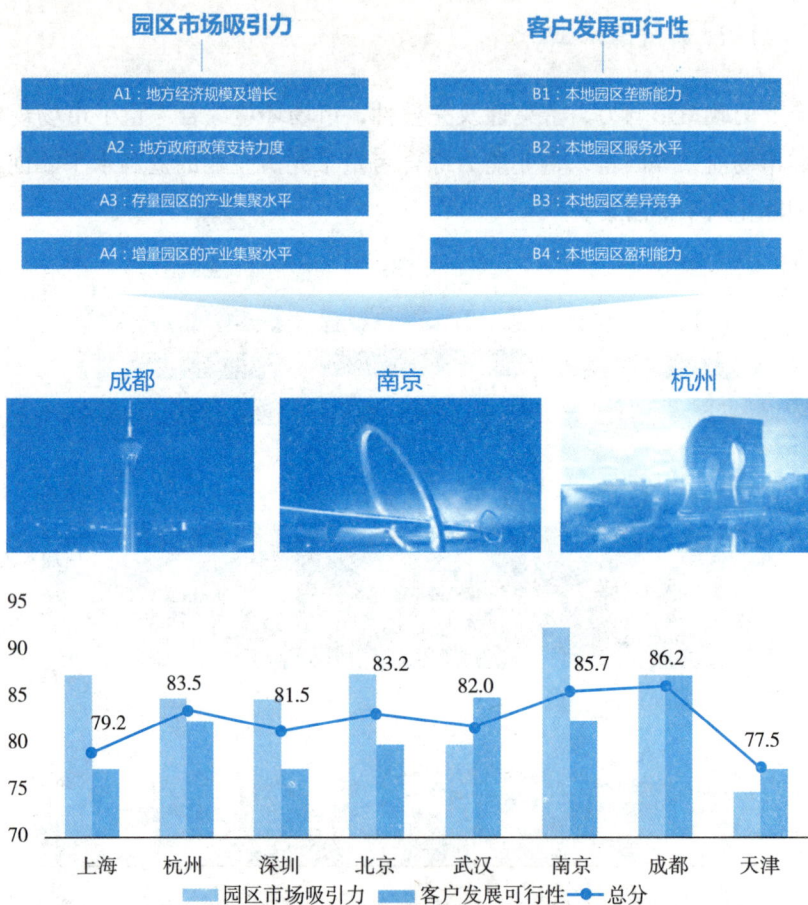

园区市场吸引力

| A1：地方经济规模及增长 |
| A2：地方政府政策支持力度 |
| A3：存量园区的产业集聚水平 |
| A4：增量园区的产业集聚水平 |

客户发展可行性

| B1：本地园区垄断能力 |
| B2：本地园区服务水平 |
| B3：本地园区差异竞争 |
| B4：本地园区盈利能力 |

成都　　　　　南京　　　　　杭州

2017 年八大城市投资价值评价情况

数据来源：相关房地产公司调研数据，赛迪顾问整理，2017 年 12 月。

五十三、工业设计

定义：工业设计是指以工业产品为对象，综合运用科技成果和工学、美学、心理学、经济学等知识，对产品的功能、结构、形态及包装等进行整合优化的创新活动。

（一）赛迪重大研判

1. 2020 年中国工业设计产业规模将达到 3500 亿元
2. 我国工业设计产业政策体系逐步完善，工业设计教育快速发展
3. 工艺与材料创新为工业设计改进提供条件
4. 工业设计呈现融入文化元素、传递绿色理念、借助新兴技术三大趋势
5. 工业设计共享平台与智能硬件设计服务投资机会值得关注

（二）产业发展环境

1. 中国工业设计产业政策体系逐步完善

2006 年国民经济和社会发展"十一五"规划纲要首次提出发展专业化的工业设计，2010 年工信部等十一部门联合发布了《关于促进工业设计发展的若干指导意见》，2014 年国务院发布《文化创意和设计服务与相关产业融合发展的若干指导意见》，在国家政策的指引下，江苏、浙江、江西等不少地区出台了促进工业设计发展的政策举措，并设立了工业设计发展专项资金。

2. 专业园区助力工业设计产业集聚发展

自从国家决策部署促进工业设计发展以来，全国设计创意类园区已经突破 1000 家，广东工业设计城、合肥工业设计城、无锡工业设计园等以工业设计为主题的园区超过 50 家，主要布局在设计资源丰富或设计需求量大的城市，工业设计园区在加快产业集聚、建设公共平台、促进成果转化、推动应用示范方面发挥了积极作用。

3. 信息技术在工业设计领域加快普及应用

随着计算机辅助设计、计算机辅助制造、计算机辅助工艺计划、计算机辅助工程、产品生命周期管理、虚拟仿真、智能控制等技术的普及应用，工业设计产业的信息技术应用水平有较大提升，信息化和服务化的融合提高了设计协同创新能力和制造效率，工业设计正成为我国推动制造业转型升级和经济结构调整的重要力量。

4. 工业设计教育取得长足进步

20 世纪 80 年代，我国设立工业设计专业的院校仅有十几所。经过 30 多年的发展，现在已经有 500 多所院校设立了工业设计专业，每年新毕业的工业设计相关毕业生近 60 万人，并有学生作品斩获红点、IF 等国际奖项。工业设计教育的快速发展为工业设计产业壮大提供了人才保障。

（三）产业链全景图

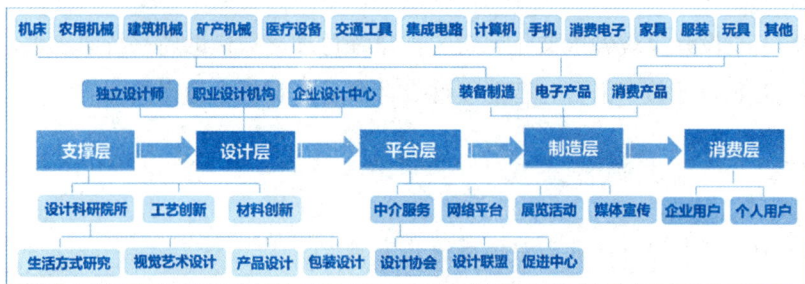

工业设计产业链

数据来源：赛迪顾问，2017 年 12 月。

工业设计产业链包含支撑层、设计层、平台层、制造层、消费层五个部分：

▶ 支撑层包含设计科研院所、工艺创新、材料创新研究等环节。

▶ 设计层包含独立设计师、职业设计机构、企业设计中心等工业设计供给环节。

▶ 平台层包含中介服务、网络平台、展览活动、媒体宣传等环节。

▶ 制造层包含装备制造、电子产品、消费产品等工业设计需求环节。

▶ 消费层包含企业用户、个人用户两类终端消费者。

未来突破点：

√ 工艺与材料创新：3D 打印等增材制造技术的涌现、纳米材料等新型功能材料的应用，为工业设计在产品外观、结构、性能上的创新与改进提供了条件。

√ 设计机构与制造企业深度合作：职业设计机构发挥专业化优势，制造企业提供设计成果转化平台，二者建立利益共享机制，开展研究、设计、生产集成式创新，携手拓展市场。

√ 工业设计网络交易服务平台：网络平台为产品制造类企业、工业设计企业、自由设计师、教师、学生提供沟通、展示、交易、培训、孵化、投资、众筹、模具、生产、知识产权等服务，通过打造平台品牌、完善服务内容，不断扩充会员数量。

（四）产业规模预测

1. 2020 年中国工业设计产业规模将达到 3500 亿元

2015—2020 年中国工业设计产业规模与增长

数据来源：赛迪顾问，2017 年 12 月。

2017 年中国工业设计产业规模为 1680 亿元，随着中国制造强国战略的深入实施，各地政府对工业设计产业的支持力度不断加大，预计到 2020 年，中国工业设计产业产值 GDP 占比将达到 0.35%，2018—2020 年年均复合增长率达到29.1%。

2. 2020年中国工业设计产业结构中产品设计占比最大

2017年中国工业设计产业结构中，产品设计占比为85%，预计该比例2020年将提高到90%，主要原因在于工业设计与制造业的结合日益紧密，逐步由产品外型设计深入到材料、结构、功能、系统设计。

2015—2020年中国工业设计产业结构

数据来源：赛迪顾问，2017年12月。

（五）产业演进趋势

1. 融入文化元素体现情感关怀

随着人们生活水平的不断提高，消费用户对各类产品的文化内涵与个性展现要求日益提高，工业产品也成为体现设计师人文关怀的重要载体，工业设计与传统文化、现代文化、地域文化元素的融合，产生富有"情感"的工业设计作品，满足用户的心理诉求和向往追求，将是工业设计成功的重要标志。

2. 传递绿色理念推行循环经济

生态环境问题引起世界各国的普遍重视，尊重自然、保护自然的绿色发展理念深入人心，绿色设计成为工业设计发展的必然趋势，集选用绿色材料、产品可拆卸、产品可回收、产品可重复利用于一体的可持续设计方案，在产品全生命周期内的所有环节考虑节能环保要求，实现经济发展与生态保护相协调、绿色属性与实用功能相统一。

3. 借助新兴技术提高智能水平

运用大数据、云计算、物联网、虚拟仿真、人工智能等先进技术，结合新材料、新工艺，借助工业设计软件、工业设计数据库，快捷地展现产品设计理念，高效地解决产品设计问题，逐步实现工业设计人才库、工业设计方法库、制造资源供应库的自动匹配，与工业互联网、敏捷制造、智能制造等新型生产方式有机集成，系统提高工业设计的智能化水平。

（六）投资价值 50 强

序号	企业名称	序号	企业名称
1	联想（北京）有限公司创新设计中心	26	海信集团有限公司工业设计中心
2	宁波吉利汽车研究开发有限公司工业设计中心	27	际华三五三二职业装有限公司职业装研究院
3	中国航空工业集团公司第一飞机设计研究院工业设计中心	28	烽火通信科技股份有限公司创新设计中心
4	中芯国际集成电路制造（上海）有限公司设计服务中心	29	浪潮电子信息产业股份有限公司工业设计中心
5	福建恒安集团有限公司卫生用品工业设计中心	30	合肥美菱股份有限公司创新设计中心
6	上汽通用五菱汽车股份有限公司工业设计中心	31	力帆实业（集团）股份有限公司摩托车工业设计中心
7	威高集团有限公司工业设计中心	32	广西柳工机械股份有限公司工业设计中心
8	好孩子儿童用品有限公司科学育儿用品工业设计中心	33	泸州老窖集团有限责任公司工业设计中心
9	浙江菲达环保科技股份有限公司诸暨菲达环保装备研究院	34	安徽合力股份有限公司工业设计中心
10	杭州巨星科技股份有限公司工业设计中心	35	三角轮胎股份有限公司工业设计中心
11	上海龙创汽车设计股份有限公司	36	惠而浦（中国）股份有限公司工业设计中心
12	福建七匹狼实业股份有限公司工业设计中心	37	九阳股份有限公司工业设计中心
13	美的集团股份有限公司工业设计中心	38	许继集团有限公司工业设计中心
14	中车唐山机车车辆有限公司轨道车辆工业设计中心	39	杭州老板电器股份有限公司工业设计中心
15	杭州瑞德设计股份有限公司	40	深圳创维-RGB电子有限公司工业设计研究院
16	海尔集团公司创新设计中心	41	鲁泰纺织股份有限公司工业设计中心
17	珠海格力电器股份有限公司工业设计中心	42	冠捷显示科技（厦门）有限公司工业设计研发中心
18	中兴通讯股份有限公司中兴通讯终端产品设计中心	43	上海晨光文具股份有限公司产品设计中心
19	TCL集团股份有限公司工业设计中心	44	华帝股份有限公司设计创新中心
20	广汽集团汽车工程研究院概念与造型设计中心	45	广州毅昌科技股份有限公司工业设计中心
21	四川长虹电器股份有限公司工业设计中心	46	上海家化联合股份有限公司工业设计中心
22	重庆长安汽车股份有限公司工业设计中心	47	宗申产业集团有限公司创新设计中心
23	安徽江淮汽车集团股份有限公司工业设计中心	48	莱克电气股份有限公司设计中心
24	江铃汽车股份有限公司工业设计中心	49	中信重工机械股份有限公司设计中心
25	徐州工程机械集团有限公司工业设计中心	50	曙光信息产业股份有限公司工业设计中心

2017 年中国工业设计产业投资价值 50 强

数据来源：赛迪顾问，2017 年 12 月。

2017 年国家级工业设计中心认定及复核结果中共包含 110 家机构，其中涉及 63 家上市（挂牌）企业，基于带动效应、品牌影响、成长潜力等维度，从中选取 50 家企业形成中国工业设计投资价值 50 强。

（七）产业投资风向

1. 从市场需求分析，工业设计共享平台具备投资价值

针对传统工业设计公司难以突破的边际成本、广大中小企业难以承受的高端工业设计费用两大痛点，猪八戒、物设、太火鸟、简物原创、一品威客等一批工业设计电商平台应需而生，以设计众筹、利润共享等模式帮助供需双方实现双赢，在综合型平台提供普适服务的基础上，未来针对不同行业、不同类型用户的垂直类设计服务平台有望提供更精准、更深入的服务。

2. 从应用热点分析，智能硬件设计服务具备投资价值

智能硬件是"互联网＋"人工智能的重要载体，2018 年我国智能硬件产业规模将超过 5000 亿元，智能汽车、智能机器人、智能穿戴设备、智能医疗设备、智能传感器等新兴终端产品蓬勃发展，工业设计将是加强产品功能性、易用性、增值性的关键环节，是繁荣智能硬件产业生态的重要元素。在智能硬件设计领域构筑起先发优势的工业设计企业，有望向产业下游进行一体化延伸，从而获得可观的市场回报。

五十四、电　　影

定义：电影产业是指以电影作为核心通过电影的生产、发行和放映以及电影音像产品，电影衍生品，电影院和放映场所的建设等相关产业经济形态的统称。

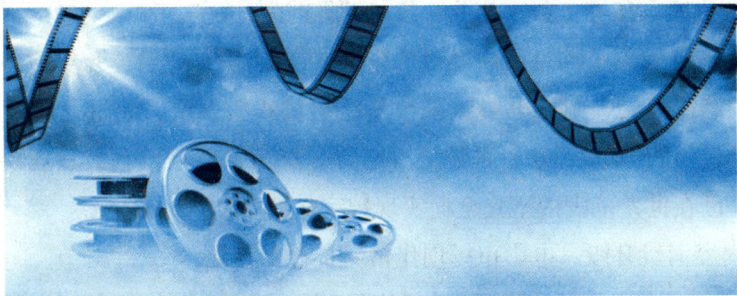

（一）赛迪重大研判

1. 2020 年我国电影产业规模将达到 3200 亿元，票房市场将突破 700 亿元
2. 我国数字化放映位居世界前列，巨型银幕数量规模位居世界第一
3. 国产影片创作格局日益多元化，票房贡献大于引进影片
4. 新兴技术快速发展推动电影制作全球化
5. IP 鉴赏能力和储备强的制片企业、优秀后端制作企业以及为电影行业提供信息化工具的企业，将成为投资热点

（二）产业发展环境

1. 政策逐渐完善，电影市场向规范化发展

2017 年 3 月 1 日，《中华人民共和国电影产业促进法》正式实施，这是我国电影业的第一部专门法律，说明我国已把电影业当作文化产业重要组成部

分，政策、资金等资源将会随之倾斜。该法案正式实施后，便对首批 326 家
2016 年以来瞒报票房收入的影院实施了严厉处罚，法案对行业的规范作用和
推动效应已开始逐渐凸显。

2. 供需两端繁荣，电影工业化体系初见端倪

2006 年至 2015 年的十年间，供给端我国国产故事片上映部数增长 6 倍，
需求端观影人次增长 12.6 倍，国内总票房收入由 4 亿美元上升到 68 亿美元。
电影工业园区、后期制作、互联网售票、宣传营销以及电影衍生品市场开发
等都在逐步完善，尤其是互联网企业加入，特别是视频网站的建设，已成为
助推和改变电影营销和发行方式的新渠道，并且大大缩短了窗口期。

3. 基建突飞猛进，数字化放映位居世界前列

2017 年，我国平均每天新增银幕数量高达 14 块，凭借近几年中国院线基
础设施的高速发展，中国电影银幕数量已超过 4.5 万块，超过北美成为全球
电影银幕最多的国家，3D 银幕数量占比高达 86%，巨型银幕数量规模位居世
界第一，已在世界范围内率先全面实现数字化放映。

4. 内容消费升级，电影市场创作格局日益多元化

《智取威虎山》《湄公河行动》《战狼 2》《建军大业》等体现中国精神和
中华优秀文化的国产优秀影片出现，以及《白日焰火》《百鸟朝凤》《冈仁波
齐》《二十二》等国产艺术电影、《西游记之大圣归来》《大鱼海棠》等国产
动画电影、《夏洛特烦恼》《煎饼侠》等国产喜剧电影的上映，反映了我国电
影创作的提升和进步，也反映我国电影正形成"多样化、多品种、多类型"
的创作格局。

（三）产业链全景图

按照业务流程划分电影产业链：（1）投资方筹集影片的制片费用，并支
付给制片方；（2）国产电影由制片方负责影片的拍摄和后期制作，进口电影
由中国电影从境外引进片源；（3）在影片制作完成或从国外引进之后，发行
机构负责影片在全国范围内的发行和营销，并向各大院线供应影片；（4）影
院获得数字硬盘后，按照其自身及所属院线公司的排映计划对影片进行放映，
为消费者提供观影服务。

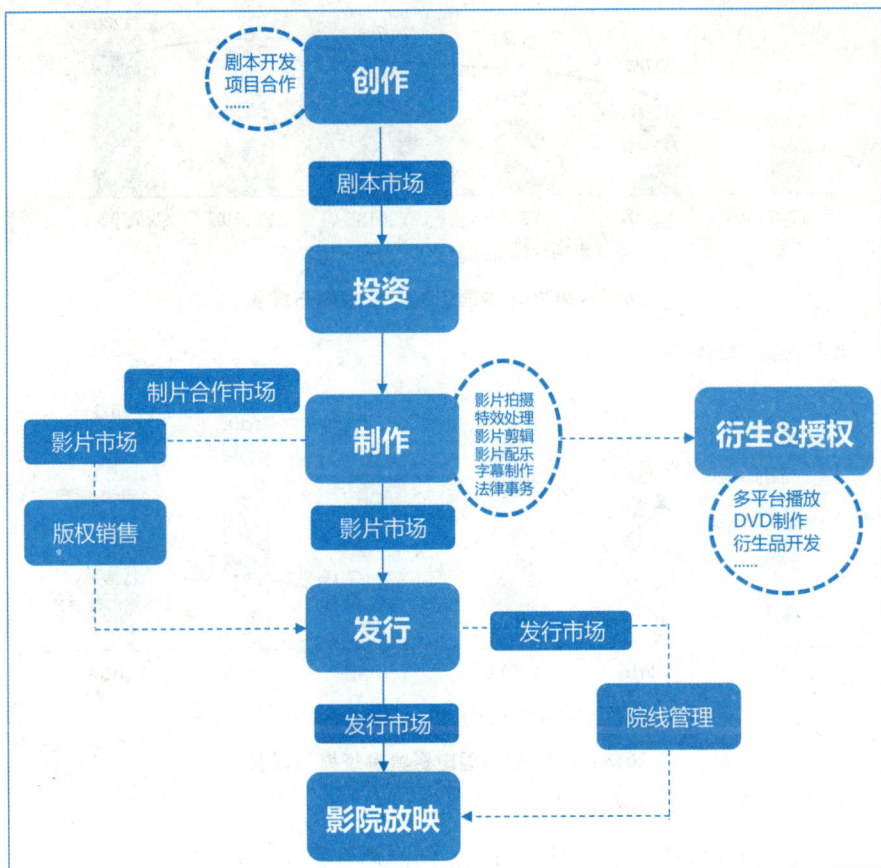

电影产业链

数据来源：赛迪顾问，2017 年 12 月。

（四）产业规模预测

1. 2020 年中国电影产业规模将达到 3200 亿元，票房突破 700 亿元

近年电影市场发展如火如荼，精品内容不断涌现，政策扶持力度加大，市场规模正在迅速扩大，票房市场在经历高速发展之后，将进入稳健发展状态，而电影衍生品等环节将继续保持高速增长。

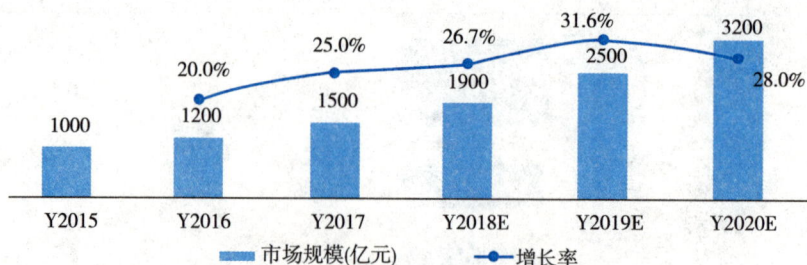

2015—2020 年中国电影产业规模与增长

数据来源：赛迪顾问，2017 年 12 月。

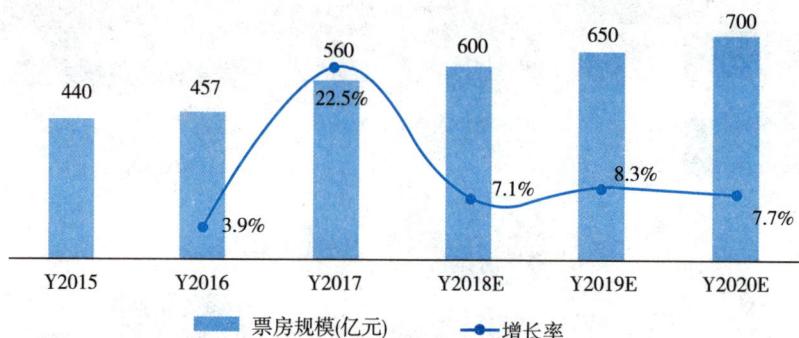

2015—2020 年中国电影票房规模与增长

数据来源：赛迪顾问，2017 年 12 月。

2. 剧情与动画影片上升态势明显，国产影片票房贡献过半

近年来主要剧情片和动画片强势来袭，上映影片类型多样，2016 年上映了 172 部剧情片和 41 部动画片，分别贡献了 25% 和 11% 电影票房，提升较为明显。2017 年 1—11 月，我国电影票房突破 500 亿元，其中国产影片贡献了 52.4%。

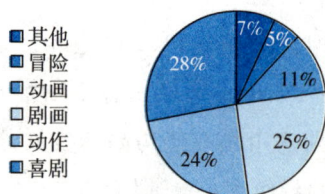

2016 年国内各类型影片票房贡献率

数据来源：赛迪顾问，2017 年 12 月。

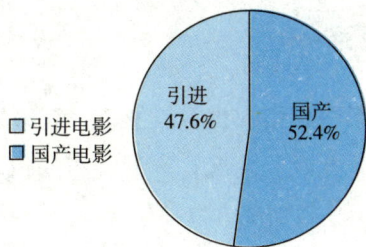

2017 年 1—11 月国产影片与引进影片贡献

数据来源：赛迪顾问，2017 年 12 月。

（五）产业演进趋势

1. 激光、三联屏等技术升级成影院建设亮点

中国电影放映业正从"原始社会"大跨步跃入"现代社会"，从胶片放映、露天放映无痛转型到数字放映、甚至激光放映时代。借由激光放映技术，中国电影放映技术将首次走在世界前沿，领跑世界 3 到 5 年。

2. "三幻"类型电影增加

国产电影传统类型以爱情片、动作片及喜剧片为主，占每年国产电影上映数量的三分之二。而魔幻、奇幻、科幻等"三幻"类型，一直都是进口片的"主场"。《鬼吹灯之寻龙诀》《捉妖记》等国产三幻电影上映则打破了被国外电影垄断的状况，未来几年，三幻类作品将持续强劲。

3. 云计算、互联网促进电影制作全球化

分布面广且速度快的全球光纤网络使得任何人在任何时间和地点都能够互动交流与合作，通过云计算技术制作电影能够大幅度减少拍摄时间和后期制作时间。随着观众对特效的要求越来越严苛，电影特效制作所需的计算量呈几何倍数增长，而云计算可为影视作品提供制作、存储和处理平台，为电影渲染等制作提供很大的便利

4. 国内电影公司国际化步伐加快

多家电影公司加快国际化步伐，如华谊兄弟牵手美国 STX 娱乐公司；博纳影业联手美国 TSG 投资福斯 6 部大片。预计未来 3—5 年内，中国会诞生世界级的电影公司，国内公司目前的布局也是为未来提前占位。

（六）投资价值百强

榜单涵盖了互联网影视、影视内容、发行、院线影院等多类型的影视公司，根据行业影响力、企业经营情况、产业链布局情况等指标，结合上市公司市值和非上市公司融资估值情况，以估值大小进行排序。

排名	公司				
1	阅文集团	34	欢瑞世纪	68	华视娱乐
2	东方明珠	35	新文化	69	乐华文化
3	万达电影	36	骅威文化	70	工夫影业
4	优酷	37	金逸影视	71	亭东影业
5	腾讯视频	38	凯撒文化	72	坏猴子
6	爱奇艺	39	乐视影业	73	稻草熊
7	中影集团	40	暴风集团	74	耀客传媒
8	完美世界	41	欢喜传媒	75	和和影业
9	阿里影业	42	幸福蓝海	76	真乐道
10	光线	43	鹿港文化	77	橙子映像
11	印纪传媒	44	开心麻花	78	东阳欢娱
12	华谊兄弟	45	长城影视	79	向上影业
13	奥飞娱乐	46	星皓影业	80	太阳娱乐文化
14	新猫眼	47	安乐电影	81	梦舟文化
15	腾讯影业	48	五洲电影发行	82	顶峰影业
16	华策	49	嘉行传媒	83	南广影视
17	电广传媒	50	磨铁	84	华桦文化
18	本山传媒	51	万合天宜	85	中汇影视
19	华强方特	52	山东影视集团	86	梦幻星生园
20	横店影业	53	和力辰光	87	联瑞
21	博纳	54	嘉映影业	88	英皇
22	华夏	55	南派泛娱	89	壹心娱乐
23	珠影集团	56	新丽传媒	90	春秋时代
24	中南文化	57	PDAL	91	天悦东方
25	星美	58	星王朝	92	中广影视
26	北京文化	59	恒业	93	花儿影视
27	华录百纳	60	唐人影视	94	大地院线
28	慈文	61	耀莱影视	95	青雨传媒
29	唐德影视	62	登峰国际	96	银都机构
30	正午阳光	63	柠萌影业	97	喜天影视
31	中文在线	64	儒意	98	悦凯娱乐
32	芒果TV	65	橙天嘉禾	99	九州梦工厂
33	上影股份	66	长江文化	100	新片场
		67	海润影视		

2017 年中国电影产业投资价值百强

数据来源：赛迪顾问，2017 年 12 月。

（七）产业投资风向

1. 制片市场结构呈长尾状，看好拥有头部内容鉴别能力和强大储备的公司成为制片方新晋巨头

目前中国的制片方巨头逐渐形成，但还未出现一家独大情况，2015 年我国重点制片机构上映电影数量最高不超过 22 部，占整个市场的份额不超过 5%，同时，近几年来电影行业内容端下沉，市场上的优质内容格外稀缺，相较于美国这样的成熟市场而言国内的制作公司有更大的机会。但因为电影制片的利润增速不稳定，利润的主要贡献来自于衍生品收入及影院后市场，由此制片的关键在于打造 IP，首先需要制片方有极强的 IP 鉴别和筛选能力。

2. 后期制作提升电影质量，看好后期制作前置化与向上游制片方的延伸，后期公司可能突破天花板成为新的制作方参与者

在好莱坞，一部特效电影的后期制作成本最高可占总成本的一半左右，在国内，目前至多达到 20%，从整个商业环节上来看，特效占整个后期环节市场的 75% 以上，伴随着我国消费者对内容与观影效果愈来愈高的要求，后期制作市场未来将会保持上扬的趋势，而在这波趋势中很可能诞生出一些优秀的公司。

3. 制作端作业形态较为原始，看好服务于制作端的信息化工具，如流程管理软件和底层 IT 架构等

特效技术在过往十年中不断发展，一个精美的镜头所占的存储空间愈来愈大；而对于内容传输这一方面，目前行业流行做法依然为"打飞的""拷硬盘"，为工作的开展造成极大的不便。电影行业拥有极强的特殊性，且在云存储、图像传输上却有极强的需求，虽然领域较窄，但这些服务对企业来说是强刚需，如果有企业深入此细分领域，依然将有一定的空间与价值，且后续可以往泛影视板块扩展。

五十五、网络游戏

定义：网络游戏（以下简称"游戏"）是用户通过计算机、移动终端（智能手机、平板电脑等）、专用游戏机等电子终端设备进行娱乐的一种形式。

（一）赛迪重大研判

1. 中国游戏市场规模增速放缓，行业进入平台期
2. 移动游戏占比将不断增大，2020 年占比将达到 70%
3. 游戏直播、VR 游戏、电子竞技和游戏 IP 将迎来爆发式发展
4. 移动电竞逐步朝体育竞技方向发展
5. 游戏成为中国文化海外传播的重要形式，更多的游戏企业将参与海外市场竞争

（二）产业发展环境

1. 多项政策出台促进游戏产业发展

国家产业政策推动市场发展。2014 年以来，国家相继出台《关于推进文

化创意和设计服务与相关产业融合发展的若干意见》《关于推动传统媒体和新兴媒体融合发展的指导意见》，旨在提升国家文化软实力和产业竞争力，推动文化产品和服务的生产、传播、消费的数字化、网络化进程。国家新闻出版广电总局《关于进一步规范出版境外著作权人授权互联网游戏作品和电子游戏出版物申报材料的通知》，旨在夯实游戏出版产业发展基础。

2. 居民文化娱乐消费水平不断提高

国民文化消费能力提升。人均可支配收入的提高，提升了国民文化消费能力，游戏是文化消费的重要渠道，国民文化消费能力的提升将拉动游戏市场快速增长。

游戏消费快餐化。伴随着生活节奏的加快，游戏市场用户的消费习惯也随之改变，对于游戏的需求也日益趋向于便捷化。

3. 游戏研发技术实力不断提升

游戏自主研发实力提升。自主研发网络游戏在市场份额中占据主流地位，并且持续增长。

多项关键技术获得突破。客户端引擎技术、服务端引擎技术、游戏开发工具等游戏开发技术，以及版本发布技术、计费支付技术、运用管理工具等运用维护技术获得突破性发展。

（三）产业链全景图

游戏产业上下游包括研发、发行、渠道和用户等环节，主要参与者包括：

IP版权所有方：通常指具有文学、影视、热门游戏等的版权方，在游戏市场具有核心竞争力。

游戏研发商：具有游戏的自主知识产权，属于产业链的上游企业，经营方式灵活，利润丰厚，较为主动。

游戏发行商：负责提供游戏产品的运营平台，利用自有资源并协调游戏开发商、游戏渠道商和支付服务商等各种资源进行产品发行推广、运营分析、业务维护、收益结算以及客户服务等业务。

游戏渠道商：主要在其自身推广渠道上向游戏玩家提供游戏产品的资讯介绍、下载链接或使用页面等，协助游戏运营商一起进行产品的推广，是产业链最为稳健的收益环节。

游戏用户：是整条产业链的服务对象和价值来源，产业链中的其他环节都必须服务于游戏用户、满足游戏用户的需求。游戏用户在产业链中具有绝对的自主权，是产业链中最重要、最稳定的决定性因素。

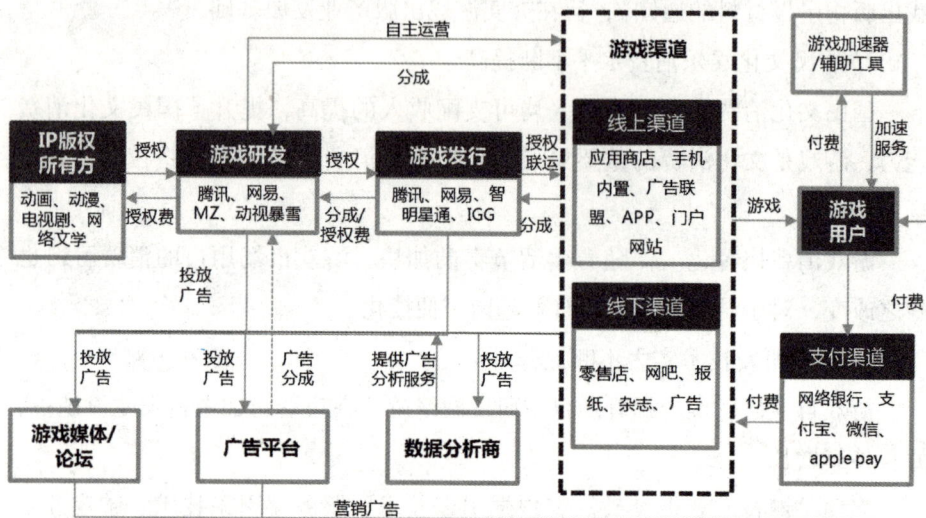

网络游戏产业链

数据来源：赛迪顾问，2017 年 12 月。

（四）市场规模预测

1. 未来市场规模增速将放缓，行业进入平台期

2015—2020 年中国网络游戏市场规模与增长

数据来源：赛迪顾问，2017 年 12 月。

伴随游戏泛娱乐化、影视文化动漫游戏化、文娱产业间的跨界联动频繁，拓宽了游戏产业的外延，2017 年中国网络游戏市场规模突破 2000 亿元，增长率将进入放缓阶段，行业会向更为规范、健康的方向发展。预计到 2020 年，中国网络游戏规模将超过 3000 亿元。

2. 移动游戏占据最大市场份额，2020 年占比将超过 70%

在国家持续的政策鼓励，社会经济环境以及游戏行业产业链条的成熟发展，移动智能设备、移动互联网的普及与技术升级推动下，国内移动游戏行业市场规模迅速扩大，预计 2020 年移动游戏市场份额占比将超过 70%。

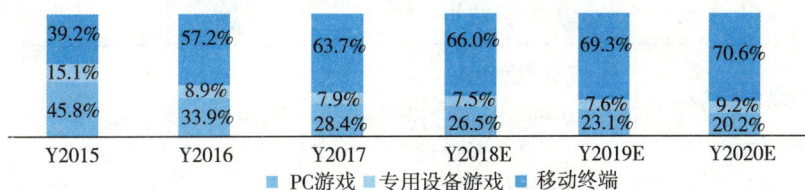

	Y2015	Y2016	Y2017	Y2018E	Y2019E	Y2020E
PC游戏	39.2%	57.2%	63.7%	66.0%	69.3%	70.6%
专用设备游戏	15.1%	8.9%	7.9%	7.5%	7.6%	9.2%
移动终端	45.8%	33.9%	28.4%	26.5%	23.1%	20.2%

2015—2020 年中国网络游戏市场结构

数据来源：赛迪顾问，2017 年 12 月。

（五）产业演进趋势

1. 移动游戏和电子竞技的成熟，将推动移动电竞逐步朝体育竞技方向发展

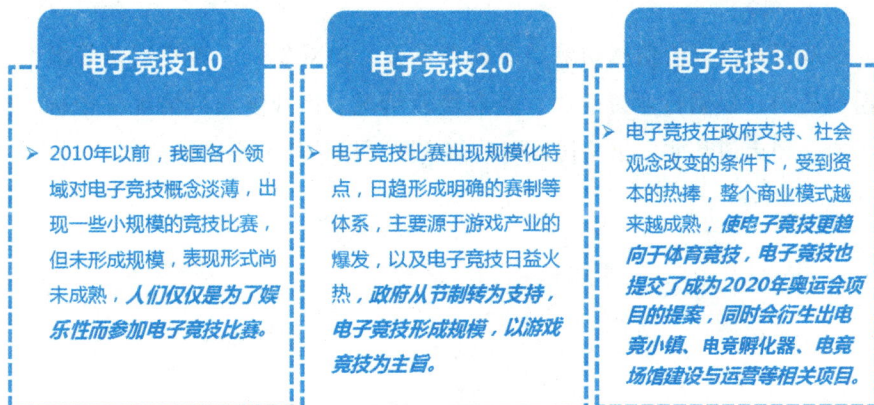

电子竞技1.0
➤ 2010年以前，我国各个领域对电子竞技概念淡薄，出现一些小规模的竞技比赛，但未形成规模，表现形式尚未成熟，*人们仅仅是为了娱乐性而参加电子竞技比赛。*

电子竞技2.0
➤ 电子竞技比赛出现规模化特点，日趋形成明确的赛制等体系，主要源于游戏产业的爆发，以及电子竞技日益火热，*政府从节制转为支持，电子竞技形成规模，以游戏竞技为主旨。*

电子竞技3.0
➤ 电子竞技在政府支持、社会观念改变的条件下，受到资本的热捧，整个商业模式越来越成熟，*使电子竞技更趋向于体育竞技，电子竞技也提交了成为2020年奥运会项目的提案，同时会衍生出电竞小镇、电竞孵化器、电竞场馆建设与运营等相关项目。*

2. 社交流量入口成为游戏分发的必争之地

当前，游戏市场逐渐从增量市场向存量市场过渡，如何抢夺现有的游戏用户成了游戏厂商最为头疼的问题，每天用户都会接触到的社交软件成了兵家必争之地，社交化游戏分发的重要性就逐渐凸显出来。

	传统分发渠道	**社交化分发渠道**
	应用宝 myapp.com 360手机助手	weibo
用户印象	✓ 应用下载渠道 ✓ 用户使用目的性强	✓ 社交渠道 ✓ 用户间传播可信度高
游戏分发方式	✓ 应用商店广告位 ✓ 榜单曝光、搜索优化	✓ APP内广告位 ✓ 玩家分享、话题讨论 ✓ 小程序
游戏分发特点	➤ 下载渠道畅通 ➤ 游戏可选择性多 ➤ 用户需求渠道	➤ 分享渠道畅通 ➤ 游戏相关话题内容丰富 ➤ 口碑带动下载，引入优质用户

（六）投资价值百强

游戏行业投资价值榜单涵盖了游戏研发、游戏发行、游戏运营等多类型的游戏公司，根据行业影响力、企业经营情况、产业链布局情况等指标，结合上市公司市值和非上市公司融资估值情况，以估值大小进行排序。

排名	公司	排名	公司	排名	公司
1	腾讯控股	34	大东南	68	力港网络
2	网易	35	英雄互娱	69	游戏多
3	中文传媒	36	综艺股份	70	分享时代
4	凤凰传媒	37	金科文化	71	迅游科技
5	金山软件	38	天鸽互动	72	云畅游戏
6	电广传媒	39	骅威文化	73	掌上纵横
7	大唐电信	40	壹桥股份	74	挖金客
8	时代出版	41	天舟文化	75	天润数娱
9	完美世界	42	博雅互动	76	聚能鼎力
10	三七互娱	43	姚记扑克	77	光宝联合
11	浙数文化	44	盖娅互娱	78	约克动漫
12	世纪华通	45	蓝港互动	79	童石网络
13	奥飞娱乐	46	美盛文化	80	九星娱乐
14	网龙	47	雷柏科技	81	安趣股份
15	恺英网络	48	艾格拉斯	82	极致互动
16	游族网络	49	凯撒文化	83	时光科技
17	昆仑万维	50	电魂网络	84	像素软件
18	星辉娱乐	51	华清飞扬	85	网映文化
19	巨人网络	52	心动网络	86	天戏互娱
20	掌趣科技	53	奥维通信	87	杭州掌盟
21	慈文传媒	54	王子新材	88	复娱文化
22	顺网科技	55	易简集团	89	飞扬天下
23	天神娱乐	56	汇元科技	90	上方传媒
24	帝龙文化	57	北纬科技	91	塔人网络
25	宝通科技	58	冰川网络	92	紫荆股份
26	卧龙地产	59	众应互联	93	动信通
27	中南文化	60	大晟文化	94	快定网络
28	吉比特	61	盛天网络	95	联盛科技
29	联络互动	62	IGG	96	悦游网络
30	天沃科技	63	中青宝	97	豹风网络
31	拓维信息	64	三五互联	98	爱玩网络
32	博瑞传播	65	游久游戏	99	扬讯科技
33	瀚叶股份	66	绿岸网络	100	预言软件
		67	墨麟股份		

2017 年中国网络游戏产业投资价值百强

数据来源：赛迪顾问，2017 年 12 月。

（七）产业投资风向

1. 电竞赛事

一方面电竞赛事奖金丰厚，如 DOTA2 TI6 国际邀请赛奖金池为 1.3 亿元左右；另一方面电竞用户规模较多，预计 2018 年电竞用户人数达到 2 亿人。此外，国家对电子竞技的支持和重视提高，电子竞技已被国家体育总局列为体育项目。综上，中国电竞赛事市场潜力巨大，值得关注。

2. 游戏 IP

IP 能够引爆"粉丝"经济，产生巨大市场效应。一般优质 IP 已经积累了大批"粉丝"，一旦此 IP 改编成游戏，势必会引起原有"粉丝"的高度关注。IP 在游戏无疑成为最受宠的投资领域，各大游戏公司争夺 IP 不遗余力。

3. VR 游戏

近两年整个游戏行业发展的核心驱动因素正在由软件内容向硬件体验转变，VR 游戏符合游戏市场发展趋势。VR 游戏作为 VR 未来发展中最早能够实现商业化的项目，并占有最大营收份额的一环，已成为资本市场投资的热点。

4. 游戏直播

游戏直播作为电子竞技产业的重要环节，热度随着电子竞技不断提升。游戏直播兼顾游戏和直播两大娱乐属性，受到资本市场普遍看好。此外，游戏直播自带强大的"粉丝"效应，商业变现可能性多。

后 记

《2017—2018年中国新兴产业投资蓝皮书》由赛迪顾问股份有限公司编撰完成，力求为中央及各级地方政府、相关企业、投资机构及研究人员把握产业发展脉络、了解产业前沿趋势提供参考。

参加本课题研究、数据调研及文稿撰写的人员有：赛迪顾问的孙会峰、邢婷、韩向宏、向阳、侯云仙、张爽、高丹、刘若飞、陶传亮、涂志远、郑昊、黄锐、陈腾、张兴华、刘新、樊凯、申冠生、顾文彬、韩允、陈卫星、张龙、冯俊涛、刘娟、王云侯、杨志林、鲁鑫、孙骁、成旭、韩晓敏、刘堃、李龙、杨瑞琳、李丹、张凌燕、田轶、滕冉、马睿文、刘壮、陈永灿、郑芳丹、田泽普、杨婷婷、陈东坡、成宇涛、申燕、李坤霞、王皓、齐雪飞、陈卫星、宁玉强、王宁、梁宸、王志文、邓传林、孙晓利、王新红、王延鹏、余德彪等。在研究和编写过程中，我们得到了中国VR产业联盟、中国大数据产业生态联盟、中国工业软件产业发展联盟、中国增材制造产业联盟、中国智能制造产业联盟、中国光伏产业联盟等行业组织专家，以及各新兴领域龙头及创新型企业的高管的大力支持。本书的顺利出版还得到了院软科学处的大力支持，在此一并感谢。

本书虽经过研究人员和专家的严谨思考和不懈努力，但由于能力和水平有限，难免存在不足之处，诚请广大专家和读者朋友批评指正。同时，希望本书的出版能为读者了解新兴产业演进趋势、把握投资机遇提供有益参考。

赛迪智库

面向政府　服务决策

思想，还是思想
才使我们与众不同

《赛迪专报》	《两化融合研究》	《财经研究》
《赛迪译丛》	《互联网研究》	《装备工业研究》
《赛迪智库·软科学》	《网络空间研究》	《消费品工业研究》
《赛迪智库·国际观察》	《电子信息产业研究》	《工业节能与环保研究》
《赛迪智库·前瞻》	《软件与信息服务研究》	《安全产业研究》
《赛迪智库·视点》	《工业和信息化研究》	《产业政策研究》
《赛迪智库·动向》	《工业经济研究》	《中小企业研究》
《赛迪智库·案例》	《工业科技研究》	《无线电管理研究》
《赛迪智库·数据》	《世界工业研究》	《集成电路研究》
《智说新论》	《原材料工业研究》	《政策法规研究》
《书说新语》		《军民结合研究》

编 辑 部：工业和信息化赛迪研究院
通讯地址：北京市海淀区万寿路27号院8号楼12层
邮政编码：100846
联 系 人：王 乐
联系电话：010-68200552 13701083941
传　　真：010-68209616
网　　址：www.ccidwise.com
电子邮件：wangle@ccidgroup.com

赛迪智库

面向政府 服务决策

咨询翘楚在这里汇聚

信息化研究中心	工业化研究中心	规划研究所
电子信息产业研究所	工业经济研究所	产业政策研究所
软件产业研究所	工业科技研究所	军民结合研究所
网络空间研究所	装备工业研究所	中小企业研究所
无线电管理研究所	消费品工业研究所	政策法规研究所
互联网研究所	原材料工业研究所	世界工业研究所
集成电路研究所	工业节能与环保研究所	安全产业研究所

编 辑 部：工业和信息化赛迪研究院
通讯地址：北京市海淀区万寿路27号院8号楼12层
邮政编码：100846
联 系 人：王 乐
联系电话：010-68200552 13701083941
传　　真：010-68209616
网　　址：www.ccidwise.com
电子邮件：wangle@ccidgroup.com